2019

Werkrealschulabschluss
Original-Prüfungsaufgaben mit Lösungen

Baden-Württemberg
Deutsch

Bildnachweis
S. 31: © Dmitry Rukhlenko/Fotolia.com
S. 59: © Dolgachov/Dreamstime.com
Deckblatt „Die Abschlussprüfung – Hinweise und Tipps": © pojoslaw/Fotolia.com
Deckblatt „Übungsaufgaben im Stil der Abschlussprüfung": © Monkey Business/Dreamstime.com
Deckblatt „Original-Prüfungsaufgaben": © antonioguillem/123rf.com

© 2018 Stark Verlag GmbH
6. ergänzte Auflage
www.stark-verlag.de

Das Werk und alle seine Bestandteile sind urheberrechtlich geschützt. Jede vollständige oder teilweise Vervielfältigung, Verbreitung und Veröffentlichung bedarf der ausdrücklichen Genehmigung des Verlages. Dies gilt insbesondere für Vervielfältigungen, Mikroverfilmungen sowie die Speicherung und Verarbeitung in elektronischen Systemen.

Inhalt

Vorwort

Die Abschlussprüfung im Überblick ... 1

Die Abschlussprüfung – Hinweise und Tipps

Lesekompetenz ... 3

1 Den Leseprozess steuern ... 4

2 Leseaufgaben lösen ... 5

3 Sachtexte verstehen ... 7
3.1 Die Absicht des Verfassers erkennen ... 8
3.2 Textsorten unterscheiden ... 8
3.3 Nichtlineare Texte: Tabellen und Diagramme ... 10

4 Literarische Texte verstehen ... 13
4.1 Prosatexte untersuchen ... 13
4.2 Gedichte untersuchen ... 19

Schreibkompetenz ... 25

5 Den Schreibprozess steuern ... 26

6 Schreibaufgaben lösen ... 28
6.1 Einen argumentativen Text schreiben: Stellungnahme und Erörterung ... 29
6.2 Einen informativen Text verfassen ... 34
6.3 Kreativ mit Texten umgehen ... 35

7 Einen Text überzeugend gestalten ... 37
7.1 Geschickt formulieren ... 37
7.2 Richtig zitieren ... 38

8 Eine übersichtliche Form der Darstellung wählen ... 39
8.1 Tabellarische Übersicht ... 39
8.2 Mindmap ... 40

9 Richtig schreiben ... 41
9.1 Prinzipien der Rechtschreibung ... 41
9.2 Rechtschreibregeln ... 43
9.3 Rechtschreibstrategien ... 44
9.4 Sonderfall s-Laute ... 45
9.5 Groß- und Kleinschreibung ... 46
9.6 Getrennt- und Zusammenschreibung ... 47
9.7 Grundregeln der Zeichensetzung: Kommas richtig setzen ... 49
9.8 Die Wörter *das* und *dass* unterscheiden ... 51

10   Satzreihe und Satzgefüge 51
10.1   Satzreihe 52
10.2   Satzgefüge 53
10.3   Relativsätze 54

Übungsaufgaben im Stil der Abschlussprüfung

Übungsaufgabe 1: Hilfsbereitschaft 57
Übungsaufgabe 2: Lügen 71
Übungsaufgabe 3: Rechtsextremismus 85

Original-Prüfungsaufgaben

Abschlussprüfung 2013: Natur 2013-1
Abschlussprüfung 2014: Glück und Zufriedenheit 2014-1
Abschlussprüfung 2015: Freundschaft 2015-1
Abschlussprüfung 2016: Begegnungen 2016-1
Abschlussprüfung 2017: Lebensräume und Wohnorte 2017-1
Abschlussprüfung 2018: Reisen – Unterwegs sein 2018-1

Autoren:
Anton Bosanis, Dominique Greger, Marion von der Kammer, Claudia Pangh

Jeweils im Herbst erscheinen die neuen Ausgaben der Original-Prüfungsaufgaben an Werkrealschulen.

Vorwort

Liebe Schülerin, lieber Schüler,

mit diesem Buch kannst du dich selbstständig und gründlich auf den **Werkrealschulabschluss im Fach Deutsch** vorbereiten. Wenn du frühzeitig mit deinem Training beginnst und die einzelnen Kapitel gewissenhaft durcharbeitest, bist du für alle Anforderungen der Prüfung gut gerüstet.

- Das erste Kapitel gibt dir einen **Überblick** darüber, **was genau** geprüft wird. Du erfährst, welche **Aufgabenarten** es gibt und wie die **Prüfung abläuft**. Hier kannst du außerdem nachlesen, wie deine **Prüfungs- und Endnote** berechnet werden.

- Im Kapitel **Die Abschlussprüfung – Hinweise und Tipps** erfährst du genau, welche Kenntnisse und Fähigkeiten von dir in der Abschlussprüfung verlangt werden. Einprägsame **Tipps** und zahlreiche **Hinweise** helfen dir, deine Fähigkeiten gezielt auf Prüfungsniveau zu trainieren. Dir wird gezeigt, wie die einzelnen Aufgaben in den Bereichen **Lesekompetenz** und **Schreibkompetenz** aussehen können und wie sie **Schritt für Schritt** zu bearbeiten sind. Hier kannst du nachschlagen, worauf du beim Verfassen eines Textes achten musst und welche Textsorten du kennen solltest, damit du bei der **Schreibaufgabe** am Ende der Prüfung gut abschneidest. Außerdem findest du hier eine ausführliche Darstellung der wichtigsten Regeln zur deutschen **Rechtschreibung** und **Zeichensetzung**. So kannst du dich zusätzlich auf die Schreibaufgabe vorbereiten, denn die Rechtschreibung wird hier gewertet.

- Mit den anschließenden **Übungsaufgaben im Stil der Abschlussprüfung** trainierst du selbstständig die zielsichere und erfolgreiche Bearbeitung der Prüfungsaufgaben. Am besten führst du zu Hause schon einmal eine „eigene" Prüfung durch. Das hilft dir auch bei der Zeiteinteilung während der Prüfung.

- Die **Original-Prüfungsaufgaben 2013–2018** findest du im Anschluss. Sie zeigen dir noch einmal genau, was dich in der Prüfung erwartet.

- Zu allen Aufgaben gibt es **ausführliche Lösungen** sowie wertvolle ✏ **Hinweise** zu den einzelnen Aufgabenstellungen. Wichtig ist aber, dass du selbstständig übst, das heißt, dass du die Aufgaben erst einmal selbst bearbeitest, bevor du dir die Lösungen ansiehst.

Sollten nach Erscheinen dieses Bandes noch **wichtige Änderungen** für die Abschlussprüfung 2019 vom Kultusministerium bekannt gegeben werden, findest du aktuelle Informationen dazu im **Internet** unter:
www.stark-verlag.de/pruefung-aktuell

Viel Erfolg wünschen dir der Verlag und die Autoren dieses Buches!

Die Abschlussprüfung im Überblick

Die Aufgaben für den **Werkrealschulabschluss** werden zentral vom Kultusministerium gestellt, d. h., alle Schülerinnen und Schüler in Baden-Württemberg müssen dieselben Aufgaben lösen. Die Arbeitszeit für die schriftliche Prüfung in Deutsch beträgt 240 Minuten.

Was wird eigentlich geprüft?

Zunächst einmal wird geprüft, ob du Texte gut verstehst. Du erhältst in der Prüfung **mehrere Texte** zu einem **Leitthema**. Die Textgrundlagen bilden unterschiedliche **literarische Texte** (z. B. Kurzgeschichte, Auszug aus einem Roman/Jugendbuch, Gedicht) und lineare bzw. nichtlineare **Sachtexte**. Als lineare Sachtexte bezeichnet man Sachtexte, die aus reinem Fließtext bestehen (z. B. Lexikontext, Interview); unter nichtlinearen Sachtexten versteht man Sachtexte, die zusätzlich Diagramme, Tabellen, Grafiken etc. enthalten.
Zu den Texten werden dir verschiedene Aufgaben gestellt, die du bearbeiten sollst. Anhand deiner Lösungen wird geprüft, ob du in der Lage bist, die Texte zu verstehen, und ob du dein Textverständnis auch schriftlich zum Ausdruck bringen kannst.

Welche Aufgaben gibt es?

Ausgehend von den vorliegenden Texten werden unterschiedliche Aufgaben gestellt, die sich auf **inhaltliche und sprachlich-stilistische Fragestellungen** beziehen. Zunächst musst du bestimmte Fragen zu den Texten mit eigenen Worten beantworten. Beispielsweise ist es möglich, dass du den Sinn einer Textstelle erklären sollst. In der Regel wirst du auch in einer oder mehreren Aufgaben aufgefordert, eine „**übersichtliche Form der Darstellung**" zu wählen. Es gibt dafür unterschiedliche Möglichkeiten; die wichtigsten sind: eine tabellarische Übersicht, ein Cluster oder eine Mindmap. Als Letztes folgt die **Schreibaufgabe**. Hier wird von dir verlangt, dass du einen Aufsatz schreibst und dazu die aus den zuvor bearbeiteten Aufgaben gewonnenen Erkenntnisse mit einbeziehst.

Ist die Reihenfolge der Aufgaben festgelegt?

Ja! Es ist sogar sehr wichtig, dass du alle Aufgaben genau in der **vorgegebenen Reihenfolge** bearbeitest. Die ersten Aufgaben bereiten dich nämlich auf den Aufsatz vor, den du zum Schluss schreiben sollst. Wenn du die einzelnen Aufgaben aufmerksam bearbeitest, wirst du feststellen, dass dir die Ergebnisse der ersten Aufgaben Informationen und Argumente für den Aufsatz liefern.

Wird auch die Rechtschreibung gewertet?

Die Rechtschreibung wird nur bei Aufgaben gewertet, bei denen das ausdrücklich in der Aufgabenstellung angegeben wird. In der Regel ist das bei der letzten Aufgabe, dem Aufsatz, der Fall. Natürlich solltest du aber alle deine Antworten möglichst fehlerfrei schreiben. Für die Bewertung der Rechtschreibung wird ausgerechnet, was für ein Fehlerquotient bei dir vorliegt. Das bedeutet: Es wird berechnet, wie viele Fehler du, bezogen auf 100 Wörter, gemacht hast.

Welche Hilfsmittel sind erlaubt?

Du darfst ein **Wörterbuch** benutzen. Das Wörterbuch hilft, wenn du nicht genau weißt, wie ein Wort geschrieben wird. Es kann dir auch helfen, wenn du in einem Text die Bedeutung eines Wortes nicht genau verstehst. Dann findest du im Wörterbuch eine Erklärung. Denn schwierige Wörter werden in jedem Wörterbuch erklärt.

Wie läuft die Prüfung ab?

Eigentlich läuft die Prüfung ab **wie eine ganz normale Klassenarbeit**. Der Unterschied zu einer normalen Klassenarbeit besteht nur darin, dass du mehr Aufgaben bearbeiten musst. Dafür hast du aber auch mehr Zeit zur Verfügung. Die Arbeitszeit beträgt **240 Minuten**, die Einlesezeit ist dabei eingerechnet.

Kann ich mich mündlich prüfen lassen?

Nach Bekanntgabe der schriftlichen Note kannst du eine **zusätzliche mündliche Prüfung** ablegen. Die mündliche Prüfung ist freiwillig. Du solltest an dieser Prüfung teilnehmen, wenn du dadurch die Chance hast, deine Endnote zu verbessern. Schriftliche und mündliche Prüfung zählen beide zu gleichen Teilen. Sprich mit deinem Lehrer/deiner Lehrerin über diese Möglichkeit.

Wie werden Prüfungs- und Endnote berechnet?

Art der Prüfung	Prüfungsteile	Gewichtung	
		entweder	oder
Zentrale schriftliche Prüfung	Lesekompetenz, Schreibkompetenz	50 %	25 %
			25 % Mündliche Prüfung

Berechnung der Endnote	
Jahresleistung	Prüfungsleistung
50 %	50 %

Die Abschlussprüfung
Hinweise und Tipps

Lesekompetenz

Was muss man können? Was wird geprüft?

Für eine gute Lesekompetenz musst du natürlich zunächst das reine Handwerk des Lesens beherrschen. Du sollst also Buchstaben erlesen und sie zu Wörtern zusammenfügen können. Aber das allein genügt nicht: Es ist ebenfalls deine Aufgabe, den **Sinn von Textaussagen** zu entschlüsseln.

In der Prüfung sollst du vor allem zeigen, dass du diese drei Teilkompetenzen beherrschst:

- **Bedeutungen zuordnen**

  Du musst Wörtern oder Sätzen die richtige Bedeutung zuordnen können. Wenn dir die Bedeutung eines Wortes nicht auf Anhieb klar ist, versuchst du sie am besten aus dem Textzusammenhang zu erschließen. Im Zweifelsfall schlägst du das Wort im Wörterbuch nach.

  In der Prüfung kann es z. B. vorkommen, dass dir mehrere Aussagen vorgelegt werden, zu denen du passende Textstellen finden sollst. Du musst also in der Lage sein, die Bedeutung eines vorgegebenen Satzes der Bedeutung eines Satzes im Text richtig zuzuordnen.

- **Zusammenhänge herstellen**

  Du sollst erkennen, worauf sich einzelne Formulierungen beziehen. Jeder Text befasst sich mit einem bestimmten Thema. Es ist wichtig, dass du die Zusammenhänge zwischen verschiedenen Textaussagen erkennen kannst.

  Wenn du z. B. die Überschrift eines Textes erklären sollst, kannst du das nur, wenn du den Zusammenhang zwischen Text und Überschrift verstanden hast.

- **Textaussagen mit eigenem Wissen verbinden**

  Du sollst Textaussagen mit eigenen Vorstellungen verbinden und richtig deuten. Das heißt, du musst beim Lesen auch eigenes Wissen und eigene Erfahrungen mit einbringen, um die volle Bedeutung einer Textstelle zu erschließen. Frage dich: *Woher kenne ich das? Was bedeutet das?*

  Die Bedeutung der Aussage *„Stefan verließ die Schule ohne Schulabschluss"* kannst du nur dann richtig verstehen, wenn du weißt, dass man ohne Schulabschluss nur wenig Chancen auf einen Ausbildungsplatz hat.

Tipp Im Zweifel geht es um das, was im Text steht. Du darfst also **keine Vermutungen** anstellen. Frage dich immer: *Wo steht das im Text?*

1 Den Leseprozess steuern

Gewöhne dir an, einen Text mindestens **dreimal** zu lesen, ehe du anfängst, die Aufgaben zu bearbeiten. Keine Angst: Was dir wie Zeitverschwendung erscheinen mag, ist in Wirklichkeit **Zeitersparnis!** Denn die Zeit, die du bei den ersten drei Lesedurchgängen investierst, sparst du später beim Lösen der Aufgaben. Hinzu kommt, dass du einen Text besonders gut verstehen kannst, wenn du so vorgehst. Im Übrigen sind die Texte (oder Textauszüge), die dir in der Prüfung vorgelegt werden, ohnehin von begrenztem Umfang.

Schritt für Schritt

Texte richtig lesen

1. **Überfliege** den Text **(erstes Lesen)**. Lies ihn zügig durch und verschaffe dir einen ersten Eindruck vom Inhalt. Es macht nichts, wenn du nicht alles verstehst. Versuche nur, Antworten auf die folgenden Fragen zu finden:
   - Um was für eine Art von Text handelt es sich? Bestimme die **Textsorte**. (Eine Übersicht über die wichtigsten Textsorten findest du auf S. 8/9 und S. 18/19). Wenn du unsicher bist, verwendest du einfach die Bezeichnung „Text".
   - Worum geht es in dem Text? Bestimme das **Thema** und, soweit möglich, Ort, Zeit, beteiligte Personen und das dargestellte Geschehen.

   Am besten hältst du die Antworten auf diese Fragen gleich stichwortartig fest.

   Hinweis: Alle Texte in der Prüfung stehen unter einem bestimmten Leitthema, das auch als Überschrift über der Prüfung steht.

2. **Lies** den Text ganz **genau (zweites Lesen)**.
   - Markiere Textstellen, die dir **bedeutsam** erscheinen. Dabei kann es sich um Textstellen handeln, die eine wichtige Information zum Thema enthalten, oder solche, die du nicht auf Anhieb verstehst und über die du später noch einmal nachdenken möchtest.
   - Notiere am Rand, warum du diese Textstellen markiert hast: Halte mit wenigen **Stichworten** fest, worum es dort geht. Auf diese Weise findest du bestimmte Inhalte schnell wieder.

3. Lies dir die **Aufgaben** zu diesem Text genau durch.

4. **Lies** den Text mit **Blick auf die Aufgaben (drittes Lesen)**. Achte gezielt auf die gesuchten Informationen und markiere sie entsprechend.

5. Verfahre mit allen anderen Texten genauso.

Tipp

> Solltest du beim genauen Lesen feststellen, dass du die eine oder andere **Textstelle nicht** oder nicht genau genug **verstanden** hast, markierst du sie mit **?**. Nach dem zweiten Lesedurchgang nimmst du solche Textstellen und deren Umfeld noch einmal gründlich in den Blick, um deine Verständnisprobleme zu lösen. Meist gelingt dir das dann doch!

2 Leseaufgaben lösen

Deine Lesekompetenz wird anhand mehrerer Texte überprüft, die dir unbekannt sind. Du sollst sie lesen und anschließend **verschiedene Aufgaben** dazu bearbeiten. Damit soll festgestellt werden, ob du die **Sinnzusammenhänge** in den Texten verstanden hast.

Schritt für Schritt

Aufgaben zum Leseverstehen lösen

1. Zur **Vorbereitung:**
   - **Lies** den ersten Text wie unter Punkt 1 „Den Leseprozess steuern" beschrieben einmal überfliegend und einmal ganz genau.
   - Lies **alle Aufgaben** zu diesem Text am Stück durch, damit du weißt, worauf du beim erneuten Lesen achten musst. Lies den Text dann **mit Blick auf die Aufgaben** ein drittes Mal.

2. Bearbeite die **Aufgaben:**
   - Lies nun **jede einzelne Aufgabe ganz genau.** Formuliere in eigenen Worten, was von dir verlangt wird. Erst wenn du hundertprozentig verstanden hast, wonach gefragt wird, kannst du die passende Antwort finden.
   - **Beantworte** die Aufgabe jetzt. Deine Antwort muss sowohl zur Aufgabenstellung als auch zum Text passen.
   - Halte dich beim Lösen der Aufgaben an die gegebene **Reihenfolge**. Die ersten Aufgaben bereiten dich nämlich auf den Aufsatz vor, den du am Schluss schreiben sollst.

3. Arbeite **mit dem Text:**
   - Suche die richtige **Lösung** immer **im Text**. Verlasse dich nicht auf bloße Vermutungen! Du musst deine Antwort mithilfe des Textes begründen können.
   - Bedenke aber: Nicht jede Antwort steht wortwörtlich im Text. Suche dann nach einer Aussage, die **sinngemäß** zur Frage passt.
   - Manchmal musst du für die Lösung auch **mehrere Informationen** aus dem Text miteinander **kombinieren**.

Es können **drei Arten** von Arbeitsaufträgen unterschieden werden:
1. Untersuchen des Textes
2. Untersuchen des Textes und Verfassen einer ausführlichen Antwort
3. Gestalten eines eigenen Textes

1. Untersuchen des Textes
Die Arbeitsaufträge bleiben nahe am Text und fordern dich im Wesentlichen zum genauen Lesen und Untersuchen des Textes auf. Ergebnisse müssen in Form von **Zitaten** oder **kurzen eigenen Ausführungen** festgehalten werden.

Beispiele für Arbeitsaufträge, die zum Untersuchen des Textes auffordern:

Beispiele
- *Finden Sie zu den folgenden Aussagen passende Textstellen. Geben Sie die Zeilenzahlen an.*

- *Gliedern Sie den Text in fünf sinnvolle Abschnitte und finden Sie jeweils eine passende Überschrift.*
- *Nennen Sie zwei sprachliche Stilmittel, die im Text verwendet werden, und belegen Sie diese jeweils mit einem Beispiel.*

2. Untersuchen des Textes und Verfassen einer ausführlichen Antwort

Hierunter fallen alle Aufgaben, die eine ausführliche Antwort in Form eines zusammenhängenden Textes verlangen. Zwei bis drei Sätze genügen keinesfalls. Bei diesen Aufgaben findest du die Lösung nicht wortwörtlich im Text, sondern du musst **eigene Überlegungen** anstellen und **Zusammenhänge** herstellen.

Beispiele für Arbeitsaufträge, die zum Untersuchen des Textes und Verfassen einer ausführlichen Antwort auffordern:

Beispiele
- *In den Texten A, B und C erleben die Hauptfiguren Folgen ihres Handelns. Stellen Sie die in den Texten beschriebenen Folgen für die Hauptfiguren dar und schreiben Sie andere mögliche Folgen auf.*
- *In Text C setzt sich die Hauptfigur mit einer für sie schwierigen Situation auseinander. Stellen Sie diese schwierige Situation in ganzen Sätzen dar.*
- *Erklären Sie das Gedicht (Text B) und schreiben Sie Ihre Gedanken dazu ausführlich und in ganzen Sätzen auf.*

> **Tipp**
>
> Achte besonders auf die **Form** deiner Antworten:
> - Antworte immer in **vollständigen Sätzen**. Das macht einen besseren Eindruck und du vermeidest Unklarheiten und Missverständnisse. Stichwortartige Antworten schreibst du nur, wenn das ausdrücklich verlangt wird.
> - Wie **lang** sollten deine Antworten sein? Eine ausführliche Antwort sollte so gestaltet sein, dass keine Fragen mehr offen bleiben.

Hinweis: Orientiere dich an den Punkten, die es für die einzelnen Aufgaben gibt. **Je höher die Punktzahl, desto ausführlicher** sollte deine Antwort ausfallen. Häufig findest du bei der Punktzahl noch genauere Angaben, z. B.: *6 Punkte, davon Beispiele: 4 Punkte, Begründungen: 2 Punkte.* Lies in diesem Fall die Aufgabe noch einmal ganz genau. Wenn es nämlich heißt: *Begründen Sie Ihre Antwort und belegen Sie diese mit vier Textbeispielen*, dann erhältst du die volle Punktzahl nur, wenn du deine Antwort begründest und vier Textbeispiele anführst.

3. Gestalten eines eigenen Textes

Diese Aufgabenform bezieht sich auf die letzte Aufgabe in der Prüfung, die **Schreibaufgabe**. Hier sollst du einen kompletten Aufsatz schreiben, bei dem du die in den vorherigen Aufgaben gewonnenen Erkenntnisse mit einbringen sollst. Lies dazu das Kapitel „**Schreibkompetenz**" (S. 25–56).

3 Sachtexte verstehen

Sachtexte befassen sich mit Dingen, die es tatsächlich gibt (oder gab oder geben wird). Sie teilen vor allem **Fakten** mit. Das heißt aber nicht automatisch, dass Sachtexte immer wahr sein müssen. Schließlich kann sich der Verfasser auch einmal irren, z. B. weil seine Kenntnisse oder Beobachtungen nicht ausreichen.

Bestimmte **Elemente** finden sich in praktisch jedem Sachtext wieder. Wenn du diese Elemente erkennst, hilft dir das, den Aufbau und den Inhalt des Textes besser zu verstehen.

Achte daher beim Lesen eines **Sachtextes** immer auf …

- **Schlüsselwörter**
  Sie fallen besonders auf – entweder weil sie mehrmals **wiederholt** werden oder weil sie einem **anderen Sprachgebrauch** angehören als die übrigen Wörter im Text (z. B. ein Wort aus der Umgangssprache in einem Text, der sonst in der Standardsprache verfasst ist). Oft handelt es sich auch um Fremdwörter oder Fachbegriffe.

- **Sinnabschnitte**
  So bezeichnet man eine Gruppe von Textaussagen, die sich mit einem bestimmten (**Unter-**)**Thema** befassen. Oft – aber nicht immer – entspricht ein Sinnabschnitt einem **Absatz** im Text.

- **allgemeine Aussagen**
  Sie sind die entscheidenden Aussagen im Text und vermitteln die wesentlichen Informationen. Allgemeine Aussagen beziehen sich immer auf einen Sachverhalt, der **grundsätzlich** gilt – oder der als **Verallgemeinerung** zu verstehen ist. Sie stehen im Plural oder enthalten Wörter, die auf andere Weise eine Verallgemeinerung ausdrücken (z. B. das Pronomen *man*).

- **Beispiele**
  Beispiele sind – im Gegensatz zu allgemeinen Aussagen – konkrete **Einzelfälle**. Sie dienen dazu, allgemeine Aussagen zu veranschaulichen, liefern aber keine neue Information.

Tipp
> Mit **allgemeinen Aussagen** wird gesagt, was immer oder zumindest sehr häufig der Fall ist. Die **Regel** (nicht die Ausnahme) ist der Inhalt von allgemeinen Aussagen.

3.1 Die Absicht des Verfassers erkennen

Es ist wichtig, dass du durchschaust, welche **Absicht** ein Verfasser mit seinem Text verfolgt, denn nur wenn dir das gelingt, kannst du den Text richtig verstehen.

Auf einen Blick

Absichten des Verfassers	
informieren	Der Verfasser formuliert seine Informationen **sachlich** und **neutral**.
	ein Bericht über ein Ereignis, ein wissenschaftlicher Aufsatz
kommentieren	Er sagt klar, was er über ein Thema denkt, und äußert seine **Meinung** dazu.
	ein Kommentar zu einer Abstimmung im Bundestag, eine Glosse
appellieren	Er **fordert** den Leser dazu **auf**, etwas zu tun oder zu unterlassen.
	ein Werbetext, eine Rede über politische Programme
instruieren	Er **erklärt Schritt für Schritt**, wie man vorgehen muss, um etwas zu tun.
	eine Bedienungsanleitung, ein Kochrezept

Oft will der Verfasser den Leser mit seinem Text auch **unterhalten**. Dann will er erreichen, dass man beim Lesen **Vergnügen** empfindet. Allerdings ist die Unterhaltungsabsicht bei einem Sachtext immer zweitrangig.

Tipp

Manche Autoren verfolgen mit ihren Texten **mehrere Absichten**.
Beispielsweise könnte der Verfasser eines Sachbuchs seine Leser nicht nur informieren, sondern gleichzeitig an ihn appellieren – vielleicht im täglichen Leben mehr auf die Umwelt zu achten. Frage dich in diesem Fall, **welche Absicht bedeutsamer** ist: die der Information oder die des Appells?

3.2 Textsorten unterscheiden

Nicht immer gibt ein Verfasser direkt zu erkennen, welche Absicht er mit seinem Text verfolgt. Dann musst du das anhand der Darstellung erschließen. Jede Textsorte weist nämlich **bestimmte Merkmale** auf.

Insbesondere in Zeitungen findest du Sachtexte in verschiedenen Formen. Die wichtigsten Textsorten sind:

- **Bericht**
  Ein Bericht ist ein längerer Text, mit dem über ein aktuelles Ereignis oder eine Entwicklung **informiert** wird. Die Darstellung ist **sachlich** und **neutral**. Der erste Abschnitt beantwortet diese vier **W-Fragen:** *Wer? Was?*

Wo? Wann? Im zweiten Abschnitt werden genauere Auskünfte erteilt, um auch die Fragen nach dem *Wie?* und *Warum?* zu beantworten. Hier werden häufig auch kurze Meinungsäußerungen von Betroffenen oder Fachleuten eingefügt. Berichte stehen in der Regel im **Präteritum**.

- **Reportage**
  Eine Reportage **informiert** ebenfalls über ein Thema. Die Darstellung wirkt jedoch nicht so nüchtern und sachlich wie in einem Bericht, sondern **anschaulich** und **lebendig**. Der Verfasser richtet seinen Blick abwechselnd auf grundlegende Sachverhalte (z. B. auf die allgemeine Lage einer Bevölkerungsgruppe) und auf veranschaulichende Einzelfälle (z. B. die persönliche Lage einer Familie). Reportagen sind im **Präsens** verfasst. Dadurch wird der Eindruck erweckt, dass der Verfasser direkt vor Ort ist.

- **Kommentar**
  Mit einem Kommentar äußert der Verfasser seine **Meinung** zu einem Thema. Oft erinnert er den Leser zunächst an ein Ereignis oder eine Entwicklung, indem er noch einmal kurz das Wesentliche zusammenfasst oder auf den aktuellen Stand verweist. Danach sagt er, was er darüber denkt, und nennt die wesentlichen Gründe für seine Meinung. Die meisten Kommentare enthalten **eher Kritik als Lob**. Meinungsäußerungen stehen in der Regel im **Präsens**.

- **Interview**
  Ein Interview gibt den Ablauf eines Gesprächs in Form eines **Dialogs** wieder: Ein Vertreter der Zeitung stellt einer Person Fragen, die diese beantwortet. Sowohl die **Fragen** als auch die **Antworten** werden abgedruckt. Damit das Interview natürlich wirkt, werden umgangssprachliche Äußerungen manchmal nicht „geglättet".

- **Glosse**
  Mit einer Glosse äußert der Verfasser – ähnlich wie mit einem Kommentar – seine **Meinung** zu einem **aktuellen Thema**. Im Unterschied zum Kommentar ist die Glosse aber zugleich **kritisch** und **humorvoll**. Oft übertreibt der Verfasser in seiner Darstellung. Gegen Ende gibt es meist eine überraschende Wendung (eine Pointe). Glossen können im Präteritum oder im Präsens stehen.

> **Tipp** Lässt sich ein Sachtext **nicht** klar einer der Textsorten **zuordnen**, genügt es, wenn du zur Bestimmung das Wort „**Sachtext**" verwendest.

3.3 Nichtlineare Texte: Tabellen und Diagramme

Bei nichtlinearen Texten handelt es sich um eine besondere Art von Sachtexten. Sie stellen sehr **übersichtlich** dar, wie häufig etwas vorkommt. Alles, was sich messen und klar zuordnen lässt, kann Thema eines nichtlinearen Textes sein. *Wie oft? Wie lange? Wie viel?* Das sind mögliche Fragen, die beantwortet werden. Man unterscheidet bei nichtlinearen Texten zwischen **Tabellen** und **Diagrammen**.

Tabellen
Tabellen listen Zahlen übersichtlich in **Spalten** und **Zeilen** auf.

Beispiel

1 Mobile Internetnutzung: Internetnutzung von unterwegs aus

2 E-Reader: elektronisches Gerät zum Lesen längerer Texte

3 Handheld-Geräte: Geräte, die während der Benutzung in der Hand gehalten werden, z. B. Handys oder E-Reader

Mobile Internetnutzung[1]

Es nutzen, um mobil ins Internet zu gehen –	Internetnutzer insgesamt %	Mobile Internetnutzer %
• Internetfähiges Handy oder Smartphone	19	92
• Tablet-PC	3	14
• Internetfähiger MP 3-Player	2	8
• E-Reader[2]	X	2
• Keine mobile Internetnutzung über Handheld-Geräte[3]	79	–

X = weniger als 0,5 Prozent

Basis: Bundesrepublik Deutschland Internetnutzer
Quelle: Allensbacher Computer- und Technik-Analyse, ACTA 2011   © IfD-Allensbach

Diagramme
Diagramme stellen Zahlen in Form von **Grafiken** dar. Die folgenden Diagrammarten kommen besonders häufig vor:

- **Säulendiagramme**
  Sie bilden Zahlen in Form von senkrechten Säulen ab.

Beispiel

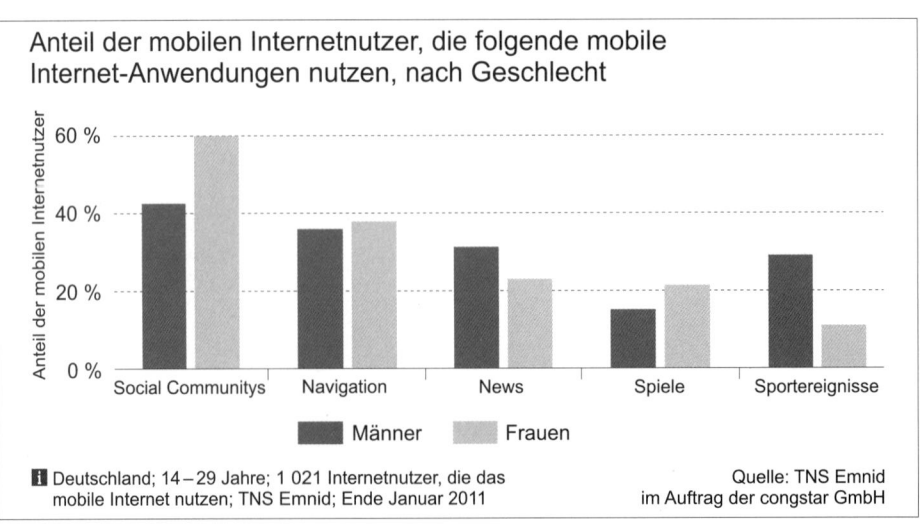

- **Balkendiagramme**
  Sie bilden Zahlen in Form von waagerechten Balken ab.

Beispiel

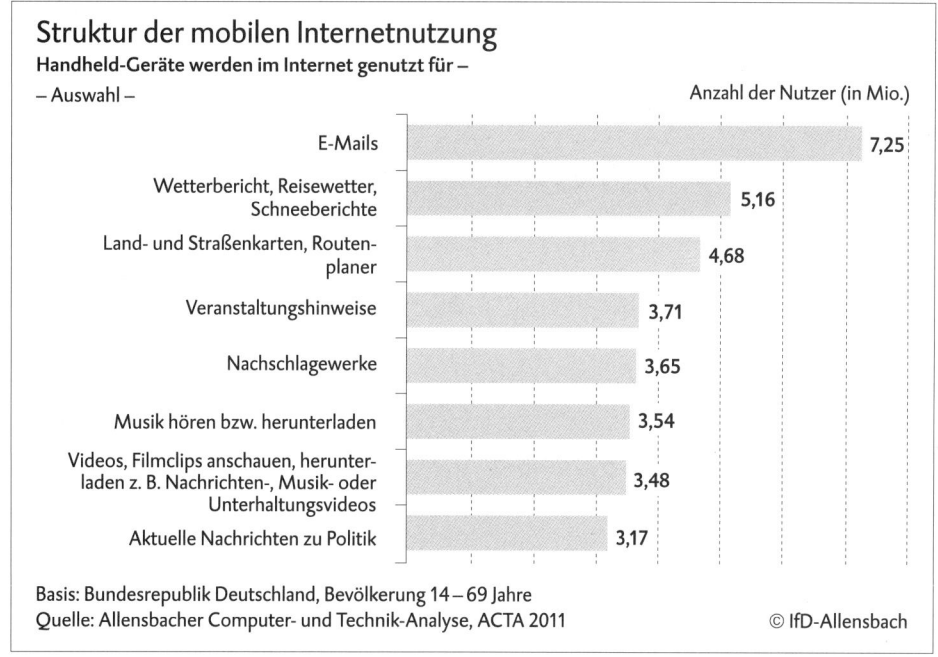

- **Kreisdiagramme**
  Sie bilden Zahlen in Form von Kreisausschnitten ab. Alle Kreisausschnitte ergeben zusammen genau 100 Prozent.

Beispiel

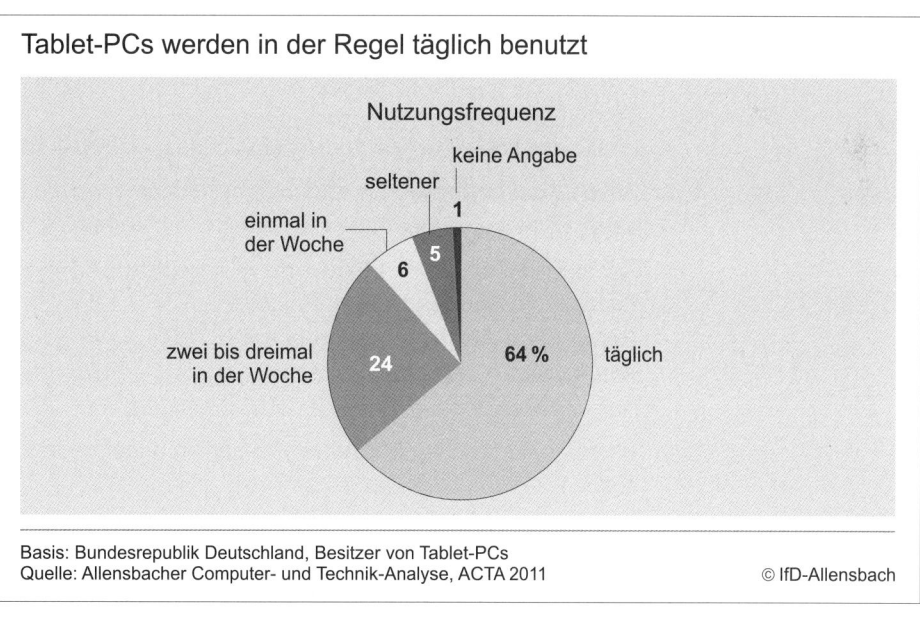

Lesekompetenz

- **Kurvendiagramme**
  Sie bilden Zahlen in Form von Kurven ab, die von links nach rechts verlaufen. Die Kurven stellen meist dar, wie sich Zahlen innerhalb eines bestimmten Zeitraums entwickelt haben.

Beispiel

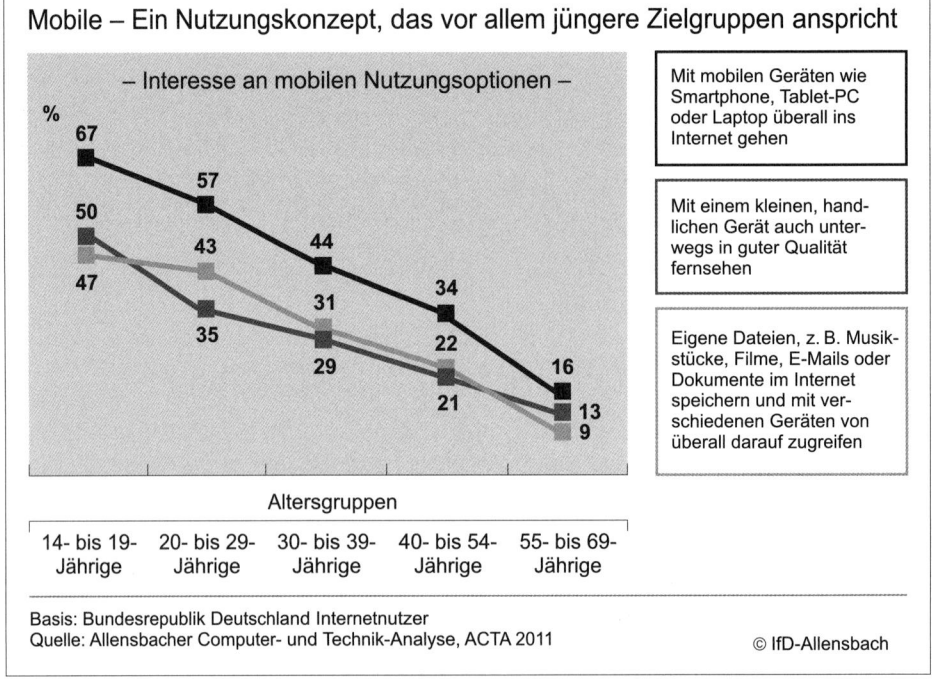

Schritt für Schritt

Aufgaben zu nichtlinearen Texten bearbeiten

1. Bestimme das **Thema** der Tabelle oder des Diagramms. Frage dich:
   Worum geht es?
   Entscheidende Hinweise zum Thema findest du in der Regel in der **Überschrift**.

2. Beachte die **Legende**. Als Legende bezeichnet man die Beschreibung der verwendeten Symbole und Farben. Sie vermittelt oft wichtige Informationen über den Personenkreis oder den Zeitpunkt, zu dem die Daten erhoben wurden.

3. Beachte die **Bezugsgrößen**. Frage dich:
   Um welchen Personenkreis geht es?
   Wann wurden die Zahlen erhoben?
   Auf welchen Zeitraum beziehen sich die Daten?

4. Überlege, in welchen **Einheiten** die Zahlen angegeben sind: Handelt es sich um absolute Zahlen oder Prozentzahlen?

5. Sieh dir die einzelnen Werte erst einmal flüchtig an. Achte dabei schon auf die **Extremwerte**, das heißt die Werte, die besonders hoch oder niedrig sind.

6. Betrachte die Werte nun genauer. Beachte vor allem **auffällige Ähnlichkeiten** und **Unterschiede**.

7. Bearbeite nun die **Aufgaben**, auf die sich Tabelle oder Diagramm beziehen.

Hinweis: Nichtlineare Texte geben nur Häufigkeiten oder Mengen an, sie geben **keine Auskünfte über Ursachen**. Trotzdem lassen sich oft **Zusammenhänge** erkennen. Diese zeigen sich darin, dass es bestimmte **Übereinstimmungen** gibt – oder auch **Unterschiede**. Bei nichtlinearen Texten, die sich auf einen längeren Zeitraum beziehen, z. B. bei Kurvendiagrammen, spielen auch **Veränderungen** eine Rolle.

Tipp
> Bei nichtlinearen Texten sind vor allem **Übereinstimmungen und Unterschiede** interessant. Daraus lassen sich nämlich bestimmte Aussagen ableiten. Zum Beispiel kann ein Sachverhalt auf die Mitglieder einer bestimmten Gruppe **besonders oft**, **durchschnittlich oft**, **vergleichsweise selten** oder **gar nicht** zutreffen.

4 Literarische Texte verstehen

Anders als Sachtexte beziehen sich literarische Texte nicht auf Tatsachen, sondern sie sind **fiktional**, das heißt vom Autor erfunden. Zwar bilden eigene Erfahrungen und Erlebnisse durchaus die Grundlage für seine **Geschichten**. Doch in ihrer Zusammenstellung sind die Werke das Ergebnis seiner Fantasie. Man unterscheidet **drei Arten** von literarischen Texten:

Auf einen Blick

Literarische Texte	
Prosatexte	Der Sprachstil des Textes entspricht im Wesentlichen der normalen Sprache. Beispiele: Erzählung, Roman.
Gedichte	Gedichte haben ein sehr kunstvoll gestaltetes Äußeres. Man erkennt sie sofort an den Versen. Das sind die kurzen Zeilen eines Gedichts.
Dramen	Dramen sind wie Filmdrehbücher in Dialogform verfasst. Das heißt, es ist immer der Sprecher angegeben und das, was er sagt, wird wörtlich wiedergegeben.

In der **Prüfung** werden dir im Bereich der literarischen Texte nur **Prosatexte** und **Gedichte** vorgelegt.

4.1 Prosatexte untersuchen

Prosatexte erzählen **Geschichten**. Meist sind sie im **Präteritum** verfasst, da der Leser sich vorstellen soll, dass das Geschehen einmal passiert ist.

Die äußere Handlung

Um einen Prosatext zu verstehen, musst du zunächst die **äußere Handlung** nachvollziehen. Am besten stellst du dir dazu die folgenden Fragen:

Auf einen Blick

Die äußere Handlung	
Wer?	Finde heraus, wer die **Hauptperson** ist. Nenne ihre **äußeren Merkmale** wie Alter, Geschlecht oder Aussehen.
Wo?	Bestimme den **Ort** der Handlung. Falls kein genauer Ort angegeben ist, musst du ihn umschreiben, z. B. *auf dem Weg zur Schule*.
Wann/ Wie lange?	Untersuche **Zeitpunkt** und **Dauer** des Geschehens. Auch hier musst du umschreiben, wenn der Text keine genauen Angaben macht, z. B. *an einem Nachmittag im Herbst*.
Situation?	Untersuche die Situation und die **Umstände**, in denen sich die Figuren befinden.
Verhalten?	Untersuche das **Verhalten** der Hauptperson: Wird sie selbst aktiv oder reagiert sie nur auf das, was ihr widerfährt? Wie reagieren die anderen Personen?
Ausgang?	Welches **Ende** nimmt die Handlung? Welche **Folgen** gibt es?

 Hinweis: Eine Besonderheit, die literarische Texte auszeichnet, sind die „versteckten Botschaften". Vieles steht „**zwischen den Zeilen**", sodass du immer wieder auf Lücken stößt, die du **mithilfe deiner eigenen Gedanken schließen** musst. Erst wenn dir das gelingt, verstehst du den Text richtig.

Beispiel

Wenn es im Text heißt: *Susi hat mit Karim Schluss gemacht*, dann bedeutet das zugleich: *Die beiden waren vorher ein Paar*.

Tipp

Überlege bei literarischen Texten immer, ob sich hinter einer Formulierung noch eine **Zusatzbotschaft** verbirgt! Wenn es im Text heißt *auf dem Weg zur Schule* wird indirekt auch der Zeitpunkt des Geschehens, nämlich *kurz vor acht Uhr*, mitgeteilt.

Die innere Handlung

Es genügt allerdings nicht, dass du aus dem Text nur zusammenträgst, was die einzelnen Personen nach und nach tun, sondern du musst auch die **innere Handlung** verstehen. Das bedeutet: Du musst auch das Verhalten der Personen anhand der **Gedanken** und **Gefühle**, die sie haben, erklären können. Frage dich also auch immer nach den **Handlungsmotiven** der beteiligten Personen und überlege: *Warum reagieren sie so?*

In der Regel sagt der Erzähler nichts über die innere Handlung – zumindest nicht ausdrücklich. Doch oft findest du im Text Hinweise, die dir helfen, die Beweggründe für das Verhalten einer Person zu verstehen. Folgende Fragen können dir dabei helfen:

Lesekompetenz

Auf einen Blick

Die innere Handlung	
Hintergrund?	Welche **Erfahrungen** hat die Person bisher gemacht?
Ziele?	Welche **Ziele** verfolgt sie? Welche **Wünsche** und Hoffnungen hat sie?
Sorgen?	Welche Sorgen und **Ängste** plagen sie?
Anlass?	Welcher **Anlass** ruft ein bestimmtes Verhalten hervor?
Wendepunkt?	Gibt es ein **Erlebnis**, das bei der Person ein **Umdenken** bewirkt?
Urteil über sich selbst und andere?	Wie **bewertet** die Person das **Verhalten anderer**? Wie **bewertet** sie **ihr eigenes Verhalten**?

Die sprachliche Gestaltung

Wenn nach der **Form** und der **sprachlichen Gestaltung** eines Textes gefragt wird, betrifft das nicht nur die Wörter und Sätze in einem Text. Auch der äußere Aufbau und das Erscheinungsbild spielen eine Rolle.

Manchmal ist die Aufgabenstellung so formuliert, dass es genügt, aufzuzeigen, welche sprachlichen Mittel **überhaupt** in einem Text zu finden sind. Es kann aber auch von dir verlangt werden, zu erklären, inwiefern die Form und die sprachliche Gestaltung einen **Einfluss auf den Textsinn** haben.

Es ist nicht erforderlich, dass du dich darum bemühst, **alle** sprachlichen Mittel **vollständig** zu benennen. In der Regel wird dir eine bestimmte Anzahl sprachlicher Mittel genannt, die du aufführen sollst (z. B. drei). Wichtig ist, dass du erkennst, welche sprachlichen Mittel bei einem Text **besonders auffallen**.

Wann aber fallen sprachliche Mittel besonders auf? Auffällig ist all das, was **anders** ist, als man es erwarten würde. Dazu ein Beispiel:

Beispiel

Das Eigenheim steht in einem Garten. Der Garten ist groß. Durch den Garten fließt ein Bach. Im Garten stehen zwei Kinder. Das eine der Kinder kann noch nicht sprechen. Das andere Kind ist größer. Sie sitzen auf einem Schlitten. Das kleinere Kind weint. Das größere sagt, gib den Schlitten her. Das kleinere weint. Es schreit. [...]

So lautet der Anfang einer Kurzgeschichte (Helga M. Novak: Schlittenfahren). Was an dem Text auffällt, ist vor allem dies: Es sind **nur ganz kurze, einfache Hauptsätze** aneinandergereiht. Das würde man in einem literarischen Text nicht vermuten. Also muss man sich fragen: *Warum ist das so?* Und die Anschlussfrage lautet stets: *Wie wirkt das?* Wahrscheinlich wirst du sagen: *Das wirkt plump und fast kindlich* – und das entspricht auch der Absicht der Autorin.

Hinzu kommt, dass die Sätze **nicht miteinander verbunden** sind (z. B. durch Konjunktionen oder Adverbien). Auch das ist auffällig. Eine solche Sprache wirkt sehr kühl; der Leser hat den Eindruck, dass der Erzähler überhaupt keine Gefühle für die Figuren (hier: für die Kinder) empfindet. Das passt ganz genau zum Sinn des Textes – denn es geht in der Kurzgeschichte um das kalte und gleichgültige Verhalten eines Vaters seinen Kindern gegenüber. Folglich lässt sich in diesem Fall sagen: Das lieblose Verhalten des Vaters wird zusätzlich durch die Sprache deutlich.

Im Folgenden werden dir die wichtigsten **sprachlichen Gestaltungsmerkmale** eines Textes etwas genauer vorgestellt.

Auf einen Blick

Sprachliche Gestaltungsmerkmale	
Erzähler	Die Darstellung durch den Erzähler wirkt sich maßgeblich auf die **Stimmung** aus, die ein Text ausstrahlt. Ist der Erzähler ein **Ich-Erzähler**, stellt er die Handlung aus Sicht der Hauptperson dar und bringt auch deren **Gedanken** und **Gefühle** zum Ausdruck. Handelt es sich um einen **Er-Erzähler**, kann er das Geschehen einerseits wie ein außenstehender Beobachter **kühl** und **distanziert** erzählen, oder aber er ist **mitfühlend**, dann äußert er sich auch über Gedanken und Gefühle der Figuren.
Sinnabschnitte	Ein neuer Sinnabschnitt beginnt immer dort, wo der Erzähler etwas Neues zur Sprache bringt – entweder den **nächsten Handlungsschritt** oder einen **neuen Gedanken**. Mit der Abfolge der Sinnabschnitte lenkt der Erzähler nicht nur seinen eigenen Blick auf das Geschehen, sondern auch den des Lesers. Oft, aber nicht immer, entsprechen die Absätze den Sinnabschnitten im Text.
Satzbau	Durch den Satzbau kann der Erzähler eine bestimmte Atmosphäre erzeugen. Hauptsätze, die unverbunden aufeinanderfolgen, wirken in der Regel sehr **sachlich** und **kühl**. Sind sie dagegen durch Konjunktionen wie *und* oder *denn* verbunden, wirken sie auch sachlich, aber **nicht so kühl**. Satzgefüge, bestehend aus Haupt- und Nebensätzen, klingen **meist harmonisch**; sie können aber auch **gedrängt** wirken – so als würde sich der Erzähler ein wenig gehetzt fühlen.
Wortwahl	Mit den Wörtern, die ein Erzähler verwendet, vermittelt er eine bestimmte **Stimmung**. Es gibt Wörter, mit denen man **positive Vorstellungen** verbindet (z. B. mit *Held*), und Wörter, mit denen man **negative Vorstellungen** verbindet (z. B. mit *dunkel*). Je nachdem, welche Wörter überwiegen, wirkt die Botschaft eines Textes eher positiv oder negativ.

Wiederholungen	Wiederholungen von Wörtern, Wortgruppen oder sogar ganzen Sätzen weisen darauf hin, dass ihr Inhalt dem Verfasser **besonders wichtig** ist. Wenn es bei den Wiederholungen **leichte Veränderungen** gibt, sollten diese besonders beachtet werden, denn es gibt immer einen Grund dafür.
Sprachliche Bilder	Durch ein sprachliches Bild wird die Darstellung für den Leser **anschaulich**. Er kann sich in Gedanken „ausmalen", was im Text dargestellt ist. Dabei werden zwei Bereiche miteinander verbunden, die eigentlich nicht zusammengehören. Die am häufigsten vorkommenden Sprachbilder sind: **bildhafter Vergleich**, **Metapher**, **Personifikation** und **Symbol**. (Zu den einzelnen Sprachbildern siehe S. 22.)
Überschrift	Der Autor hat die Überschrift für seinen Text ganz bewusst ausgewählt. Er zeigt mit ihr indirekt, **worauf es** ihm besonders **ankommt**. Wenn es also Wörter aus dem Text gibt, die in der Überschrift vorkommen, dann zielen diese auf den Kern des Textes ab.
Ironie	Nicht immer meint ein Erzähler das, was er sagt. Manchmal ist eine Aussage auch ironisch zu verstehen. Ironie ist die „Kunst der Verstellung". Sie dient dazu, **auf humorvolle Weise Kritik an etwas zu üben**. Der Erzähler stellt dann eine Handlung oder Verhaltensweise als positiv dar, die er in Wirklichkeit kritisieren will. Er drückt seine Kritik – zum Schein – als Lob oder Anerkennung aus. Du kannst eine ironische Aussage daran erkennen, dass sie „irgendwie nicht passt". Sie passt entweder nicht zu anderen Textaussagen oder nicht zu deinen Erfahrungen. Du weißt in diesem Fall, dass viele Menschen ebenfalls der Meinung wären, dass die Darstellung **unpassend oder widersprüchlich wirkt**.

Schritt für Schritt

Die sprachliche Gestaltung untersuchen

1. Lies den ganzen Text einmal durch, um einen **Eindruck vom Inhalt** zu gewinnen.
2. Lies den Text dann ein zweites Mal durch; achte dabei auf **Einzelheiten**, die dir wesentlich erscheinen, und markiere sie. An passenden Stellen kannst du auch schon am rechten Rand stichwortartig kleine Kommentare aufschreiben.
3. Achte jetzt noch einmal gezielt auf die **Gestaltung** des Textes. Textstellen, die dir bezüglich des Erzählers, der Wortwahl, des Satzbaus oder Ähnlichem auffallen, markierst du ebenfalls. Mache dir am Rand Notizen.
4. Überlege nun, welche **Botschaft** der Text dem Leser vermitteln könnte.

Tipp

Verwende bei der Untersuchung der **Textdarstellung** andere **Farben** als bei der Untersuchung des **Inhalts**. Versuche auch, die Notizen am anderen Rand aufzuschreiben. Dann siehst du später auf einen Blick, welche deiner **Randkommentare** sich auf den **Sinn** des Textes beziehen und welche auf die **Gestaltung**.

Arten von Prosatexten unterscheiden

Es gibt verschiedene Arten von Prosatexten. Sie unterscheiden sich nicht nur hinsichtlich ihres **Umfangs**, sondern auch in ihrem **Aufbau** und der **Darstellung**.

Die am häufigsten vorkommenden Prosatexte sind:

- **Erzählung**
  „Erzählung" ist der **Oberbegriff** für alle Prosatexte kurzer und mittlerer Länge.

- **Kurzgeschichte**
  Kurzgeschichten sind Erzählungen von geringem Umfang (oft nur ein bis zwei Seiten), in denen ein **kurzer Ausschnitt** aus dem Leben einer oder mehrerer Personen dargestellt wird. Auffällig ist vor allem ihr Aufbau: Es gibt meist **keine Einleitung**. Auch das **Ende** ist **offen**. Die Hauptpersonen sind keine strahlenden Helden, sondern ganz **normale Menschen**, aus deren **Alltag** eine kurze Begebenheit erzählt wird. Die Handlung strebt auf einen **Höhepunkt** zu, der zugleich ein Wendepunkt ist, da es sich oft um den Moment handelt, in dem die Hauptperson eine neue Einsicht gewinnt. Typisch für Kurzgeschichten ist die **einfache, moderne Sprache**.

- **Roman**
  Romane sind **längere** Erzählungen, die in der Regel **in Buchform** veröffentlicht werden. Die Handlung erstreckt sich meist über einen **längeren Zeitraum**. So kann der Leser verfolgen, welche **Entwicklung** die Hauptperson durchmacht. Ein Roman hat in der Regel **mehrere Erzählstränge**.

- **Novelle**
  Novellen sind Erzählungen von mittlerer Länge, in deren Zentrum ein **außergewöhnliches Ereignis** steht. Die Handlung wird der Reihe nach, ohne Vor- und Rückblenden, erzählt. In der Einleitung wird der Leser in das Geschehen eingeführt. Der Hauptteil strebt auf einen **Höhepunkt** zu, der oft auch einen Wendepunkt darstellt. Ein Schluss rundet die Novelle ab.

- **Anekdote**
  Anekdoten erzählen von einer **ungewöhnlichen Begebenheit** aus dem Leben einer Person. Diese kann tatsächlich leben oder gelebt haben. Meist enden Anekdoten mit einer Pointe, einer **überraschenden Wendung**. Die Darstellung erweckt den Eindruck, als würde der Erzähler seine Geschichte in geselliger Runde zum Besten geben.

- **Fabel**
  Fabeln sind kurze Geschichten, in denen eine **Lehre** erteilt wird. Meist sind **sprechende Tiere** die **Hauptfiguren**. Sie stehen jedoch für Menschen, denn sie zeigen typisch menschliche Eigenschaften und Verhaltensweisen. In der Regel wird von einem Konflikt zwischen einem Stärkeren und einem Schwächeren erzählt.

- **Parabel**
  Parabeln sind Geschichten, bei denen die **Handlung stark vereinfacht** ist. Oft werden indirekt **Missstände** in der Gesellschaft **kritisiert**. Der Leser muss die Geschichte auf das Leben in der normalen Gesellschaft übertragen.

Hinweis: In der **Prüfung** wird dir als Prosatext meist eine **Kurzgeschichte** vorgelegt – oder ein Auszug aus einem **Roman**.

Tipp
> Wenn dir nicht klar ist, was für eine Art Prosatext du vor dir hast, verwendest du sicherheitshalber den Begriff „**Erzählung**". Der ist niemals falsch!

4.2 Gedichte untersuchen

Äußere Formmerkmale von Gedichten

Gedichte sind sehr kunstvoll gestaltete Texte. Das erkennt man schon an der **besonderen äußeren Form**, also der Anordnung der Wörter und Sätze: Die Zeilen eines Gedichts sind stark verkürzt. Man nennt sie **Verse**. Ein Satz kann sich über mehrere Verse ziehen. Die Verse wiederum sind in Versgruppen, sogenannte **Strophen**, zusammengefasst.

Beispiel

Wilhelm Busch: Der Schadenfrohe

Ein Dornstrauch stand im Wiesental	→ Vers	
An einer Stiege, welche schmal,	→ Vers	
Und ging vorüber irgendwer,	→ Vers	Strophe
Den griff er an und kratzte er.	→ Vers	
Ein Lämmlein kam dahergehupft.	→ Vers	Strophe
Das hat er ebenfalls gerupft.	→ Vers	
Es sieht ihn traurig an und spricht:	→ Vers	
„Du brauchst doch meine Wolle nicht,	→ Vers	
Und niemals tat ich dir ein Leid.	→ Vers	Strophe
Weshalb zerrupfst du denn mein Kleid?	→ Vers	
Es tut mir weh und ist auch schad."	→ Vers	
„Ei", rief der Freche, „darum grad!"	→ Vers	Strophe

Inhalt von Gedichten

Auch inhaltlich sind Gedichte etwas ganz Besonderes. Das verrät schon das Wort „Gedicht". Trotz des geringen äußeren Umfangs sind Gedichte vom Inhalt her nämlich meist sehr „dicht", also **inhaltsreich**. Du musst Gedichttexte daher ganz besonders sorgfältig lesen, um ihren Sinn zu verstehen. In Gedichtform geschriebene Texte werden **lyrische Texte** genannt. Das Adjektiv „lyrisch" ist abgeleitet vom Wort **Lyrik**. Im antiken Griechenland wurden Gedichttexte nämlich oft mit der *Lyra,* einem Musikinstrument, begleitet. Daraus lässt sich schon ersehen, dass es zwischen Gedichten und Musik eine enge Verbindung gibt.

Der „Erzähler" eines Gedichts wird auch **lyrischer Sprecher** genannt. Er entspricht mehr oder weniger dem Erzähler in Prosatexten. Wenn er von sich selbst spricht – also „ich" sagt – bezeichnet man ihn als **lyrisches Ich**.

Wenn du merkst, dass es in einem Gedicht ein lyrisches Ich gibt, solltest du dir immer auch die Frage stellen, **an wen** es seine Worte richtet. Es gibt folgende Möglichkeiten:

Auf einen Blick

Das lyrische Ich richtet sich an ...	
ein Gegenüber	Das lyrische Ich richtet sich an eine **einzelne Person**, z. B. an den Geliebten. Die angesprochene Person muss nicht in der Nähe sein. Auch der Leser kann sich angesprochen fühlen.
sich selbst	Man hat den Eindruck, das lyrische Ich würde **Selbstgespräche** führen.
eine Sache	Dabei kann es sich um Dinge aus der **Natur** wie die Sonne, eine Blume oder ein Tier handeln.
eine Gruppe	Das lyrische Ich kann eine **Personengruppe** oder **alle Leser** ansprechen.
niemand Bestimmtes	Das lyrische Ich ist wie ein **Erzähler**, der beschreibt, was er erlebt oder beobachtet hat.

Innere Formmerkmale von Gedichten

Wie die äußere Form, so ist auch die **innere Form** von Gedichten auffällig gestaltet. Die inneren Formmerkmale beziehen sich auf die **Struktur** und den **Klang** der Wörter. Zu beachten sind hier vor allem die verschiedenen **Reimsorten**.

Reime
Reime sind Gleichklänge. Wie der Begriff „Gleich-klang" schon verrät, kommt es also **nicht auf die Schreibung** an, sondern allein auf den **Klang** der Wörter. Du wirst in Gedichten auf zwei verschiedene Reimarten stoßen:

- **Reiner Reim:**
Bei reinen Reimen, wie „Sonne" und „Wonne" oder „Welt" und „fällt", haben die letzten Silben am Versende **gleichklingende** Vokale und Konsonanten. Dadurch entsteht der Reim.

Lesekompetenz

- **Unreiner Reim:**
Es gibt auch Reime, bei denen die Endsilben **nur ähnlich klingen**. „Blick" und „Glück" oder „sehen" und „mähen" sind z. B. unreine Reime.
Auch Unterschiede in der Länge der Laute machen aus einem Reim einen unreinen Reim, wie z. B. in „Sohlen" und „Knollen".

Beispiel

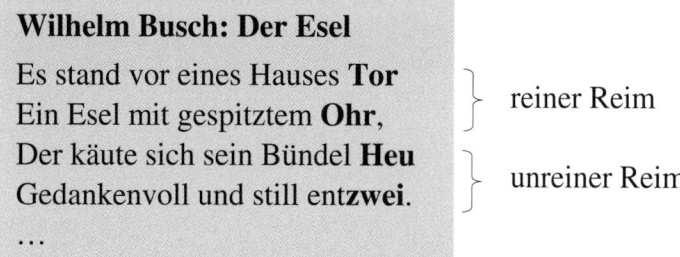

Wilhelm Busch: Der Esel

Es stand vor eines Hauses **Tor** ⎱ reiner Reim
Ein Esel mit gespitztem **Ohr**, ⎰
Der käute sich sein Bündel **Heu** ⎱ unreiner Reim
Gedankenvoll und still ent**zwei**. ⎰
…

Viele Gedichte sind nach einem bestimmten Muster, dem sogenannten **Reimschema**, angeordnet. Die folgenden Reimschemata solltest du kennen:

Auf einen Blick

Reimschemata	
Paarreim	**Paarweise** Anordnung der Reime (a a b b): Von Natur aus ist der _Regen_ a Tier- und Pflanzenwelt ein _Segen_. a Doof am Regen ist nur _das_: b Auch wir Menschen werden _nass_! b
Kreuzreim	Anordnung der Reime **über Kreuz**, also abwechselnd (a b a b): Schläft ein Lied in allen _Dingen_, a Die da träumen fort und _fort_, b Und die Welt hebt an zu _singen_, a Triffst du nur das Zauber_wort_. b
umarmender Reim	Ein Paarreim in der Mitte wird von einem anderen Reim „**umarmt**" (a b b a): Ein reiner Reim ist sehr _begehrt_, a Doch den Gedanken rein zu _haben_, b Die edelste von allen _Gaben_, b Das ist mir alle Reime _wert_. a

Tipp

> Wenn **keines dieser Reimschemata** zu einem Gedicht passt, beschreibst du die Abfolge der Reime mit Buchstaben. Beginne mit dem Buchstaben **a**. Nimm immer dann den **nächsten Buchstaben** im Alphabet, wenn die Endsilbe eines Verses einen neuen Klang aufweist.

Sprachliche Bilder

Gedichte enthalten fast immer sprachliche Bilder. Ein sprachliches Bild lässt die Darstellung für den Leser **anschaulich** werden. Er kann sich in Gedanken „ausmalen", was im Text dargestellt ist. Dabei werden zwei Bereiche miteinander verbunden, die eigentlich nicht zusammengehören.

Beispiel — Man kann z. B. sagen, dass es „Bindfäden regnet", obwohl Regen mit Bindfäden eigentlich nichts zu tun hat. Wenn es stark regnet, dann kann es aber fast so aussehen, als hätten sich die einzelnen Regentropfen zu langen Fäden verbunden.

Die am häufigsten vorkommenden Sprachbilder sind:

Auf einen Blick

Sprachbilder	
bildhafter Vergleich	Oft steht zwischen dem Bild und der Sache, auf die es sich bezieht, ein Vergleichswort, z. B. „wie" oder „als ob". *Ihre Augen leuchteten wie Sterne am Nachthimmel.*
Metapher	Das Wort wird nicht in seiner wörtlichen, sondern in einer übertragenen Bedeutung verwendet. In einer Metapher fehlt das Vergleichswort (z. B. „wie"). Das Bild und die Sache, auf die es sich bezieht, sind zu einer Einheit verschmolzen. *Ihre Augen sind Sterne am Nachthimmel.*
Personifikation	Eine Personifikation liegt vor, wenn einer Sache menschliche Fähigkeiten oder Eigenschaften zugeschrieben werden. Auch Pflanzen und Tiere können personifiziert sein. *Die Blätter flüsterten im Wind.* Blätter können nicht flüstern, aber das Geräusch, das sie im Wind machen, hört sich so ähnlich an wie Flüstern.
Symbol	Ein Symbol ist ein Sprachbild, das auf einen tieferen Sinn verweist. Dieser Sinn ist meist allgemein bekannt. Auch ganze Textabschnitte können einen symbolischen Sinn haben. Diesen muss der Leser selbst erschließen. *Das Herz (Symbol der Liebe), Die Taube (Symbol für Frieden)*

Tipp Sprachbilder haben einen großen **Einfluss auf die Stimmung**, die ein Text ausstrahlt. Es gibt schöne, aber auch trostlos wirkende Sprachbilder.

Ein Gedicht untersuchen

Gerade weil Gedichte so eine kunstvolle Form aufweisen, ist es oft gar nicht so einfach, den Sinn dieser kurzen Texte zu erfassen. Wenn du dich aber an folgendes Schema hältst, kommst du dem tieferen Sinn Schritt für Schritt näher:

Schritt für Schritt

Ein Gedicht untersuchen

1. Lies den Text erst einmal flüchtig durch und erfasse das **Thema** ganz allgemein.

2. Achte beim zweiten Lesedurchgang auch auf Einzelheiten. Frage dich, wer der **lyrische Sprecher** ist, und überlege, **an wen** er seine Worte richtet.

3. Denke darüber nach, welche **Botschaft** der lyrische Sprecher vermitteln will. Das ist die Kernaussage des Gedichts.

4. Achte darauf, mit welchen **sprachlichen Mitteln** der lyrische Sprecher seine Gedanken zum Ausdruck bringt. Wesentlich sind sprachliche Bilder, Wortwahl und Satzbau. Achte auf Wiederholungen, da ihr Inhalt meist besonders wichtig ist.

5. Untersuche das Gedicht auf seine **Formmerkmale** hin (Anzahl der Strophen, Anzahl der Verse je Strophe, Reimschema).

6. Versuche einen **Zusammenhang** zwischen den **Formmerkmalen** und dem **Sinn** des Gedichts herzustellen. Bedenke: Eine geordnete Form verweist auf eine harmonische Grundstimmung, während eine (scheinbar) ungeordnete Form anzeigt, dass auch inhaltlich etwas „in Unordnung" ist.

Hinweis: In der Prüfung wird von dir keine komplette Gedichtanalyse verlangt. In der Regel werden dir **einzelne Fragen** zum Inhalt oder zur sprachlichen Gestaltung gestellt. Um diese Fragen aber richtig und ausführlich beantworten zu können, musst du die Zusammenhänge verstehen.

Schreibkompetenz

Deine Schreibkompetenzen werden in der gesamten Prüfung, insbesondere aber in der letzten Aufgabe, der **Schreibaufgabe**, beurteilt. Hier wird von dir verlangt, dass du einen **kompletten Aufsatz** schreibst und dabei die aus den zuvor bearbeiteten Aufgaben gewonnenen Erkenntnisse mit einbeziehst. Für die Schreibaufgabe erhältst du die meisten Punkte. Es ist also wichtig, dass du hier ganz besonders gründlich vorgehst.

Was muss man können? Was wird geprüft?

Beim Schreiben musst du zeigen, dass du dich zu einem Thema sinnvoll und überzeugend schriftlich äußern kannst. Dabei spielen sowohl der **Inhalt** als auch die **Darstellung** eine Rolle.

Inhalt

- **Kenntnisse sammeln:** Du solltest für die Bearbeitung der Themenstellung über ausreichend Kenntnisse verfügen. Wenn du z. B. einen Aufruf schreiben willst, musst du Kenntnisse zum Thema haben, damit du überzeugend argumentieren kannst.
- **Kenntnisse auswählen:** Wähle aus deinen Kenntnissen diejenigen aus, die für deinen Text wichtig sind.

Tipp Durch das Bearbeiten der **ersten Aufgaben** hast du ja bereits viele **Informationen zum Thema** bekommen und wichtige **Erkenntnisse** gewonnen.

Darstellung

Bei der Darstellung solltest du Folgendes beachten:

- **Textsorte:** Berücksichtige beim Schreiben die Merkmale der jeweiligen Textsorte. Ein Bericht wird z. B. anders geschrieben als ein formaler Brief.
- **Schreiber:** Wenn du deinen Text aus der Sicht einer bestimmten Person (z. B. aus der Sicht eines Jugendlichen) schreiben sollst, musst du dich so ausdrücken, wie sich diese Person (der Jugendliche) ausdrücken würde.
- **Leser:** Wenn du z. B. an deinen Schulleiter schreibst, musst du dich anders ausdrücken, als wenn du an einen Mitschüler schreibst.
- **Wortwahl:** Es wird erwartet, dass du die für das Thema notwendigen Fachbegriffe kennst und verwendest.
- **Zusammenhang:** Die Einzelheiten, die du in deinem Text zur Sprache bringst darfst du nicht einfach nur aufzählen, sondern musst auch Zusammenhänge zwischen ihnen aufzeigen.

Schreibkompetenz

> **Tipp** — Achte darauf, dass dein Text eine **angemessene Länge** hat. Ausuferndes „Geschwafel" ist genauso falsch wie die Kürze einer SMS.

Darüber hinaus solltest du natürlich auch möglichst **fehlerfrei** schreiben. Das betrifft nicht nur die Rechtschreibung und Zeichensetzung, sondern auch die Sprachrichtigkeit (z. B. die richtige Zeitform oder den richtigen Fall).

5 Den Schreibprozess steuern

Um einen guten Text zu schreiben, darfst du nicht einfach drauflos schreiben. Du solltest dir angewöhnen, den Schreibprozess richtig zu steuern. Grundsätzlich gilt: **Erst denken – dann schreiben!**
Ein gelungener Schreibprozess besteht aus drei Phasen:

- Planen
- Schreiben
- Überarbeiten

Planen

Bereite das Schreiben deines Textes Schritt für Schritt vor:

Schritt für Schritt — **Den Schreibprozess planen**

1. Beachte die **Aufgabenstellung** genau und mache dir stichpunktartig Notizen zu folgenden Gesichtspunkten:
   - *Welche **Textsorte** ist verlangt? Welche Merkmale hat diese Textsorte?*
   - *Was will der **Schreiber** mit dem Text erreichen?*
   - *Wer ist der **Leser** des Textes? Welche Erwartungen hat er?*

2. **Stoffsammlung erstellen:**
   - *Was weißt du über das **Thema**?* Halte deine Einfälle stichwortartig fest. Beziehe die Informationen und Erkenntnisse, die du in den ersten Aufgaben gewonnen hast, unbedingt mit ein.
   - **Bewerte** deine Ideen: *Welche Einfälle sind **wichtig**, welche eher unwichtig?*
     Mit **!** kennzeichnest du die Ideen, die dir wichtig erscheinen.
     Ideen, die du für unwichtig hältst, klammerst du ein.
   - **Ordne** deine Ideen: Ordne deine Einfälle nach dem Prinzip der **ansteigenden Wichtigkeit**: Beginne mit einem eher unwesentlichen Gesichtspunkt und steigere dich dann. Am Schluss kommt der Gesichtspunkt, der dir am wichtigsten erscheint.

3. **Gliederung erstellen:** Ordne deine Gesichtspunkte zu. Halte fest, was du in der **Einleitung**, im **Hauptteil** und am **Schluss** schreiben willst.

> **Tipp** — Um die Einfälle deiner **Ideensammlung** schon im Voraus ein bisschen zu **strukturieren**, kannst du eine **Stichwortliste**, eine **Tabelle**, ein **Cluster** oder eine **Mindmap** erstellen. Wähle die Darstellung, die dir am besten liegt.

Schreibkompetenz

Schreiben

Orientiere dich beim Schreiben deines Textes an deiner **Gliederung**, die du erstellt hast. Beginne mit der Einleitung, schreibe danach den Hauptteil und runde deinen Text durch einen geeigneten Schluss ab. Am besten verfährst du so:

Schritt für Schritt

Eine Schreibaufgabe bearbeiten

1. Am schwierigsten ist der Einstieg, also die **Einleitung**. Nimm Konzeptpapier und schreibe probeweise deine Einleitung auf. Eventuell brauchst du mehrere Entwürfe. Führe zum Thema hin, mache neugierig, wecke Interesse beim Leser.

2. Beginne nun den **Hauptteil**. Nimm dir nach und nach alle notierten Stichworte vor und formuliere deine Gedanken sorgfältig aus. Gehe so vor:
   - Beginne jeweils einen **neuen Absatz**, wenn du dich dem nächsten Stichwort aus deiner Gliederung zuwendest. Das ist leserfreundlich, und es zeigt auch, dass du als Verfasser ein klares Konzept für deinen Text hast.
   - Zähle deine Gedanken nicht nur auf. Finde **geschickte Überleitungen** zwischen den einzelnen Sätzen und Absätzen. Verwende passende Konjunktionen (z. B. *wenn, aber*), Adverbien (z. B. *deshalb, trotzdem*) und Pronomen (z. B. *er, dieser*), um Verbindungen zwischen deinen Aussagen herzustellen.
   - Lies jeden Satz, den du fertiggestellt hast, durch, bevor du den nächsten Satz beginnst. Das kostet nicht viel Zeit, hilft dir aber, **ungeschickte Formulierungen** sofort zu erkennen und zu korrigieren.

3. Nachdem du dein letztes Stichwort ausgeführt hast, schreibst du den **Schluss**. Es ist nicht leicht, ein überzeugendes Ende zu finden. Probiere wieder mehrere Entwürfe auf Konzeptpapier aus. Formuliere ein kurzes Fazit, bewerte die Situation oder Person etc.

4. Achte auf Rechtschreibung und Zeichensetzung sowie auf die Sprachrichtigkeit (z. B. die richtige Zeitform oder den richtigen Kasus). **Satzbau**, **Ausdruck** und **Rechtschreibung** werden in dieser Aufgabe mitbewertet.

Beispiel

In dem folgenden Auszug aus einem Brief an die Schulleiterin sind die Sätze geschickt durch Konjunktionen, Adverbien oder Pronomen miteinander verbunden:

Immer mehr Schüler kommen ohne Frühstück zur Schule. <u>Das</u> führt dazu, <u>dass</u> sich viele von ihnen spätestens ab der dritten Stunde nicht mehr richtig auf den Unterricht konzentrieren können, <u>weil</u> ihnen der Magen knurrt. <u>Deshalb</u> haben sich bereits an einigen Schulen Frühstücksinitiativen gebildet, <u>die</u> dafür sorgen, <u>dass</u> alle Schüler noch vor Unterrichtsbeginn ein gesundes Frühstück zu sich nehmen können.

Überarbeiten

Lies deinen Text noch einmal sorgfältig durch. Korrigiere dabei ungeschickte Formulierungen und Fehler. Gehe so vor:

Schritt für Schritt

Den ausformulierten Text überarbeiten

1. Versuche, deinen Text **in Gedanken laut zu lesen**; dann bemerkst du mögliche Schwachstellen am ehesten.
2. Suche nach Fehlern und ungeschickten Formulierungen:
   - **Vermeide** unschöne **Wiederholungen**. Wenn z. B. in aufeinanderfolgenden Sätzen (oder im selben Satz) zweimal derselbe Ausdruck fällt, klingt das unbeholfen. Ersetze das wiederholte Wort besser durch ein anderes passendes Wort.
   - Wenn du im Text **Pronomen** verwendet hast (z. B. Demonstrativpronomen wie *dieses* oder *das*), frage dich immer, ob dem Leser klar ist, **worauf sie sich beziehen**. Du selbst weißt natürlich, wofür diese „Platzhalter" stehen. Aber dem Leser ist vielleicht nicht klar, wer *er* oder was *das* sein soll.
3. **Korrigiere** die Fehler und Schwachstellen, die dir aufgefallen sind. Gehe so vor:
   - **Kleinere Korrekturen:** Wenn du nur wenige Wörter ändern willst, streichst du diese mit dem Lineal sauber durch und schreibst die **verbesserte Version darüber**.
   - **Größere Korrekturen:** Wenn du längere Textabschnitte ändern musst, streichst du sie mit **Lineal** durch und versiehst sie mit einer **Nummer**. Die verbesserte Version schreibst du unter Angabe der Nummer auf ein **Extrablatt**.
4. **Übertrage** deine korrigierte Fassung auf Reinschriftpapier.

Beispiel

*Betreiben die Schüler selbst eine Cafeteria, lernen sie ~~Verandwortung~~ **Verantwortung** zu tragen.*

Sie müssen ~~dann einkaufen und verkaufen.~~¹⁾

¹⁾ sich dann um die Einkäufe kümmern und auch den Verkauf übernehmen.

6 Schreibaufgaben lösen

In der Prüfung sollst du in der Regel eine **bestimmte Textsorte** schreiben, z. B. kann es sein, dass du eine Stellungnahme in Form eines Leserbriefs schreiben oder eine Erörterung in Form eines Vortrags verfassen sollst. Es kann auch vorkommen, dass keine bestimmte Textsorte von dir verlangt wird. Die Aufgabe könnte dann einfach lauten: *Nimm Stellung zu …* Im Folgenden erfährst du, welche **Merkmale** die einzelnen Textsorten auszeichnen und wie du vorgehen kannst, um einen entsprechenden Text zu schreiben.

Tipp

> **Lies** die Aufgabenstellung immer ganz **genau** durch. Wenn es darin heißt: *Schreibe einen Leserbrief*, dann weißt du, dass du die Stellungnahme in Form eines Leserbriefs verfassen sollst. In diesem Fall musst du die **Formmerkmale** eines Briefs **berücksichtigen**.

6.1 Einen argumentativen Text schreiben: Stellungnahme und Erörterung

Häufig wird in der Schreibaufgabe am Ende der Prüfung von dir verlangt, einen **argumentativen Text** zu verfassen. Ziel eines argumentativen Textes ist es, den Leser von der eigenen Meinung zu einem Thema zu überzeugen. Oft möchte man ihn auch zu einer Handlung bewegen. Um dieses Ziel zu erreichen, muss man **überzeugende Argumente** anführen.

Die Schreibaufgabe ist immer auf der Basis der dir vorliegenden Texte zu lösen. Das heißt, du musst die **Textinformationen berücksichtigen**, um deine Argumentation zu entwickeln.

Argumente formulieren

Gute Argumente sind das Herzstück eines argumentativen Textes. Man unterscheidet zwischen **Pro- und Kontra-Argumenten**. Pro-Argumente unterstützen eine Meinung, während Kontra-Argumente ihr widersprechen.

Jedes Argument besteht aus zwei Teilen: einer **These/Behauptung** und einer **Begründung**. Die Begründung ist immer dann überzeugend, wenn sie ausführlich ist und keine Fragen offen lässt. Du solltest auch versuchen, ein passendes **Beispiel** anzuführen, um deine Aussagen zu veranschaulichen. Achte außerdem darauf, dass du dich **sachlich** ausdrückst.

Beispiel *Ist es richtig, wenn Schüler am Nachmittag einen Nebenjob annehmen?*
Zu dieser Frage könnte ein **Pro-Argument** so aussehen:

These/Behauptung	Es ist eine gute Idee, wenn Schüler nachmittags einen Nebenjob annehmen.
Begründung Veranschaulichung durch **Beispiele** Weitere Erläuterungen zur Begründung	Denn so verdienen sie eigenes Geld. Wenn sie sich davon hin und wieder etwas Neues kaufen, z. B. ein Kleidungsstück oder eine CD, dann können sie sich nicht nur über ihre Einkäufe freuen, sondern auch voller Stolz sagen: „Das habe ich mir erarbeitet!" Jugendliche, die kein eigenes Geld verdienen, kennen dieses Gefühl nicht.

Tipp Wenn dir kein **passendes Beispiel** einfällt, um die Begründung in einem Argument zu veranschaulichen, kannst du dir notfalls auch eines **ausdenken**. Vielleicht gehst du einfach von dir selbst aus, z. B.: *Ich würde mir gern durch einen Nebenjob ein wenig Geld verdienen. Das würde ich sparen, um mir davon später meinen Führerschein zu finanzieren.* Falls dir auch das nicht gelingt, musst du versuchen, deine Begründung ohne Beispiel möglichst ausführlich zu gestalten.

Stellungnahme

Mit einer Stellungnahme äußerst du ausführlich und begründet **deine Meinung** zu einem Thema. Du beziehst dabei von **vornherein** eine **bestimmte Position** und gibst diese gleich **zu Anfang bekannt**.

Schreibkompetenz

Beispiel

Eine typische Aufgabenstellung für eine Stellungnahme könnte so aussehen: *Können virtuelle Freunde die „echten" Freunde ersetzen? Nimm Stellung.*

Auf einen Blick

Aufbau von Stellungnahmen	
Einleitung	In der Einleitung machst du deutlich, welche **Meinung** du zu dem Thema vertrittst.
Hauptteil	Im Hauptteil führst du drei oder vier **überzeugende Argumente** aus. Wähle die Reihenfolge so, dass du dir dein überzeugendstes Argument für den letzten Abschnitt aufhebst.
Schluss	Am Schluss **bekräftigst** du noch einmal deine Meinung. Achte darauf, dass du wortwörtliche Wiederholungen vermeidest. Schreibe nicht einfach eine Textstelle aus dem Hauptteil ab, sondern führe den entscheidenden Gedanken weiter.

Schritt für Schritt

Vor dem Schreiben einer Stellungnahme

1. **Thema durchdenken:** Als Erstes musst du überlegen, zu welchem Thema du Stellung nehmen sollst. Schließlich muss dir klar sein, worum es überhaupt geht, wenn du überzeugend argumentieren willst.

2. **Argumente sammeln:** Schau in die **Prüfungstexte**, sie liefern dir Argumente für deine Stellungnahme. Natürlich kannst du zusätzlich auch Argumente anführen, die dir unabhängig von den Texten in den Sinn kommen. Halte deine Einfälle stichwortartig auf einem Extrablatt fest. Deine Notizen können ganz **ungeordnet** sein.

3. **Argumente ordnen:** Lege eine **Pro- und Kontra-Tabelle** an und trage alle Argumente in die entsprechende Spalte ein.

4. **Argumente auswählen:** Sieh dir deine Argumente an und entscheide dich, welche du überzeugender findest, die Pro- oder die Kontra-Argumente. Bestimme daraufhin **deine Position**.

4. **Gliederung erstellen:** Trage deine Argumente in einer **passenden Reihenfolge** in deine Gliederung ein.

Tipp

In einer Stellungnahme geht es darum, **deine Meinung** zum Thema darzustellen. Dazu trägst du deine Argumente vor. Besonders geschickt ist es aber, wenn du in deiner Stellungnahme auch ein wichtiges **Gegenargument** anführst und **entkräftest**, z. B. so: *Es stimmt zwar, dass ... Aber ...* So wirkt deine Argumentation besonders überzeugend.

Erörterung

Anders als in einer Stellungnahme kannst du in einer Erörterung nicht sofort bekannt geben, welche Position du vertrittst, sondern du musst dem Leser deutlich **zeigen, wie du zu deiner Ansicht gelangt bist**.

Bei der **Erörterung** unterscheidet man zwei Arten: die **kontroverse** (zweigliedrige) und die **lineare** (eingliedrige) Erörterung.

Kontroverse Erörterung

Bei einer **kontroversen Erörterung** wägst du Für und Wider ab und gelangst erst am Schluss zu deiner Meinung. Im Hauptteil trägst du sowohl **Pro-** als auch **Kontra-Argumente** zum (strittigen) Thema vor. Eine solche Erörterung ist zweigliedrig, der Hauptteil besteht aus **zwei Teilen:** einem Pro- und einem Kontra-Teil. Ordne deine Argument-Gruppen immer so an, dass du nach dem Hauptteil nahtlos zum von dir angestrebten Ergebnis überleiten kannst: Wenn du die Pro-Meinung vertrittst, beginnst du mit den Kontra-Argumenten; bist du für die Kontra-Seite, beginnst du mit Pro-Argumenten.

Eine typische Aufgabenstellung für eine kontroverse Erörterung könnte so aussehen:

Beispiel: *Sollten Computer bereits im Kindergarten eingeführt werden? Stellen Sie ausführlich Vor- und Nachteile dar.*

Auf einen Blick

Aufbau von kontroversen Erörterungen	
Einleitung	Versuche, **geschickt zum Thema hinzuführen**, damit klar wird, warum es sich lohnt, sich mit dieser Frage zu befassen und deinen Text zu lesen.
Hauptteil Sanduhr-Schema Argumente der Gegenseite wichtigstes Argument weniger wichtiges unwichtigstes Wendung unwichtigstes etwas wichtigeres wichtigstes Argument Argumente deiner Seite	Im Hauptteil führst du deine Argumente aus. Am besten gestaltest du deinen Hauptteil nach dem Schema einer **Sanduhr**: – Im ersten Teil führst du zwei bis drei **Argumente der Gegenseite** aus, indem du als Erstes deren wichtigstes Argument anführst, dann ein unwichtigeres und schließlich das unwichtigste. Achte auf treffende Überleitungen zwischen den Argumenten, z. B.: *Hinzu kommt, dass ... Außerdem sollte man berücksichtigen, dass ...* – Im zweiten Teil bringst du drei bis vier **Argumente deiner Seite**, also der Seite, die du vertreten willst. Beginne mit einem relativ unwichtigen Argument und steigere dich dann bis zum wichtigsten. Das erste Argument deiner Seite kannst du z. B. so einleiten: *Aber ... Allerdings ... Andererseits ...*
Schluss	Am Schluss formulierst du dein **Ergebnis**. Es ist gut, wenn du an dieser Stelle noch einmal auf das entscheidende Argument verweist, das dich dazu gebracht hat, deinen Standpunkt einzunehmen, z. B. so: *Ich bin zu dieser Auffassung gelangt, weil ...* *Besonders überzeugend finde ich, dass ...* Achte darauf, dass du wortwörtliche Wiederholungen vermeidest.

Schreibkompetenz

Schritt für Schritt

Vor dem Schreiben einer kontroversen Erörterung

1. **Thema verstehen:** Überlege dir Antworten zu folgenden Fragen:
   - *Was genau ist das Thema deiner Erörterung?*
   - *Welche Meinungen könnte es dazu geben?*

2. **Argumente sammeln:** Schau in die **Prüfungstexte**, sie liefern dir Argumente für deine Erörterung. Natürlich kannst du zusätzlich auch Argumente anführen, die dir unabhängig von den Texten einfallen. Notiere die Argumente erst einmal **ungeordnet** auf einem Extrablatt.

3. **Argumente ordnen:** Markiere Pro-Argumente mit einem + und Kontra-Argumente mit einem –. Ordne dann deine Argumente, indem du eine Tabelle, ein Cluster oder eine Mindmap erstellst.

4. **Gliederung erstellen:** Überlege, **welche Position** du einnehmen willst, und erstelle deine Gliederung entsprechend. Schreibe zuerst die Argumente der Gegenseite auf, dann die Argumente deiner eigenen Position.

Lineare Erörterung

Bei einer **linearen Erörterung** musst du eine Fragestellung durchdenken, die **nicht kontrovers** angelegt ist, sondern bei der deine Argumentationsrichtung bereits vorgegeben ist. Beispielsweise sollst du für ein bestimmtes Problem eine **Erklärung** suchen. Du nennst dann mehrere Erklärungsansätze und gelangst so schließlich zu einem Ergebnis. Die einzelnen Erklärungsansätze sind wie Argumente, denn auch sie bestehen jeweils aus einer These und einer zugehörigen Begründung.

Eine typische Aufgabenstellung für eine lineare Erörterung könnte so aussehen:

Beispiel *Warum ist ein guter Schulabschluss heute wichtiger denn je?*

Tipp

Im **Aufbau** unterscheiden sich die beiden **Erörterungsarten** nur in Bezug auf den Hauptteil; ansonsten sind sie ähnlich strukturiert:
In der **Einleitung** führt man den Leser jeweils zur Fragestellung hin: Entweder nennt man ein passendes Beispiel oder man erklärt, weshalb man sich mit dem Thema befassen will.
Im **Hauptteil** trägt man die Argumente bzw. Erklärungsansätze vor.
Und am **Schluss** gelangt man zu einem Ergebnis.

Oft ist es so, dass du in der Prüfung aufgefordert wirst, deine Stellungnahme oder Erörterung in einer **bestimmten Form** zu schreiben. Es gibt verschiedene Formen, eine Stellungnahme oder Erörterung zu schreiben. Die wichtigsten sind:

- **Kommentar**
  Wenn von dir verlangt wird, einen Kommentar aus deiner **eigenen Perspektive** zu schreiben, dann unterscheidet sich dieser Arbeitsauftrag im Prinzip nur wenig von dem Arbeitsauftrag „Nimm Stellung". Schreibe in

diesem Fall eine Stellungnahme, wie auf S. 29/30 beschrieben. Du kannst jedoch versuchen, deinen Text etwas „journalistischer" zu gestalten als bei einer Erörterung ohne Bezug auf eine Textsorte. Ein Kommentar kann z. B. **ernsthaft** oder **angriffslustig** formuliert sein. Verwende Fach- und Fremdwörter, wertende Adjektive, Wortspiele, Gegensätze, Vergleiche oder Übertreibungen. Verwende das **Präsens**.

- **Rede/Vortrag**
Ähnlich verhält es sich bei einer argumentativen Rede. Auch hier geht es in erster Linie darum, die **Zuhörer** von deiner Position zu **überzeugen**. Wie nahezu jeder Text gliedert sich auch die Rede in eine Einleitung, einen Hauptteil und einen Schluss. Zunächst begrüßt du die Zuhörer und nennst den Grund für deine Rede. Im Hauptteil beschreibst du die Problematik, stellst deine Meinung dar und begründest sie mit Argumenten, um die Zuhörer zu überzeugen. Zum Schluss formulierst du einen **Appell**, vielleicht mit der Wiederholung deines stärksten Arguments, und bedankst dich dafür, dass man dir zugehört hat. Wie alle argumentativen Texte schreibst du auch eine Rede im **Präsens**.

- **Leserbrief**
Der Leserbrief ist eine **Stellungnahme in Briefform**. Er enthält eine Meinungsäußerung, in der Regel als Reaktion auf einen Pressetext. Schreiber ist der Leser einer Zeitung oder Zeitschrift, Adressat zunächst die Redaktion, hauptsächlich sind es aber die anderen Leser der Zeitung/Zeitschrift. Achte darauf, den Leserbrief mit Orts- und Datumsangabe und einer entsprechenden Anrede zu beginnen sowie mit einer passenden Schlussformel *(Mit freundlichen Grüßen ...)* zu beenden.
Wie beim Kommentar solltest du für deinen Leserbrief eine **deutliche**, gelegentlich auch ein wenig **provozierende** Sprache verwenden, um die eigene Meinung klar zum Ausdruck zu bringen. Beim Leserbrief ist, anders als beim Kommentar, stellenweise auch Umgangssprache möglich.

- **Formaler Brief**
Ziel eines formalen, argumentativen Briefs ist es, ein **bestimmtes Anliegen** (z. B. eine Bitte, Beschwerde o. Ä.) vorzubringen. Die Adressaten sind meist Mitarbeiter einer Behörde, einer Institution oder eines Unternehmens. Beginne deinen Brief immer mit einem Briefkopf (Name und Anschrift des Schreibers, Name und Anschrift des Empfängers sowie Ort und Datum). Darunter nennst du in der Betreffzeile das Anliegen, darauf folgt die höfliche Anrede des Empfängers. Im eigentlichen Brieftext nimmst du zunächst Bezug auf den Anlass des Schreibens, trägst das Anliegen vor und begründest es ausführlich. Anschließend bringst du zum Ausdruck, was du von dem Empfänger deines Schreibens erwartest. Beende deinen Brief mit Grußformel und Unterschrift. Verfasse deinen Brief **höflich** und **sachlich** in **Standardsprache**. Scheue dich aber auch nicht davor, hin und wieder deutlich an den Empfänger zu **appellieren**, denn in der Regel ist es das

Ziel eines Briefs, ihn zu einer bestimmten **Handlung aufzufordern**. Vorherrschende Zeitform ist das **Präsens**. Wenn du dich auf vergangene Sachverhalte beziehst, solltest du jedoch Präteritum oder Perfekt einsetzen. Wenn du auf Zukünftiges verweist (z. B. am Schluss einen Ausblick gibst), musst du natürlich das Futur verwenden.

Tipp
> Es ist sehr wichtig, dass du die Aufgabenstellung **gründlich liest** und **genau verstehst**, was von dir verlangt wird. Sollst du beispielsweise einen Vortrag schreiben, kann dies, je nachdem wie die Aufgabe formuliert ist, sowohl eine Stellungnahme als auch eine lineare oder kontroverse Erörterung sein.

6.2 Einen informativen Text verfassen

Ein informativer Text dient dazu, dem Leser über ein **Thema** wichtige **Kenntnisse** zu vermitteln. Der Verfasser muss sich deshalb zunächst genügend Wissen zum Thema aneignen, z. B. durch **Recherchen** im Internet, in Zeitungen und so weiter.

In der Prüfung bekommst du das Informationsmaterial fertig vorgelegt. Es besteht in der Regel aus vier bis sechs Texten, die du **sichten** und **auswerten** musst.

Um auf der Grundlage von mehreren Materialien einen informativen Text zu schreiben, gehst du am besten so vor:

Schritt für Schritt

Vor dem Schreiben eines informativen Textes

1. **Die Aufgabenstellung durchdenken:**
   Wer soll der Schreiber des Textes sein?
   An wen richtet sich dein Text?
   Welches Ziel verfolgst du mit deinem Text?

2. **Materialien sichten:** Zur Bearbeitung der ersten Aufgaben hast du alle Texte bereits mehrfach gelesen. Sieh dir nun die einzelnen Materialien nochmals an. Überlege dabei, welcher **Aspekt** in jedem **Text** im **Vordergrund** steht:
   Um was geht es in diesem Text?
   Was verrät die Überschrift über den Inhalt?
   Am besten notierst du nach der Lektüre jedes Textes sofort neben der Überschrift, worum es hier im Besonderen geht.

3. **Materialien auswerten:** Lies alle Texte noch einmal **sorgfältig** durch. Während des Lesens markierst du alle Textstellen, die dir **in Bezug auf die Aufgabenstellung** wesentlich erscheinen. Ergänze jeweils am Rand passende **Stichworte**, damit du später weißt, wo du bestimmte Informationen findest.

4. **Gliederung erstellen:** Ordne deine Randnotizen in einer Gliederung.

Tipp
> Du musst nicht alle Materialien, die dir präsentiert werden, gleichermaßen berücksichtigen. Entscheide gezielt, welche Texte du **stärker** in deine Argumentation **mit einbeziehst** und welche du eher am Rand verwendest.

Bei der Darstellung deines informativen Textes musst du **sachlich** und **neutral** schreiben. Persönliche Wertungen bringst du nicht mit ein. Eine Ausnahme bildet der Schluss, in dem du deine Meinung äußern kannst.

Achte außerdem darauf, in der **Standardsprache** zu schreiben und **eigene Worte** zu verwenden.

Auf einen Blick

Aufbau eines informativen Textes	
Einleitung	Stelle das **Thema** vor: *Um was geht es? Worüber willst du informieren?*
Hauptteil	Im **Hauptteil** gehst du auf Einzelheiten ein. Manchmal werden dir zwei oder drei **Teilaufgaben** gestellt, die du beantworten sollst. Gestalte deinen Text so, dass du Zusammengehöriges in einem **Absatz** präsentierst.
Schluss	Am **Schluss** formulierst du ein Ergebnis. Dieses kann darin bestehen, dass du deine Leser **ermahnst**, ihnen einen **Ratschlag erteilst** oder an sie **appellierst**. Wie du deinen Text beendest, hängt von deinem Ziel ab und davon, an wen du schreibst.

Eine besondere Form des informativen Textes ist der Bericht.

Bericht

In einem Bericht **informierst** du den Leser über ein Geschehen. Ein Bericht muss immer Antwort auf die **sieben W-Fragen** geben: *Was? Wer? Wo? Wann? Wie? Warum? Welche Folgen?* In einem Bericht geht es um die **sachlich genaue Darstellung** eines Geschehens. Er informiert ausführlich und genau über **aktuelle** und außergewöhnliche **Ereignisse** und Tatsachen und weist auf Hintergründe und Zusammenhänge hin. Sprache und Stil sind klar, **sachlich** und genau auf den Punkt. Die Zeitform ist das **Präteritum**.

6.3 Kreativ mit Texten umgehen

Es gibt auch Schreibaufgaben, bei denen du auf der Grundlage eines Originaltextes einen neuen Text schreiben musst. Folgende Aufgaben könnten beispielsweise gestellt werden: Du sollst ...

- eine **Fortsetzung** zu einem Text schreiben oder
- die **Perspektive einer der beteiligten Figuren** einnehmen und dich aus ihrer Sicht schriftlich äußern oder
- die **Perspektive eines unbeteiligten Beobachters** einnehmen und einer Figur aus dem Text schriftlich deine Meinung mitteilen bzw. ihr einen Rat geben o. Ä.

Die **Informationen**, die du dem **Originaltext** entnehmen kannst, bilden den Ausgangspunkt für dein Schreiben. In Form und Sprache musst du dich an der **Textsorte** orientieren, die dir laut Aufgabenstellung vorgegeben wird.

- Wenn du eine **Fortsetzung zu einem Text** schreiben sollst (z. B. zu einer Kurzgeschichte), muss dein Text im gleichen Stil und in der gleichen Zeitform wie der Originaltext geschrieben sein. Auch der Inhalt, den du dir überlegst, muss dazu passen.

- Wenn dir aufgetragen wird, aus der **Sicht einer Figur** einen persönlichen Brief oder Tagebucheintrag zu schreiben, musst du die Merkmale dieser Textsorten berücksichtigen. Wichtig ist, dass du dich in die Situation der betreffenden Figur aus dem Text hineinversetzt, denn es geht immer darum, dass du Gefühle, Gedanken und Eindrücke so schilderst, als ob du die betreffende Figur wärst. Greife auch hierfür die Informationen auf, die der Text dazu enthält. Verwende die Ich-Form und eine Sprachebene, die der Figur entspricht (z. B. Umgangssprache, Fachsprache).

Vor dem kreativen Umgang mit einem Text musst du als Erstes die Aufgabenstellung genau durchdenken. Am besten hältst du die wesentlichen Aspekte der Aufgabe **stichwortartig** auf einem Extrablatt fest.

Schritt für Schritt

Vor dem kreativen Umgang mit Texten

1. **Die Art des Textes bestimmen:**
   - *Welche **Art von Text** (Textsorte) sollst du schreiben?*
   - *Welche **besonderen Merkmale** zeichnen einen solchen Text aus?*
   - *Welche **Form** und welche **Sprache** sind passend für diese Textsorte?*

2. **Den Schreiber verstehen:**
   - *Aus wessen Sicht sollst du den Text schreiben? Was für ein Mensch ist das?*
   - *Wie würde der Schreiber sich normalerweise ausdrücken?*

3. **Den Leser verstehen:**
   - *Was für ein Mensch ist der Leser?*
   - *Was weiß er über das Thema? Was sollte er wissen?*
   - *Wie denkt er über das Thema? Wie kannst du ihn für dich gewinnen?*

4. **Den Anlass des Schreibens verstehen:**
   Welches Ziel verfolgt der Schreiber mit seinem Text? Was bewegt ihn?

5. **Stoffsammlung erstellen:**
   - **Ideen sammeln:** *Was könnte der Schreiber dem Leser sagen, um sein Ziel zu erreichen?*
   - **Ideen bewerten:** Kennzeichne deine wesentlichen Einfälle mit **!** und solche, die dir eher unwichtig erscheinen, mit **?**.

6. **Gliederung erstellen:**
   Ordne deine Einfälle nach dem **Prinzip der ansteigenden Wichtigkeit:** Zuerst kommt etwas, das eher unwichtig ist. Dann steigerst du dich, um gegen Schluss zu deinem eigentlichen Anliegen zu gelangen. Nummeriere deine Einfälle entsprechend. So hast du schon deine **Gliederung** erstellt.

7 Einen Text überzeugend gestalten

7.1 Geschickt formulieren

Um einen guten Text zu schreiben, genügt es nicht, dass du etwas Interessantes zu sagen hast; du musst deine Informationen auch so „verpacken", dass der **Leser** sich **durch die Darstellung angesprochen** fühlt.

Von einem guten Text erwartet man diese Darstellungsqualitäten:

- Verwende **treffende Wörter**

  Beispiel: Schreibe nicht: *Sie machte das Fenster auf.* Besser: *Sie öffnete das Fenster.*

- Vermeide **unübersichtliche Satzkonstruktionen**

  Am besten schreibst du Satzgefüge, die jeweils aus nur einem Hauptsatz und ein bis zwei Nebensätzen bestehen. Vermeide unübersichtliche „Schachtelsätze", in denen zwei nebensatzeinleitende Konjunktionen direkt aufeinanderfolgen.

  Beispiel: *Viele Schüler denken, dass wenn sie keine Markenkleidung tragen, sie gemobbt werden.* Besser ist es so: *Viele Schüler denken, dass sie gemobbt werden, wenn sie keine Markenkleidung tragen.*

- Platziere wichtige **Informationen richtig:** Stelle wesentliche Informationen an eine herausragende Position, z. B. an den Anfang oder das Ende eines Absatzes.

- Gestalte **Satzanfänge unterschiedlich:** Versuche, unterschiedliche Satzanfänge zu formulieren. Beginne z. B. nicht jeden Satz mit dem Subjekt.

  Beispiel: Schreibe nicht: *Tim kam in der Schule an. Er bemerkte, dass er seine Schultasche vergessen hatte. Er rannte schnell zurück, um sie zu holen.* Besser ist es so: *Als er in der Schule ankam, bemerkte Tim, dass er seine Schultasche vergessen hatte. Schnell rannte er zurück, um sie zu holen.*

- Verbinde **Sätze sinnvoll:** Wähle zum Verknüpfen von Sätzen gezielt passende Konjunktionen und Adverbien aus, die die Zusammenhänge verdeutlichen (siehe auch S. 52–54).

  Beispiele:
  Begründung: *weil, da, denn, deshalb*
  Bedingung: *wenn, falls, ansonsten*
  Gegensatz: *aber, doch, obwohl, trotzdem*

- Wähle eine **angemessene Sprache:** Verwende keine umgangssprachlichen Ausdrücke in Textsorten, die man in der Standardsprache schreibt. Umgangssprachlich ist es auch, wenn du Wörter unangemessen verkürzt.

  Beispiel: Schreibe nicht *reinkommen*, denn korrekt heißt es *hereinkommen*.

- Vermeide **Wiederholungen:** Achte darauf, einzelne Nomen nicht unnötig zu wiederholen. Ersetze sie durch passende Pronomen oder Synonyme (andere Wörter mit gleicher Bedeutung)

  Beispiel: *Große Männer sind erfolgreicher als kleinere. Sie verdienen mehr Geld.*

- Finde **gute Beispiele:** Veranschauliche deine grundlegenden Aussagen durch interessante Beispiele.

Beispiel *Max ist ein Geldverschwender. Gestern hat er sich ein teures Segelboot gekauft, obwohl er Angst vor dem Meer hat.*

Tipp Achte auf die **äußere Form:** Denke daran, ein guter Text macht auch **äußerlich** einen **ansprechenden Eindruck**. Achte darauf, dass deine **Schrift sauber** und gut zu lesen ist. Fasse Aussagen, die inhaltlich zusammengehören, in **Absätzen** zusammen und lass rund um den Text einen ausreichenden **Rand**.

7.2 Richtig zitieren

In der Prüfung kommt es häufig vor, dass du **Zitate** aus dem Text herausschreiben musst. Die Aufgabenstellung könnte z. B. so lauten: *Zitieren Sie vier Textstellen, die die Gefühle der Hauptfigur beschreiben.* Oder auch so: *Der Autor setzt in seinem Text sprachliche Mittel ein. Benennen Sie drei unterschiedliche Beispiele und belegen Sie diese mit einer entsprechenden Textstelle.* Im Folgenden erfährst du, wie du **richtig zitierst:**

- Schreibe **wortwörtlich** auf, was im Text steht. Verfälsche nichts! Du musst nicht immer ganze Sätze zitieren. Manchmal genügen auch einzelne Wörter. Du kannst Sätze auch durch Auslassungspunkte verkürzen.

Beispiel *„Gestern [...] war er auf der Halfpipe."*

- Setze wörtlich zitierte Textstellen immer in **Anführungszeichen**.

- Ergänze nach dem Zitat die **Zeilennummer**. Dann kann der Leser schnell im Text nachschauen, in welchem Zusammenhang das Zitat steht. Setze die Zeilenangabe in Klammern: *(Z. ...)*.

Wenn du Zitate in einen **selbstgeschriebenen Text**, z. B. einen Aufsatz, aufnehmen möchtest, musst du zusätzlich Folgendes beachten:

- **Verknüpfe** die Zitate gut mit deinem eigenen Text.
 Füge nicht nur das Zitat ein: *„xxx..."* (Z. ...), sondern führe **mit eigenen Worten** zu ihm hin, z. B. durch eine deutende Aussage zum Text.

Beispiel *Dass die junge Frau gar nicht so selbstsicher ist, wie es den Anschein hat, wird an ihrem Verhalten deutlich. So heißt es: „xxx..." (Z. ...).*

- **Erläutere** jeweils auch den **Sinn** der Zitate.
 Wenn du in einem Text zitierst, genügt es nicht, die Textstelle nur herauszuschreiben, du musst sie auch erläutern. Mit der Erläuterung machst du deutlich,
  - warum die zitierte Textstelle eine Aussage, die du zum Inhalt oder zur Darstellung des Textes gemacht hast, unterstützt oder
  - was man an der Textstelle hinsichtlich der Handlung oder einer Figur erkennen kann.

8 Eine übersichtliche Form der Darstellung wählen

In der Regel wirst du in einer oder mehreren Prüfungsaufgaben aufgefordert, eine „übersichtliche Form der Darstellung" zu wählen. Es gibt dafür unterschiedliche Möglichkeiten; die wichtigsten sind: eine **tabellarische Übersicht** und eine **Mindmap**.

Wenn du den Stoff geordnet in übersichtlicher Form darstellen sollst, geht es immer darum, nach **Oberbegriffen**, **Unterbegriffen** und **Unterpunkten** zu ordnen.

Manchmal ist es schwierig, geeignete Ober- und Unterbegriffe zu finden. In solchen Fällen kann dir die Fragestellung eine Hilfe sein. Achte darauf, welche Aspekte des Themas du darstellen sollst, z. B.:

- Vorteile/Nachteile
- Ursachen/Folgen
- Inhalt/Sprache/Ziele

Diese Begriffe kannst du als **Oberbegriffe** nehmen.

Überlege dir anschließend,

- **für wen** das Thema von Bedeutung ist (für Jugendliche, für Familien, für jeden Einzelnen …).
- **welche Auswirkungen** das Thema hat (körperlich, geistig, seelisch …).
- **welche Bereiche** des Lebens davon betroffen sein können (wirtschaftlicher Bereich, familiärer Bereich, gesellschaftlicher Bereich …).

Diese Begriffe eignen sich als **Unterbegriffe**.

8.1 Tabellarische Übersicht

Bei einer tabellarischen Übersicht legst du eine Tabelle an, die für jeden **Oberbegriff** eine Spalte und/oder Zeile enthält. Danach kannst du **Unterbegriffe** und **Unterpunkte** entsprechend zuordnen. Eine tabellarische Übersicht bietet sich z. B. an, wenn du zwei Texte miteinander vergleichen sollst.

Hinweis: Es kann natürlich auch sein, dass eine Aufgabe so gestellt ist, dass das Aufführen von Unterbegriffen gar nicht nötig ist, sondern dass es genügt, zu den Oberbegriffen eine Reihe von Unterpunkten aufzuführen.

Beispiel

	Text A	Text B
Inhalt	Absatz 1	Absatz 1
	• …	• …
	• …	• …
Sprache	• …	• …
	• …	• …

8.2 Mindmap

Eine Mindmap („Gedanken-Landkarte") ist ebenfalls hervorragend geeignet, um Informationen zu einem Thema **übersichtlich** und gut **strukturiert** darzustellen. Mithilfe einer Mindmap kann man auf einen Blick die wichtigsten Begriffe und Zusammenhänge eines Themas erkennen.

Beim Erstellen einer Mindmap gehst du so vor:

- Nimm ein großes Blatt und trage in die Mitte das **Thema** ein, z. B. das Wort „Mangas", wenn du zu diesem Thema eine Mindmap erstellen willst. Umrande dieses Wort mit einer Linie.

- Überlege, welche **Unterthemen** dazugehören, z. B.:
  - der Begriff „Manga",
  - Inhalte und Themen von Mangas,
  - die Verbreitung von Mangas usw.

  Für jedes Unterthema zeichnest du, ausgehend von dem zentralen Begriff in der Mitte, jeweils eine Linie nach außen. Beschrifte jede dieser Linien mit dem entsprechenden Unterthema und ziehe wieder einen Kasten darum. (Linien, die ein Unterthema kennzeichnen, sind in deiner Mindmap wie „Hauptstraßen".)

- Anschließend trägst du wesentliche **Einzelinformationen** ein. Zeichne Linien, die von deinen „Hauptstraßen" abgehen („Nebenstraßen"), und beschrifte sie passend mit Einzelinformationen.

- Sollten dir in Bezug auf eine Einzelinformation noch weitere Ideen kommen, z. B. interessante **Zusatzinformationen**, ziehst du, ausgehend von der entsprechenden „Nebenstraße", jeweils eine weitere Linie (einen „Trampelpfad") und beschriftest sie mit der jeweiligen Zusatzinformation.

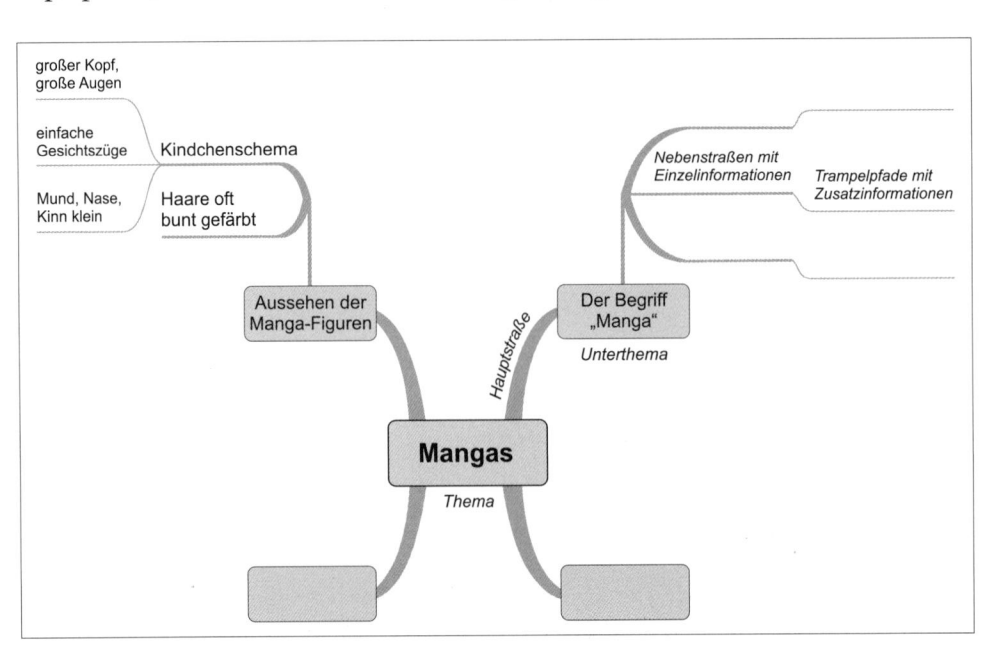

Beispiel

9 Richtig schreiben

Es ist klar, dass du beim Schreiben eines Textes nicht nur darauf achten musst, **was** du schreibst, sondern auch darauf, **wie** du es schreibst. Denn die korrekte **Rechtschreibung** und **Zeichensetzung** spielen eine wichtige Rolle.

Tipp
> Versuche, den Text **in Gedanken laut zu lesen**. Bemühe dich dabei, die Wörter möglichst **deutlich auszusprechen**. Dann fallen dir Fehler in der Rechtschreibung leichter auf und du vermeidest unnötige Flüchtigkeitsfehler.

9.1 Prinzipien der Rechtschreibung

In Bezug auf die Schreibweise von Wörtern gelten im Deutschen verschiedene Prinzipien. Zwei davon solltest du kennen:
- Laut-Buchstaben-Prinzip
- Wortstammprinzip

Laut-Buchstaben-Prinzip

Es gilt die Regel: **ein Laut = ein Buchstabe**.
Das heißt, wenn du in einem Wort z. B. den Laut **b** hörst, dann schreibst du auch den Buchstaben **b**.

Beispiel Der Laut **b** ist in den Wörtern *Rabe* und *baden* zu hören.

Hinweis: Für einige Laute schreibt man mehrere Buchstaben, z. B. **ch** und **sch**.

Das Laut-Buchstaben-Prinzip hat allerdings einige **Ausnahmen:**

- **Lehnwörter**
  Bei Lehnwörtern, also Wörtern, die **aus einer anderen Sprache** übernommen wurden, richtet sich die Schreibweise oft nach der Herkunftssprache.

Beispiele Man schreibt *Sympathie* (nicht *Sümpatie*) oder *Pommes Frites* (nicht *Pomm Fritz*).

- **Gleicher Buchstabe – unterschiedliche Laute**
  Im Deutschen gibt es mehr Laute als Buchstaben. Also muss mitunter ein einziger Buchstabe verwendet werden, um unterschiedliche Laute zu verschriftlichen.

Beispiele Der Buchstabe **e** findet sich in *Meter* und *Messer*. Die Aussprache des **e** ist aber einmal lang und einmal kurz.

- **Gleicher Laut – unterschiedliche Schreibung**
  Es gibt auch den Fall, dass ein Laut unterschiedlich geschrieben werden kann.

Beispiele In den Wörtern *Hexe, Wachs, links, unterwegs* und *Klecks* klingen die Buchstaben **x**, **chs**, **ks**, **gs** und **cks** gleich.

Schreibkompetenz

In der Übersicht siehst du mögliche Schwierigkeiten beim Schreiben, die sich durch die Ausnahmen ergeben können:

Auf einen Blick

	mögliche Schwierigkeit	Beispiele
Wortanfang	**f** oder **v**?	*Feder – Vogel*
	v oder **w**?	*Vase – Wagen*
	f oder **ph**?	*Faser – Phase*
	ch oder **k**?	*Charakter – Karriere*
	t oder **th**?	*Text – Thema*
Wortmitte	**e** oder **ä**?	*Werke – Stärke*
	eu oder **äu**?	*heute – läuten*
	i oder **ie**?	*Maschine – viel*
	x – chs – ks – gs oder **cks**?	*Haxe – Achse – Keks – unterwegs, Knacks*
	mit oder ohne **h**?	*Rahm – Scham*
	mit oder ohne **Doppelvokal**?	*Saal – Schal*
	mit oder ohne **Doppelkonsonant**?	*stellen – helfen*
Wortende	**b** oder **p**?	*Lob – Typ*
	d oder **t**?	*rund – bunt*
	g oder **k**?	*Berg – Werk*
	ch oder **g**?	*friedlich – mutig*
	s – ss oder **ß**?	*Glas – Schloss – Schoß*

Wortstammprinzip

Es gilt die Regel: Der **Wortstamm** von Wörtern **der gleichen Wortfamilie** wird immer gleich geschrieben.

Wer also die Schreibweise eines Wortes aus einer Wortfamilie sicher kennt, kann sich die Schreibweise aller Wörter ableiten, die mit diesem Wort verwandt sind.

Beispiel Der Wortstamm des Wortes *fahren* ist ***fahr***-. Daher schreibt man auch: ***Fahr**er*, ***Fahr**zeug*, ***Fahr**rad*, *Ge**fähr**t*, ***Fähr**te*.

Hinweis: Manchmal kann es sein, dass sich ein Vokal innerhalb einer Wortfamilie in einen Umlaut ändert, also a in ä, o in ö oder u in ü.
Faust – Fäuste, offen – öffnen, Luft – lüften

Tipp Um das **Wortstammprinzip** anwenden zu können, musst du natürlich wissen, welche Wörter miteinander verwandt sind. Du solltest dir also angewöhnen, auf solche **Wortverwandtschaften** zu achten.

Beispiel Du weißt, dass man *ste**h**len* mit Dehnungs-h schreibt.
Dadurch weißt du gleichzeitig auch, dass man *gesto**h**len* und *Dieb*s*ta**h**l* mit **h** schreibt.

9.2 Rechtschreibregeln

Neben den grundsätzlichen Prinzipien gibt es auch einige Regeln zur Rechtschreibung. Sie betreffen vor allem die Kennzeichnung von kurzen oder langen betonten Vokalen. Hier sind die wichtigsten:

Kennzeichnung von kurzen betonten Vokalen

Kurze betonte Vokale musst du folgendermaßen kennzeichnen:

Auf einen Blick

Kennzeichnung	Regel	Beispiele
Doppelkonsonant	Auf einen kurzen Vokal folgen **zwei Konsonanten**.	k<u>a</u>lt, H<u>e</u>lm, s<u>i</u>nd
	Hörst du nach dem Vokal nur einen Konsonanten, dann muss er **verdoppelt** werden.	K<u>i</u>nn, s<u>o</u>llen, K<u>u</u>tte
	Ausnahmen und Besonderheiten:	
	• Ein Doppelkonsonant, der zum Wortstamm gehört, **bleibt** in allen Wortformen **erhalten**, auch dann, wenn ein weiterer Konsonant folgt.	best<u>e</u>llen – best<u>e</u>llt k<u>e</u>nnen – bek<u>a</u>nnt
	• Bei **manchen einsilbigen Wörtern** schreibt man keinen Doppelkonsonanten.	d<u>a</u>s, m<u>i</u>t, <u>o</u>b, z<u>u</u>m
ck oder tz	Die Konsonanten **k** und **z** werden nicht verdoppelt. Man schreibt **ck** oder **tz**.	M<u>ü</u>cke, W<u>i</u>tze

Kennzeichnung von langen betonten Vokalen

Zur Kennzeichnung von langen betonten Vokalen gibt es folgende Regeln:

Auf einen Blick

Kennzeichnung	Regel	Beispiele
keine Kennzeichnung	Bei den meisten Wörtern wird der lange Vokal **nicht extra gekennzeichnet**.	Tag, lesen, Bote, fragen, Mut
ie	Ein **langes i** wird in der Regel mit **ie** wiedergegeben. Ist es ein **Fremdwort**, steht oft ein einfaches **i**.	Tier, lieben, Stier Einfaches i: Notiz, Kino, Virus
Doppelvokal	Es gibt auch Wörter, in denen der **Vokal verdoppelt** wird. Diese Wörter musst du **auswendig lernen**.	Aal, Meer, Moor
Dehnungs-h	Wenn auf den langen betonten Vokal **l, m, n** oder **r** folgt, wird bei **einigen** Wörtern ein **Dehnungs-h** eingeschoben. Du musst **auswendig lernen**, welche Wörter ein Dehnungs-h haben und welche nicht.	St<u>uh</u>l, R<u>ah</u>m, S<u>ah</u>ne, f<u>ah</u>ren Ohne Dehnungs-h: Sch<u>a</u>l, D<u>a</u>me, Pers<u>o</u>n, T<u>ü</u>r

Schreibkompetenz

> **Tipp**
> Zu den **langen Vokalen** zählen nicht nur ein lang gesprochenes **a**, **e**, **i**, **o** oder **u**, sondern auch **Doppellaute** wie **au** und **ei**.

Hinweis: Es gibt nur sehr wenige Rechtschreibregeln, an denen man sich eindeutig orientieren kann. Meist geben sie dir nur Hinweise darauf, welche Schreibweisen möglich sind. Im Zweifel gilt: Im **Wörterbuch** nachschlagen!

9.3 Rechtschreibstrategien

Wenn du unsicher bist, wie du ein Wort schreiben musst, kannst du bestimmte **Rechtschreibstrategien** anwenden, um die richtige Schreibweise herauszufinden. Sie helfen dir zu hören, welchen Buchstaben du in einem Wort schreiben musst.

Silbenprobe

Wenn du nicht sicher bist, ob ein Wort mit **Einzel- oder Doppelkonsonant** geschrieben wird, zerlegst du es zur Probe in seine Silben. Achte dabei auf Folgendes: Nach einem **kurzen Vokal** folgen in der Regel zwei Konsonanten. Hörst du nur einen Konsonanten, so wird dieser verdoppelt und beiden Silben jeweils ein Konsonant zugeordnet.

- Du hörst nach kurzem Vokal nur **einen** Konsonanten:

Beispiele *Pup-pe, Ham-mer, ren-nen, bil-lig, Bag-ger*

- Du hörst nach kurzem Vokal **zwei** Konsonanten:

Beispiele *fol-gen, Mus-ter, put-zen, bil-den, bas-teln*

Verlängerungsprobe

Wenn du am Ende eines Wortes unsicher bist, ob du **b** oder **p**, **d** oder **t**, **g** oder **k** schreiben musst, verlängerst du es zur Probe:

- Bei **Adjektiven** bildest du die **Steigerungsform**.

Beispiele *lieb – lieber, wild – wilder, laut – lauter, stark – stärker*

- Bei **Nomen** bildest du die **Mehrzahl**.

Beispiele *Grab – Gräber, Wald – Wälder, Zwerg – Zwerge, Welt – Welten*

- Bei **Verben** bildest du die **Grundform**.

Beispiele *Gib mir das! – geben, er mag – mögen, er rät – raten*

Ableitungsprobe

Wenn du unsicher bist, ob du in einem Wort **ä** oder **e**, **äu** oder **eu** schreiben musst, überlegst du, ob sich das Wort von einem Wort mit a oder au ableiten lässt. Zur Probe bildest du die Grundform:

Schreibkompetenz

- Bei **Adjektiven** bildest du die **nicht gesteigerte Form**.

Beispiele *älter – alt, fester – fest, feuchter – feucht*

- Bei **Nomen** bildest du die **Einzahl**.

Beispiele *Äste – Ast, Felle – Fell, Mäuse – Maus, Freunde – Freund*

- Bei **Verben** bildest du die **Grundform**.

Beispiele *fährt – fahren, kehrt – kehren, lässt – lassen*

Verwandtschaftsprobe

Wenn du den gesuchten Buchstaben weder mit der Verlängerungsprobe noch mit der Ableitungsprobe hörbar machen kannst, suchst du nach einem anderen Wort aus derselben **Wortfamilie**, an dem du die richtige Schreibweise erkennen kannst.

Auf einen Blick

Zweifelsfall	Beispiele	verwandt mit …	richtige Schreibung
ä oder e?	St____rkung	stark	Stärkung
	ver____ngen	eng	verengen
äu oder eu?	absch____lich	Abscheu	abscheulich
	F____lnis	faulen	Fäulnis
b oder p?	Lo____	loben	Lob
d oder t?	Wu____	wütend	Wut
g oder k?	Betru____	betrügen	Betrug
Doppelkonsonant oder einfacher Konsonant?	Sa____lung	sammeln	Sammlung
	Beka____ter	kennen	Bekannter
	unfa____bar	fassen	unfassbar
Dehnungs-h oder nicht?	Diebsta____l	stehlen	Diebstahl
	schä____len	Schale	schälen

Tipp

Rechtschreibstrategien lassen sich häufig nur bei Problemschreibungen im **Wortinnern** oder am **Wortende** anwenden. Wenn du also nicht weißt, mit welchem Buchstaben ein Wort am Anfang geschrieben wird, solltest du es im **Wörterbuch** nachschlagen. Wenn du es auf Anhieb nicht findest, schlägst du bei einem **anderen Anfangsbuchstaben** nach, der auch passen könnte.

9.4 Sonderfall s-Laute

S-Laute können stimmhaft oder stimmlos ausgesprochen werden. Wenn du einen s-Laut **stimmhaft** aussprichst, hört er sich **weich** an, so ähnlich wie das Summen einer Biene. Sprichst du ihn dagegen **stimmlos** aus, klingt er **scharf** wie das Zischen einer Schlange.

Die Schreibweise von s-Lauten hängt von zweierlei ab: von der **Länge des vorangehenden Vokals** und von der **Aussprache des s-Lauts**.

Auf einen Blick

s-Laute richtig schreiben	
s	**Einfaches s** schreibst du, wenn der s-Laut **stimmhaft** ist. *Hase, leise, lesen*
ß	**Scharfes ß** schreibst du, wenn der s-Laut **stimmlos** ist und nach **langem Vokal** steht. *Ruß, Füße, beißen, heiß*
ss	**Doppel-s** schreibst du, wenn der s-Laut **stimmlos** ist und nach **kurzem Vokal** steht. *wissen, Kissen, Masse, nass*

Hinweis: Führe bei s-Lauten **am Wortende** immer die **Verlängerungsprobe** durch! Im Deutschen wird das stimmhafte **s** am Wortende nämlich zu einem stimmlosen **s**. Indem du die Verlängerungsprobe durchführst, kannst du die richtige **Schreibweise** herausfinden: Wird der s-Laut durch die Verlängerung **stimmhaft**, musst du **s** schreiben. Bleibt der s-Laut auch nach der Verlängerung **stimmlos**, musst du **ß** oder **ss** schreiben.

Beispiel

Bei *Maus* hört man nach einem langen Vokal ein stimmloses **s** und müsste daher eigentlich **ß** schreiben. Die Verlängerungsprobe zeigt aber, dass das **s** eigentlich stimmhaft ist: *Maus → Mäuse*.

9.5 Groß- und Kleinschreibung

Ein besonderes Problem im Deutschen ist die Groß- und Kleinschreibung. Grundsätzlich schreibt man die **meisten Wörter klein**.

Groß schreibt man allerdings …
- Nomen: z. B. *Schuh, Tierhandlung, Handy*
- als Nomen verwendete Wörter: z. B. *das Blau, dein Rufen*
- Satzanfänge: z. B. *Plötzlich musste er grinsen.*
- Eigennamen: z. B. *Sandra, Köln, England*
- das erste Wort einer Überschrift: z. B. *Grüne Marsmännchen entdeckt*
- höfliche Anredepronomen: z. B. *Sie, Ihnen, Ihr*

Tipp

Hat ein Wort eine **typische Nomenendung**, ist es ein Nomen und wird großgeschrieben. Diese Nomenendungen kommen am häufigsten vor: **-heit, -keit, -nis, -ung, -schaft, -tum, -ion, -ling**.
Schönheit, Übelkeit, Hindernis, Wertung, Gesellschaft, Brauchtum, Fremdling

Es kommt übrigens nicht nur darauf an, ob ein Wort laut Wörterbuch ein Nomen ist. In einem Satz kann nämlich praktisch jedes Wort **als Nomen verwendet** werden. Ob ein Wort als Nomen gebraucht wird, erkennst du an den typischen **Begleitwörtern**:

Auf einen Blick

Begleitwörter von Nomen	
Artikel	der, die, das, ein, eine *das Abladen, das Betreten, ein Niesen, ein Grinsen*
Demonstrativpronomen	dieser, diese, dieses, jener, jene, jenes *dieses Schimpfen, dieses Warten*
Possessivpronomen	mein, dein, sein, ihr, unser … *mein Husten, dein Singen, ihr Lächeln, unser Alter*
Mengenangaben	viel, wenig, etwas, alle, kein … *viel Schönes, wenig Neues, alles Gute, kein Zurück*
beschreibende Adjektive	Das sind Adjektive, die sich auf ein Nomen beziehen und dieses genauer beschreiben. Die Adjektive sind dann gebeugt. *treues Begleiten, faires Spielen, lautes Weinen*
Präpositionen	bei, ohne, mit, auf, in, an, über … *bei Rot, ohne Wenn und Aber, mit Ach und Krach*

Tipp
> Manchmal werden Nomen auch **ohne Begleitwörter** verwendet. Dann kannst du die **Begleitwort-Probe** machen: Stelle probeweise ein passendes Begleitwort vor das Nomen. Klingt der Satz dann noch sinnvoll, handelt es sich bei dem Wort um ein Nomen.

Beispiel *Er hatte Angst.* Begleitwort-Probe: *Er hatte etwas/große Angst.*
→ *Angst* ist ein Nomen und wird großgeschrieben.

9.6 Getrennt- und Zusammenschreibung

Werden zwei Wörter, die in einem Satz nebeneinanderstehen, getrennt oder zusammengeschrieben? Das zu entscheiden, ist nicht immer leicht.

Zusammenschreibung

Am besten merkst du dir diese Grundregel: **ein Ding = ein Wort**.
Wenn zwei Wörter zusammen ein und dieselbe Sache bezeichnen, müssen sie zusammengeschrieben werden. Sie bilden dann gemeinsam ein **Kompositum**, also **ein zusammengesetztes Wort**.

Beispiel *Er besorgte sich vor der Reise Tickets.*
→ Hier bezeichnen die Wörter *Reise* und *Tickets* zwei verschiedene Dinge.

Weil er sie verlegt hatte, suchte er überall nach seinen Reisetickets.
→ Hier bezeichnen die Wörter *Reise* und *Tickets* nur ein Ding.

Auf einen Blick

Das musst du in der Regel zusammenschreiben	
Komposita	Treffen diese Wortarten direkt aufeinander, schreibst du sie zusammen:
• **Nomen + Nomen**	*Geldbörse, Haustür, Sackgasse ...*
• **Nomen + Adjektiv**	*gewaltbereit, mausetot, herzensgut ...*
• **Nomen + Adverb**	*bergab, flussaufwärts, landeinwärts ...*
• **Verb + Nomen**	*Wanderstiefel, Hörspiel, Gefriertruhe ...*
• **Adverb + Verb**	*weglaufen, entlanggehen, weitermachen ...*
• **Präposition + Verb**	*aufessen, vorlesen, nachmachen ...*

- **Betonungsprobe**

  Komposita kannst du auch an der **Aussprache** erkennen: Gibt es bei zwei benachbarten Wörtern nur **eine Hauptbetonung**, handelt es sich um ein Kompositum, das du **zusammenschreiben** musst. Sind dagegen **zwei Betonungen** erkennbar – eine in jedem Wort – musst du die Wörter **getrennt schreiben**.

Beispiel *Barbara hat bei ihrem Referat frei gesprochen.*
→ Es gibt **zwei** Hauptbetonungen. → Getrenntschreibung

Der Richter hat den Angeklagten freigesprochen.
→ Es gibt nur **eine** Hauptbetonung. → Zusammenschreibung

- **Bedeutungsprobe**

  Durch die Getrennt- oder Zusammenschreibung kann auch ein **Bedeutungsunterschied** entstehen. Das heißt, das Adjektiv verliert seine ursprüngliche Bedeutung und verschmilzt mit dem anderen Wort zu einem neuen Ausdruck.

Beispiel *Meine Oma ist auf der Treppe schwer gefallen.*
→ Sie ist schlimm gefallen. → Getrenntschreibung

Mathe ist mir schon immer schwergefallen.
→ Mathe hat mir Probleme bereitet. → Zusammenschreibung

Tipp Im Zweifelsfall orientierst du dich an der **Betonung**. Achte darauf, dass du die Wörter in ihrem **Satzzusammenhang** aussprichst.

Getrenntschreibung

Für die Getrenntschreibung kannst du dir folgende Regeln merken:

Auf einen Blick

Das musst du in der Regel getrennt schreiben	
Verb + Verb	Stehen zwei Verben hintereinander, schreibst du die beiden Wörter getrennt. *Er überlegte, ob er ein bisschen spazieren gehen sollte.* Ausnahme: Wenn die Verben zusammen **als Nomen verwendet** werden, musst du sie **zusammenschreiben:** *Beim Spazierengehen traf er Nadine.*
Nomen + Verb	Folgt auf ein Nomen ein Verb, schreibst du die Wörter getrennt. *Wir könnten heute Nachmittag Fußball spielen.* Ausnahme: Wenn Nomen und Verb zusammen **ein Nomen bilden**, musst du sie **zusammenschreiben:** *Das Fußballspielen macht ihm großen Spaß.*
Adjektiv + Verb	Steht nach einem Adjektiv ein Verb und lässt sich das **Adjektiv steigern**, musst du die beiden Wörter getrennt schreiben. *laut singen → lauter singen, schnell sprechen → schneller sprechen* Ausnahme: Wenn Adjektiv und Verb zusammen eine **besondere Bedeutung** haben, musst du sie **zusammenschreiben:** *schwarzarbeiten, krankschreiben*

9.7 Grundregeln der Zeichensetzung: Kommas richtig setzen

Viele Leute geben zu, dass sie Kommas meist nicht nach bestimmten Regeln setzen, sondern eher „nach Gefühl" – und das führt dann oft dazu, dass sie die Kommas falsch setzen. Deshalb erhältst du hier eine Übersicht über die wichtigsten Kommaregeln.

Komma bei Aufzählungen

Das Komma trennt die einzelnen **Glieder von Aufzählungen**. Die Wörter *und*, *oder* und *sowie* ersetzen das **Komma**, das dann **entfällt**. Aufzählungen können bestehen aus:

- **Einzelwörtern**

Beispiel   *Vor ihrer Abreise packte Elisa Zahnpasta, Seife, Creme und Mascara ein.*

- **Wortgruppen**

Beispiel   *Schon am Abend vorher hatte sie ihre Jeans, den neuen Minirock, drei T-Shirts sowie eine warme Strickjacke in den Koffer gepackt.*

- **ganzen Sätzen**

Beispiel   *Elisa stieg in ein Taxi, der Fahrer gab Gas und sie erreichte noch den Zug.*

Komma als Markierung von Gegensätzen

Das Komma trennt Einzelwörter, Wortgruppen oder Sätze, mit denen ein **Gegensatz** zum Ausdruck gebracht wird. Gegensätze erkennst du an **Konjunktionen** wie *aber, doch* und *sondern*.

Beispiele
*Der Zug war alt, **aber** gemütlich.*
*Elisa ging nicht in den Speisewagen, **sondern** in ihr Abteil.*
*Es roch zwar köstlich, **doch** sie hatte keinen Hunger.*

Hinweis: Aber und *doch* können auch **Füllwörter** sein, die keinen Gegensatz, sondern eher eine Art Erstaunen ausdrücken. Prüfe daher, ob du *aber/doch* weglassen kannst, bevor du ein Komma setzt.

Beispiele
Du bist (aber) groß geworden.
Das kannst du (doch) nicht machen!

Komma als Kennzeichen von Satzgrenzen

- **Hauptsatz + Hauptsatz**
Hauptsätze, die wie bei einer Aufzählung aufeinanderfolgen, werden durch **Punkt** getrennt. Wenn man die **Satzgrenze nicht** so stark **hervorheben** will, kann man auch ein Komma setzen.

Beispiele
Sie zog ihre Regenjacke an, dann griff sie nach ihrem Schirm.
Die Vorstellung war vorbei, der Zuschauerraum leerte sich.

- **Hauptsatz + Nebensatz**
Haupt- und Nebensätze, die zusammen ein Satzgefüge bilden, werden **grundsätzlich** durch Komma voneinander getrennt. Dabei spielt es keine Rolle, ob der Nebensatz dem Hauptsatz folgt oder umgekehrt. Ist der Nebensatz in den Hauptsatz **eingeschoben**, musst du ein Komma vor und nach dem Nebensatz setzen.

Beispiele
Niklas staunte nicht schlecht, als er von der Schule nach Hause kam.
Obwohl er nichts bestellt hatte, lag ein Päckchen vor der Haustür.
Er öffnete das Paket, auf dem sein Name stand, mit einer Schere.

Tipp
> Haupt- und Nebensätze lassen sich am besten an der **Position des gebeugten Verbs** unterscheiden. Steht das Verb am Satzanfang (als **erstes** oder **zweites** Satzglied), liegt ein **Hauptsatz** vor. Steht das gebeugte Verb **am Satzende**, handelt es sich um einen **Nebensatz**.

Es gibt einen guten Grund, sich lieber von den **Regeln** statt vom eigenen Gefühl leiten zu lassen. Wer Kommas nach Gefühl setzt, orientiert sich nämlich am **Hören** und setzt sie dort, wo er beim Sprechen eine kleine Pause macht oder kurz die Stimme senkt. Mit diesem Vorgehen ist die **Trefferquote** aber **gering!** Das liegt vor allem daran, dass man mehr Sprechpausen macht, als man Kommas setzen darf. Man würde also **zu viele Kommas** einfügen.

Beachte stets die folgende **Grundregel:**
Kommas dürfen keine Satzglieder vom Rest des Satzes trennen.

Beispiel *Jeden Morgen um sieben Uhr klingelt bei Max Müller der Wecker.*
Nach der Wortgruppe *Jeden Morgen um sieben Uhr* macht man eine kleine Sprechpause. Trotzdem darfst du kein Komma setzen! Denn bei der Wortgruppe handelt es sich um eine Zeitangabe (adverbiale Bestimmung der Zeit) und damit um ein Satzglied.

Tipp
> Wenn du nicht sicher bist, ob es sich bei einer Textstelle um ein Satzglied handelt, gehst du so vor: Prüfe, ob ein **Subjekt** und ein **Prädikat** enthalten sind. Ist das der Fall, dann handelt es sich um einen Satz und du darfst ein Komma setzen. Wenn beides nicht enthalten ist, hast du es in der Regel mit einem Satzglied zu tun, das du nicht durch ein Komma abtrennen darfst.

9.8 Die Wörter *das* und *dass* unterscheiden

Fällt es dir schwer, zwischen *das* und *dass* zu unterscheiden? Zum Glück gibt es klare Merkmale, an denen du den Unterschied erkennen kannst:

Auf einen Blick

Zwischen *das* und *dass* unterscheiden	
dass	*Dass* ist immer eine **Konjunktion**, die einen **Nebensatz** einleitet. *Er weiß, dass es schon spät ist.*
das	*Das* kann dreierlei sein: • **Artikel** sind Begleiter von Nomen. *das Geld, das Essen, das Spiel* • **Relativpronomen** beziehen sich immer auf etwas zurück, das im zugehörigen Hauptsatz gerade erwähnt worden ist. *Kennst du das Mädchen, das dort drüben geht?* • **Demonstrativpronomen** (von demonstrieren = zeigen) zeigen auf Wörter, Wortgruppen oder sogar auf einen ganzen Satz. Das, worauf sich ein Demonstrativpronomen bezieht, wurde in der Regel kurz vorher genannt. *Du bist ja tatsächlich pünktlich. Das hätte ich nicht erwartet.*

Tipp
> So kannst du ganz leicht herausfinden, ob du *das* oder *dass* schreiben musst:
> - Kannst du es durch das Pronomen *welches* ersetzen, schreibst du **das**.
> - Kannst du es durch das Pronomen *dieses/dies* ersetzen, schreibst du auch **das**.
> - Nur wenn kein Austausch möglich ist, handelt es sich um die Konjunktion **dass**.

10 Satzreihe und Satzgefüge

Sinnvoll wirkt ein Text nur dann, wenn jeweils der nachfolgende Satz Bezug auf den vorangehenden nimmt. Willst du in deinem Text Sätze zueinander in Bezug setzen, musst du zunächst zwischen zwei Satzarten unterscheiden:

Auf einen Blick

Satzarten	
Hauptsatz	Ein Hauptsatz ist ein Satz, der für sich **allein stehen kann**. Das kann eine Aussage, eine Frage oder eine Aufforderung sein. **Daran erkennst du einen Hauptsatz:** In Hauptsätzen steht das **gebeugte Verb** am **Satzanfang** (nämlich als erstes oder zweites Satzglied). Max *überreicht* Anne ein Geschenk.
Nebensatz	Ein Nebensatz ist ein Satz, der **nicht allein stehen kann**. Er ist von einem Hauptsatz abhängig. **Daran erkennst du einen Nebensatz:** • Das **gebeugte Verb** steht in Nebensätzen am **Satzende**. • Nebensätze werden oft, aber nicht immer, durch eine **Konjunktion** oder ein **Relativpronomen** eingeleitet. ..., *weil* sie heute Geburtstag *hat*.

10.1 Satzreihe

Eine Satzreihe besteht aus **zwei** oder **mehreren Hauptsätzen**. Im Prinzip kann man einzelne Hauptsätze einfach **aneinanderreihen**.

Beispiel *Das Wetter ist schlecht. Es regnet. Die Menschen bleiben in ihren Häusern.*

Wenn man allerdings mehrere Hauptsätze zusammenhanglos aufeinanderfolgen lässt, wirkt das sehr **kühl** und **abgehackt**. Auch wird dem Leser so nicht recht klar, welchen **Zusammenhang** es zwischen diesen Sätzen gibt.
Um deinen Text verständlich zu gestalten, solltest du also versuchen, mithilfe von nebenordnenden **Konjunktionen** oder **Adverbien** Zusammenhänge aufzuzeigen.

Beispiel

Kühle und abgehackte Darstellung	Zusammenhängende Darstellung
Der Lärm in diesem Stadtviertel war unerträglich. Flugzeuge brausten über die Häuser hinweg. Der laute Autoverkehr toste durch die Straßen. Die Tram ratterte über die Gleise. Viele Menschen wohnten dort. Sie schätzten die guten Verkehrsverbindungen. Sie nahmen den Fluglärm in Kauf.	*Der Lärm in diesem Stadtviertel war unerträglich. <u>Häufig</u> brausten Flugzeuge über die Häuser hinweg. <u>Auch</u> toste der laute Autoverkehr durch die Straßen, <u>und ständig</u> ratterte eine Tram über die Gleise. <u>Trotzdem</u> wohnten viele Menschen dort, <u>denn</u> sie schätzten die guten Verkehrsverbindungen. <u>Deshalb</u> nahmen sie den Fluglärm in Kauf.*

Schreibkompetenz

In der Übersicht siehst du, wie du deine Hauptsätze mit **nebenordnenden Konjunktionen** und **Adverbien** sinnvoll zu einer Satzreihe verbinden kannst.

Auf einen Blick

Zusammenhang	Konjunktionen	Adverbien
Aufzählung	und, sowie, sowohl – als auch	auch, außerdem, ebenfalls, zudem, darüber hinaus, ferner, zusätzlich
weitere Möglichkeit	oder, entweder – oder	
Gegensatz	aber, doch, nicht – sondern	trotzdem, allerdings, jedoch, dagegen, einerseits – andererseits
Begründung	denn	folglich, deswegen, deshalb, somit, meinetwegen, anstandshalber
Ort		hier, da, dort, hierher, dahin, draußen, drinnen, hinten, vorne
Zeit		jetzt, sofort, lange, häufig, oft, dann manchmal, inzwischen, bislang
Art und Weise		so, anders, nebenbei, gern, leider, beispielsweise, vermutlich
Bedingung		sonst, ansonsten, andernfalls

Tipp

Versuche die **Konjunktion** *und* nicht ständig zu wiederholen. Sorge stattdessen mit **Adverbien** für Abwechslung in deinem Satzbau.

Hinweis: Weiche beim Schreiben eines Textes hin und wieder von der **Standardreihenfolge** der **Satzglieder** (Subjekt – Prädikat – Objekt) ab. Dann klingt deine Darstellung abwechslungsreicher.

10.2 Satzgefüge

Ein Satzgefüge besteht aus mindestens **einem Hauptsatz** und **einem Nebensatz**. Da ein Nebensatz stets vom zugehörigen Hauptsatz abhängig ist, musst du ihn durch eine passende **unterordnende Konjunktion** an den Hauptsatz anschließen. Ein Relativsatz wird durch ein **Relativpronomen** angeschlossen. In der Übersicht siehst du, mit welchen Konjunktionen du Haupt- und Nebensätze zu einem Satzgefüge verbinden kannst.

Auf einen Blick

Zusammenhang	Konjunktionen
unbestimmt	dass, ob
Zeit	während, als, seit(dem), solange, sobald, sowie, sooft, nachdem, bis, bevor, ehe
Bedingung	(nur) wenn, falls, sofern
Gegensatz	während (hingegen), wohingegen, (an)statt dass
Art und Weise	indem, ohne dass
Grund	weil, zumal, da
Folge	sodass, (so) ..., dass
Zweck	damit, um ... zu, auf dass
Einräumung	obwohl, obgleich

Tipp
> Wenn du Haupt- und Nebensätze miteinander verbindest, wirkt dein Text nicht nur **verständlicher**, sondern auch in seinem Klang **lebendiger**. Da das gebeugte Verb im Hauptsatz immer vorn steht, im Nebensatz aber ganz am Ende, wird ein interessanter Rhythmus erzeugt.

Nebensätze können im Satzgefüge drei verschiedene Positionen einnehmen:
- Sie **folgen** dem Hauptsatz, von dem sie durch ein Komma abgetrennt sind.

Beispiel *Ich weiß nicht, ob ich morgen Zeit für dich habe.*

- Sie stehen **vor** dem Hauptsatz, von dem sie ein Komma abtrennt.

Beispiel *Wenn nichts dazwischenkommt, werde ich mit dir Mathe üben.*

- Sie sind in den Hauptsatz **eingefügt**. Dann musst du den Nebensatz vorne und hinten durch ein Komma vom Hauptsatz abtrennen.

Beispiel *Die Aufgaben, die wir lösen müssen, werden nicht schwierig sein.*

10.3 Relativsätze

Wenn man in zwei aufeinanderfolgenden Sätzen über ein und dieselbe Person oder Sache sprechen will, bietet es sich manchmal an, den zweiten Satz als Relativsatz zu gestalten. Man vermeidet damit **unschöne Wiederholungen**.

Beispiel

Ein Taschendieb öffnete unbemerkt die Handtasche einer jungen Frau. Er hatte sich der jungen Frau unauffällig von hinten genähert.
→ unschöne Wiederholung von *einer/der jungen Frau*

Ein Taschendieb öffnete unbemerkt die Handtasche einer jungen Frau, der er sich unauffällig von hinten genähert hatte.
→ Wiederholung durch Relativpronomen vermieden

Relativsätze sind Nebensätze, die du an zwei Merkmalen erkennen kannst:

Auf einen Blick

Merkmale von Relativsätzen	
Relativpronomen	Jeder Relativsatz wird durch ein **Relativpronomen** *(der, die, das, welcher, welche, welches, wer, was)* eingeleitet. Dieses Einleitungswort steht **stellvertretend** für ein Wort/eine Wortgruppe, von dem/der im **Satz zuvor** die Rede ist. *Das ist der Junge, der immer Fußball spielt.* *Es hat viel geregnet, was in einigen Gebieten zu Überschwemmungen geführt hat.* Dem Einleitungswort ist gelegentlich eine **Präposition** wie *mit*, *in* oder *für* **vorangestellt**. *Der Bach, in dem sich viele Fische tummeln, hat ganz klares Wasser.*
Position des Verbs	Da Relativsätze Nebensätze sind, steht das **gebeugte Verb** dort immer am **Satzende**.

Tipp

Die **Pronomen** *der*, *die* und *das* können sowohl **Relativpronomen** als auch **Demonstrativpronomen** sein. Wenn sie einen Relativsatz einleiten, erkennst du das auch an der Position des gebeugten Verbs. Dieses muss bei Relativsätzen nämlich immer am Satzende stehen.

Beispiel

*Gestern traf ich einen alten Freund, den ich jahrelang nicht gesehen **hatte**.*
→ Relativsatz, da gebeugtes Verb am **Satzende**

*Gestern traf ich einen alten Freund, den **hatte** ich jahrelang nicht gesehen.*
→ kein Relativsatz, sondern Hauptsatz, da gebeugtes Verb an **zweiter Stelle**

Der **Abstand** zwischen dem Relativsatz und den Wörtern, auf die er sich bezieht, sollte **nicht zu groß** sein. Sonst hat der Leser Mühe zu verstehen, wer oder was gemeint ist.

Es gibt zwei Möglichkeiten, einen Relativsatz an den Hauptsatz anzuschließen:

- Der Relativsatz **folgt** direkt auf den Hauptsatz.
  Wenn die Wörter, auf die sich ein Relativsatz bezieht, ziemlich weit am **Schluss des** voranstehenden **Hauptsatzes** stehen, kann man den Relativsatz direkt nach dem Hauptsatz folgen lassen.

Beispiel   *In der Stadt trafen wir einen Jungen. Der Junge tanzte Breakdance.*
→ *In der Stadt trafen wir <u>einen Jungen, der Breakdance tanzte</u>.*

- Der Relativsatz wird in den Hauptsatz **eingeschoben**.
  Stehen die entsprechenden Wörter aber weiter vorn im Hauptsatz, dann sollte man den Relativsatz in den Hauptsatz einschieben, und zwar unmittelbar nach dem entscheidenden Wort, auf das er sich bezieht.

Beispiel   *Die Frau stand an der Bushaltestelle. Sie wurde bestohlen.*
→ *<u>Die Frau, die bestohlen wurde</u>, stand an der Bushaltestelle.*
(Nicht: *Die Frau stand an der Bushaltestelle, die bestohlen wurde.*)

Übungsaufgaben im Stil der Abschlussprüfung

**Abschlussprüfung der 10. Klasse an Werkrealschulen in Baden-Württemberg
Deutsch – Übungsaufgabe 1**

Hilfsbereitschaft

Text A: Bertolt Brecht[1]: Fahrend in einem bequemen Wagen

1 Fahrend in einem bequemen Wagen
Auf einer regnerischen Landstraße
Sahen wir einen zerlumpten Menschen bei Nachtanbruch
Der uns winkte, ihn mitzunehmen, sich tief verbeugend.
5 Wir hatten ein Dach und wir hatten Platz und wir fuhren vorüber
Und wir hörten mich sagen, mit einer grämlichen Stimme: Nein
Wir können niemand mitnehmen.
Wir waren schon weit voraus, einen Tagesmarsch vielleicht
Als ich plötzlich erschrak über diese meine Stimme
10 Dies mein Verhalten und diese
Ganze Welt.

*Aus: Werke. Große kommentierte Berliner und Frankfurter Ausgabe, Band 14: Gedichte[4],
© Suhrkamp Verlag, Frankfurt am Main 1993.*

1 Bertolt Brecht, Schriftsteller und Regisseur, *Augsburg 10. 2. 1898, † Berlin (Ost) 14. 8. 1956; nach dem Ersten Weltkrieg war er ein erbitterter Kriegsgegner und wendete sich zum Marxismus hin. Die nach Karl Marx benannte Lehre setzte sich unter anderem mit dem Klassenkampf auseinander, der nach Marx aus dem Gegensatz von Besitzenden (Kapitalisten) und Arbeitern (Proletarier) resultiert. Auf den Lehren von Karl Marx und Friedrich Engels beruht die Ideologie des Kommunismus. Brecht unterstützte die Kommunisten auch mit seiner Dichtung, trat aber nicht der KPD bei; er emigrierte 1933, kehrte 1947 nach Europa, 1949 nach Berlin (Ost) zurück. Wichtige Werke: „Dreigroschenoper", „Mutter Courage", „Der kaukasische Kreidekreis", „Geschichten vom Herrn Keuner". Menschliche Freiheit und soziale Gerechtigkeit waren immer wieder Themen seiner Werke, mit denen er kritisches Bewusstsein wecken und gesellschaftliche Veränderungen erreichen wollte.

Text B: Gewöhnlich haben die Menschen den guten Willen zu helfen nur bis zu dem Augenblick, da sie es könnten.

Luc de Clapiers, Marquis de Vauvenargues (1715–1747), französischer Philosoph, Moralist und Schriftsteller.

Text C: Weihnachtszeit ist Spendenzeit!

1 […] Insgesamt geben die Deutschen jährlich über zwei Milliarden Euro für humanitäre Zwecke! Doch was mit dem Geld wirklich passiert, wissen die meisten Spender nicht! So fressen bei vielen Organisationen die Verwaltungs- und Werbungskosten einen großen Teil der Einnahmen. […] Jährlich werden aber auch einige Millionen Euro von unseriösen oder kriminellen Organisationen
5 und Einzeltätern eingesammelt!
Man sollte deshalb auf die Vorlage einer behördlichen Genehmigung bestehen und darauf achten, ob die jeweilige Organisation das Spendensiegel des „Deutschen Zentralinstituts für soziale Fragen (dzi)" besitzt.

Quelle: Daniel Mauke: Stichprobe „Spendenmissbrauch. Im Internet unter: http://www.3sat.de/3sat.php?http://www.3sat.de/specials/73642/index.html (für Prüfungszwecke gekürzt und leicht geändert).

Text D: Spenden

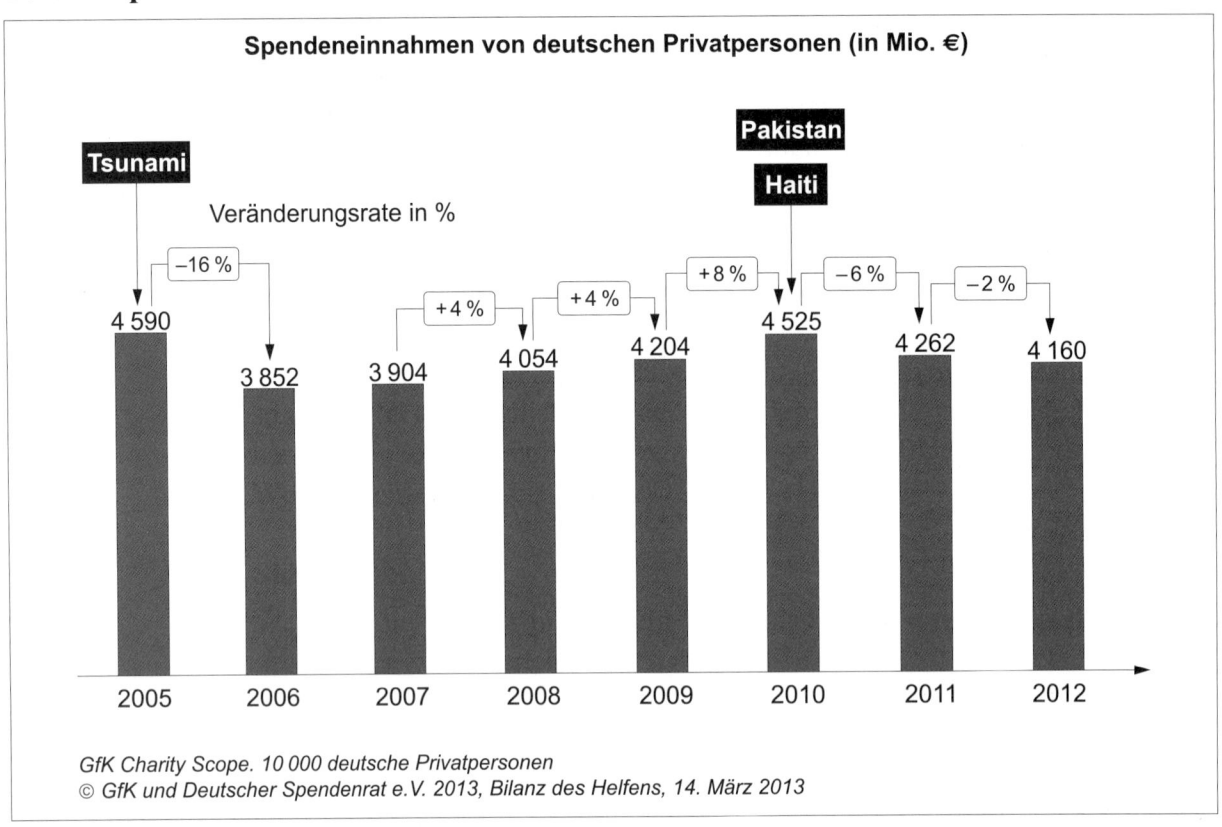

Spendeneinnahmen von deutschen Privatpersonen (in Mio. €)

Tsunami: 2005: 4 590
2006: 3 852 (−16 %)
2007: 3 904
2008: 4 054 (+4 %)
2009: 4 204 (+4 %)
Pakistan / Haiti: 2010: 4 525 (+8 %)
2011: 4 262 (−6 %)
2012: 4 160 (−2 %)

Veränderungsrate in %

GfK Charity Scope. 10 000 deutsche Privatpersonen
© GfK und Deutscher Spendenrat e.V. 2013, Bilanz des Helfens, 14. März 2013

Zwei Beiträge aus Internetforen

Tanna schrieb:

Text E: Hilflos

1 Einmal bekam ich beim Radfahren mitten in der Freiburger Innenstadt an einer Ampel einen Hexenschuss. Ich hing vor Schmerzen krumm auf meinem Rad und konnte weder weiterfahren noch absteigen, nicht mal etwas sagen. Es dauerte vielleicht fünf Minuten, bis ich wenigstens vom Rad absteigen konnte. In diesen fünf Minuten sind ein paar hundert Leute an mir vorbeige-
5 gangen, haben mich angestarrt, teilweise mit ängstlichem Blick in mein schmerzverzerrtes Gesicht – (Hoffentlich spricht die mich jetzt nicht an und bittet mich um Hilfe!) – stehen geblieben ist keiner, und gefragt, ob man mir helfen kann, hat erst recht niemand.
In diesem Moment habe ich mir geschworen, in Zukunft selbst mehr Hilfsbereitschaft zu zeigen – und doch merke ich immer wieder: Es ist schwer, sich darauf einzulassen, jemandem, der Hilfe
10 braucht, auch Hilfe anzubieten.

Quelle: Im Internet unter: http://www.assoziations-blaster.de/info/Hilfsbereitschaft.html

Alexa 78 schrieb:

Text F: Ausgenutzt

1 Vor ein paar Monaten hat mich ein alter Mann auf der Straße verzweifelt angesprochen, dass er sich in einer Notlage befände. Seine 93-jährige Mutter wäre vor drei Wochen verstorben und er hätte xxx EUR für das Begräbnis zahlen müssen und jetzt nicht einmal mehr Geld, um sich etwas zu essen zu kaufen und er habe so großen Hunger.

5 Wie dieser Mann aufgetreten ist, das hat mir echt das Herz zerrissen. Ich habe ihm etwas Geld gegeben und noch dazu eine Adresse, wo er Hilfe bekäme. Mich hat die Situation wirklich sehr tief berührt.

Vor ein paar Tagen habe ich den Mann wieder auf der Straße gesehen. Dieses Mal bei einem anderen Passanten. Da kam mir das schon komisch vor. Aber heute hat er mich erneut angespro-
10 chen: Seine Mutter wäre vor drei Wochen verstorben …

In dem Moment war ich wütend und enttäuscht zugleich – nicht nur über das Verhalten dieses Mannes, sondern auch über mich, dass ich immer auf solche Mitleidstouren hereinfalle.

Quelle: verändert nach: http://diaet.abnehmen-forum.com

Text G: Babys mögen Hilfsbereitschaft

1 Amerikanische Forscher fanden heraus, dass Babys schon mit sechs Monaten einen Blick für soziales Verhalten haben: Sie fühlen sich stärker zu hilfsbereiten Menschen hingezogen als zu solchen, die andere behindern.

5 Die Kinder im Alter von sechs und zehn Monaten sahen in allen Tests ein rundes Holzstückchen mit lustigen aufgeklebten Augen, das anscheinend versuchte, einen Hügel hinaufzugelangen. Nach mehreren vergeblichen Versuchen erschien zusätzlich entweder eine dreieckige Figur, die dem erfolglosen Kletterer half, oder eine vier-
10 eckige Gestalt, die ihn wieder vom Hügel herunterschubste. In einigen der Versuche tauchte zudem eine weitere Figur auf, die sich aus dem Geschehen vollkommen heraushielt. Dabei beobachteten die Wissenschaftler, nach welchem Holzstückchen die Kinder griffen und welches sie ignorierten.

15 Alle der sechs Monate alten Kinder und 14 der 16 zehn Monate alten bevorzugten die helfende Figur […]. Die Kleinen können also bereits einschätzen, wie sozial sich jemand verhält, bevor sie sprechen lernen, erklären die Wissenschaftler. Hilfsbereite Menschen von anderen unterscheiden zu können, sei für das Zusammenleben in Gruppen eine zentrale Fähigkeit und möglicherweise der Ursprung für mora-
20 lische Überlegungen und die Entwicklung abstrakter Konzepte wie etwa der Vorstellung von Gut und Böse.

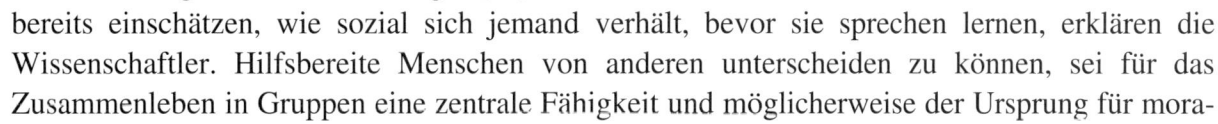

Bewiesen: Schon Babys beurteilen ihre Mitmenschen nach ihrem Sozialverhalten

Quelle: Kiley Hamlin (USA) Babys mögen Hilfsbereitschaft. In: Nature Bd. 450, S. 557. Im Internet unter: http://www.wissenschaft.de/wissenschaft/gutzuwissen/285767.html, ddp/wissenschaft.de – Ilka Lehnen-Beyel (für Prüfungszwecke gekürzt und leicht geändert).

Übungsaufgabe 1

Aufgaben Punkte

Die Bearbeitung der Aufgaben in der vorgegebenen Reihenfolge ist hilfreich.

1. a) Gliedern Sie das Gedicht „Fahrend in einem bequemen Wagen" von Bertolt Brecht (Text A) inhaltlich (Zeilenangabe). Finden Sie zu jedem Abschnitt eine stichwortartige Überschrift, die den Inhalt zusammenfasst (→ Extrablatt). 3

   Notieren Sie folgendermaßen:

   1. Abschnitt: Vers ___ bis Vers ___ ; Überschrift: _____

   2. Abschnitt: …

   b) In Brechts Gedicht werden Gegensätze dargestellt. Finden Sie zwei Beispiele. 2

   c) Im Verlauf des Gedichts verändert sich die Perspektive des Sprechers. Woran wird dies deutlich? 1

   d) Für Brecht geht es in diesem Gedicht nicht um das Gegenüberstellen von Einzelpersonen. Was oder wen sollen die „Gegenspieler" symbolisieren? 1

2. Erläutern Sie, welche Bedeutung dieses Gedicht aus Ihrer Sicht für die Gegenwart hat. Belegen Sie Ihre Meinung mit Beispielen. Schreiben Sie ausführlich und grammatikalisch richtig. 6

   Inhalt 3
   Sprache/Ausdruck 3

3. Jeder der folgenden Sätze zu den Texten D bis G enthält eine falsche Aussage. Finden Sie diese und schreiben Sie die Sätze verbessert auf.

a) Sobald Kinder sprechen können, sind sie in der Lage, soziales Verhalten einzuschätzen.

0,5

b) Im Jahr 2010 wurde am meisten gespendet.

0,5

c) Das Forumsmitglied *Tanna* kommt durch ihr persönliches Erlebnis zu der Erkenntnis, dass sie zukünftig niemandem mehr Hilfe anbieten wird.

1

d) In der Versuchsanordnung wurde hilfsbereites Verhalten durch eine viereckige Figur dargestellt.

1

Übungsaufgabe 1

e) Die höchste Veränderungsrate beim Spendenaufkommen liegt zwischen den Jahren 2009 und 2010. 1

f) Das Forumsmitglied *Alexa 78* ist wütend auf sich selbst, weil es ihr nicht gelungen ist, dem alten Mann zu helfen. 0,5

g) Im Jahr 2012 wurden knapp 4,2 Millionen Euro gespendet. 0,5

4. Die These, die der Marquis de Vauvenargues in seinem Sinnspruch (Text B) aufstellt, scheint sich in einem der Sachtexte zu bewahrheiten. Erklären Sie. 2

5. Erstellen Sie ein Cluster zum Thema „Hilfsbereitschaft" unter Einbeziehung aller Texte und Diagramme sowie Ihrer eigenen Überlegungen (→ Extrablatt). 6

6. Verfassen Sie einen Aufruf, in dem Sie sich für Hilfsbereitschaft einsetzen. Stellen Sie dar, welche Möglichkeiten es gibt, Hilfsbereitschaft zu zeigen. Überzeugen Sie dabei Ihre Mitbürgerinnen und Mitbürger, dass Hilfsbereitschaft ein wichtiger Wert für jede Gesellschaft sein muss. Berücksichtigen Sie Aussagen, Empfindungen und Argumente aus allen Texten und den Diagrammen (→ Extrablatt). 14

Inhalt 5
Sprache/Ausdruck 4
Rechtschreibung 5

Lösungen

1. a) Hinweis: *Wenn es darum geht, einen Text zu **gliedern** oder in Abschnitte einzuteilen, solltest du zunächst prüfen, ob der Autor eine optische Gliederung vorgenommen hat. Bei lyrischen Texten ist in der Regel die Einteilung in **Strophen** eine Gliederungshilfe. Inhaltlich werden **Sinnabschnitte** erkennbar, wenn ein **neuer Gedankengang** oder ein **neuer Aspekt** dargestellt wird.*

*Bei dem vorliegenden **Brecht-Gedicht** wirst du schnell feststellen, dass keine Unterteilung in Strophen vorliegt. Das Gedicht besteht allerdings insgesamt aus nur **drei Sätzen**, was vielleicht erst auf den zweiten Blick auffällt, da jeder Satz durch Zeilensprünge (Enjambement) auf mehrere Verse verteilt ist und jeder Vers mit Großschreibung beginnt.*

*Diese drei Sätze geben einen ersten Hinweis auf eine mögliche Gliederung. Wenn man sie inhaltlich untersucht, stellt man fest, dass im ersten Satz **die Begegnung mit dem Anhalter** geschildert wird. Im zweiten Satz erfährt der Leser **die Reaktion der „Fahrenden"**; sie lehnen es ab, den zerlumpten Menschen mitzunehmen. Im dritten Satz wird dem lyrischen Ich bewusst, **was es gerade getan hat**, und es erschrickt über sein Verhalten und zugleich über „diese ganze Welt".*

Die drei Abschnitte lassen sich relativ einfach in jeweils einem Stichwort zusammenfassen.

1. Abschnitt: Vers 1 bis Vers 4; Überschrift: Der Anhalter
2. Abschnitt: Vers 5 bis Vers 7; Überschrift: Die Ablehnung
3. Abschnitt: Vers 8 bis Vers 11; Überschrift: Das Erschrecken

b) Hinweis: *__Gegensätze__ können in Form von Personen, Eigenschaften, Handlungen, Einstellungen, Symbolen, Metaphern usw. vorliegen. In diesem Gedicht gibt es **zwei „Gegenspieler"**, die Fahrenden und den Zerlumpten. Bei dieser Aufgabe ist es sinnvoll, die Gegensätze innerhalb der Sinnabschnitte (der drei Sätze) einander gegenüberzustellen.*

Fahrend – sich tief verbeugend
In einem bequemen Wagen – auf einer regnerischen Landstraße
Ein Dach über dem Kopf (genügend Platz) – zerlumpt, bei Nachtanbruch

c) Hinweis: *Ein Perspektivwechsel bedeutet, dass eine Situation aus **verschiedenen Blickwinkeln** dargestellt wird. Das können z. B. die Sichtweisen zweier unterschiedlicher Personen sein. Als Perspektivwechsel bezeichnet man aber auch die **geänderte Sichtweise** bei einer **einzelnen Person**, z. B. den Wechsel von der **Wir- zur Ich-Perspektive**, so wie im vorliegenden Fall: Der Sprecher verwendet zunächst häufig das Wort „wir", im Laufe des Gedichts wechselt er aber zu „mich", „ich" und „mein", d. h., die „Wir-Perspektive" ändert sich in eine „Ich-Perspektive". So tritt der Sprecher **aus der Anonymität** des gemeinschaftlichen „wir" heraus **in die Individualität** des „ich". Er wird zur Einzelperson und erkennt damit auch seine persönliche Verantwortung.*

Anfangs verwendet der Sprecher sehr häufig die Personalpronomina „wir/uns", zum Schluss spricht er jedoch von „ich/meine/mein". Das heißt, es erfolgt ein Perspektivwechsel vom „wir" zum „ich", von der anonymen Gruppe zum Individuum.

Lösungen: Übungsaufgabe 1

d) **Hinweis:** *Wenn es in der Aufgabenstellung heißt, dass es **nicht um Einzelpersonen** geht, so bedeutet das in diesem Gedicht, dass die „Gegenspieler" nicht ein offensichtlich „reicher Mann" und ein „armer Mann" sind, sondern dass diese beiden Figuren **stellvertretend** für **gesellschaftliche Schichten** stehen. Es geht also um „Reiche" und „Arme". Brecht war bekanntlich ein Anhänger marxistischer/kommunistischer Ideen und hat deshalb auch nach dem Krieg in der DDR und nicht in der Bundesrepublik seine neue Heimat gesucht. Wenn man über dieses Hintergrundwissen verfügt, sollte man auch mit entsprechenden **Begrifflichkeiten** arbeiten. Statt von „Armen" und „Reichen" sollte man von Unterschicht und Oberschicht sprechen bzw. die **ideologischen Begriffe** „Kapitalisten" und „Proletarier" verwenden.*

*Wer dieses Hintergrundwissen nicht hat, findet in der **Fußnote** wichtige Informationen. Fußnoten solltest du genauso sorgfältig lesen, wie die übrigen Texte. Sie lassen sich zur Lösung von Aufgaben nutzen.*

Gesellschaftliche Schichten: Oberschicht – Unterschicht (Kapitalisten – Proletarier)

2. **Hinweis:** *Der **historische Gegensatz** Kapitalisten – Proletarier muss auf die **heutigen gesellschaftlichen Gegebenheiten übertragen** werden. Dabei könnten z. B. folgende **Problembereiche** angesprochen werden: der Gegensatz zwischen Arm und Reich; das Verhältnis der Industriestaaten zu den Entwicklungsländern; die Aufnahme von Migranten oder Flüchtlingen in einem reichen Land wie Deutschland.*

*Sinnvoll ist es in diesem Zusammenhang auch, **wichtige Textstellen** zu nennen (z. B. „zerlumpter Mensch", „in einem bequemen Wagen", „wir haben keinen Platz") und einen **Transfer** (Übertragung) auf heutige Verhältnisse durchzuführen.*

Brecht ging es in seinem Gedicht darum, den Gegensatz zwischen Kapitalisten und Proletariern aufzuzeigen. Gleichzeitig wollte er auch die Verantwortung des Einzelnen bei der Beseitigung sozialer Ungerechtigkeiten deutlich machen.

Klassenkampf im Sinne der kommunistischen Ideologie dürfte mit dem Niedergang der kommunistischen Staaten heute keine Rolle mehr spielen. Soziale Ungerechtigkeiten und den Gegensatz zwischen Arm und Reich gibt es jedoch sehr wohl auch noch in unserer Gegenwart. Es heißt, dass in unserem Land die Schere zwischen Arm und Reich immer mehr auseinandergeht. Der „Zerlumpte" in dem Gedicht ist heute der Arbeitslose oder der alte Mensch, der von einer dürftigen Rente leben muss. Mit den „Fahrenden" sind nicht nur die „Superreichen" gemeint, sondern auch diejenigen, die in sozial und finanziell sicheren Verhältnissen leben. Gerade diese Menschen dürfen ihre Verantwortung nicht einfach auf die „noch Reicheren" abschieben, sonst könnten auch sie eines Tages vor sich selbst erschrecken. Das Bild vom „bequemen Wagen" und dem „Zerlumpten", der mitgenommen werden möchte, lässt sich auch sehr gut auf die Situation von Migranten und Flüchtlingen übertragen, die in unser Land kommen möchten. Für diese Leute sitzen wir auch in einem bequemen Wagen. Wir haben „ein Dach über dem Kopf" und wir haben „Platz", während sie auf der Straße stehen. Wenn heute argumentiert wird, dass wir die Aufnahme weiterer Flüchtlinge aus Kriegsgebieten, sei es Afghanistan oder Irak, nicht verkraften könnten – nach dem Motto: „Das Boot ist voll" – dann erinnert das schon sehr an die „grämliche Stimme" in Brechts Gedicht, die sagt: „Nein wir können niemand mitnehmen."

Lösungen: Übungsaufgabe 1

3. **Hinweis:** *Bei dieser Aufgabe ist es wichtig, sowohl die **Texte** als auch die **Grafik** genau zu lesen. **Stichwörter** oder **Personenangaben** in den Aufgaben können helfen, die entsprechenden Textstellen schnell zu finden, ohne immer wieder alle Texte komplett durchzulesen. Hier ist es von Vorteil, wenn man **Techniken** wie „diagonales" oder „überfliegendes" Lesen beherrscht.*
*Bei der vorliegenden Aufgabenform (falsche Aussagen korrigieren) ist es wichtig, zunächst festzustellen, **was** an der Aussage **falsch ist**. Anschließend muss der Satz so formuliert werden, dass in positiver Aussageform eine **Richtigstellung** erfolgt.*
Also nicht: Es ist falsch, dass Kinder soziales Verhalten einschätzen können, sobald sie sprechen können.
Sondern: Kinder können soziales Verhalten bereits einschätzen, bevor sie sprechen lernen.

a) Kinder können soziales Verhalten bereits einschätzen, bevor sie sprechen lernen.
Oder: Kinder können schon im Alter von 6 Monaten soziales Verhalten einschätzen.
(Vgl. Text G, Z. 1/2)

b) Im Jahr 2005 wurde am meisten gespendet. (Vgl. Text D, knapp 4,6 Milliarden Euro)

c) Das Forumsmitglied *Tanna* kommt zu der Erkenntnis, dass sie selbst mehr Hilfsbereitschaft zeigen will.
Oder: Sie kommt zu der Erkenntnis, dass es nicht leicht ist, Hilfe anzubieten. (Vgl. Text E, Z. 8–10)

d) Hilfsbereites Verhalten wurde durch eine dreieckige Figur dargestellt.
Oder: Die viereckige Figur behinderte das runde Holzstückchen, das den Hügel hinaufgelangen wollte. (Vgl. Text G, Z. 7–10)

e) Die höchste Veränderungsrate liegt zwischen den Jahren 2005 und 2006. (Vgl. Text D, die Veränderungsrate beträgt -16%)

f) Das Forumsmitglied *Alexa 78* ist wütend auf sich selbst, weil sie immer wieder auf „Mitleidstouren" hereinfällt. (Vgl. Text F, Z. 11/12)

g) Im Jahr 2012 wurden knapp 4,2 Milliarden Euro gespendet. (Vgl. Text D)

4. **Hinweis:** *Um diese Aufgabe zu lösen, musst du dir zunächst klarmachen, welche **These** (Behauptung) der Marquis de Vauvenargues aufstellt. Dazu solltest du den Sinnspruch in **eigene Worte** fassen. **Zerlege** den Satz in seine beiden **Teilaussagen**. Erste Aussage: „Gewöhnlich haben die Menschen den guten Willen zu helfen ...". Zweite Aussage: „... nur bis zu dem Augenblick, da sie es könnten." Der **erste Teil** des Sinnspruchs ist eine **positive Aussage**, die jedoch durch den **zweiten Teil** nicht nur eingeschränkt, sondern **aufgehoben** wird. Vauvenargues sagt nämlich, dass der Wille zu helfen, nicht mehr vorhanden ist, wenn die Situation da ist, in der die Menschen tatsächlich helfen könnten. Hilfsbereitschaft ist aber etwas, das sich letztlich nur in **Handlung** ausdrücken kann.*
Die These, die in Vauvenargues Sinnspruch steckt, könntest du in eigenen Worten so formulieren: „Viele Menschen halten sich selbst für hilfsbereit, wenn es aber darauf ankommt, helfen sie nicht." Oder: „Viele sind ‚theoretisch' hilfsbereit. In der konkreten Situation aber

Lösungen: Übungsaufgabe 1

- *ist die Hilfsbereitschaft plötzlich ‚verschwunden'".*
- *Im nächsten Schritt **überprüfst** du, welcher der **Sachtexte** (damit ist das Gedicht ausgeschlossen) sich mit diesem Problem befasst oder ein Beispiel dafür liefert. Bei den vorangehenden Aufgaben hast du dich bereits mit den Sachtexten befassen müssen, also wird es nicht nötig sein, jeden einzelnen Text nochmals Wort für Wort zu lesen. Durch das „**Ausschlussverfahren**" fallen die Texte „Weihnachtszeit ist Spendenzeit", „Babys mögen Hilfsbereitschaft" und „Ausgenutzt" weg, da sie sich mit anderen Themen auseinandersetzen.*
- *So bleibt nur noch der Text „Hilflos". Hier musst du nun **herausfinden**, wie er sich mit der These von Vauvenargues in **Verbindung** bringen lässt.*

Vauvenargues Sinnspruch beinhaltet die These, dass Menschen nur „theoretisch" hilfsbereit sind, wenn es aber darauf ankommt, helfen sie nicht. In dem Text „Hilflos" macht Tanna diese traurige Erfahrung, als viele Leute an ihr vorbeigehen und ihr nicht helfen, obwohl sie eigentlich sehen müssten, dass Tanna unter großen Schmerzen leidet. Bei Tanna selbst ist durch diese Erfahrung eigentlich der Wille zu mehr Hilfsbereitschaft gestiegen, sie gibt aber zu, dass es auch ihr schwerfällt, im konkreten Fall jemandem Hilfe anzubieten, der Hilfe braucht. Die Aussagen im Text „Hilflos" bestätigen somit die These von Vauvenargues.

5. **Hinweis:** *Wenn man ein **Cluster** erstellen soll, ist es wichtig, zunächst **alle Texte und Grafiken** genau zu lesen. Sinnvoll ist es, dabei **Lesetechniken** wie z. B. die 5-Schritt- oder 5-Gang-Lesemethode anzuwenden. Auf jeden Fall sollte man während des Lesens **Schlüsselbegriffe** unterstreichen und **Anmerkungen** am Textrand oder auf einem gesonderten Blatt notieren.*
- *Beim Lesen der Texte wird man sowohl **positive** als auch **negative** Aussagen zum Thema Hilfsbereitschaft finden. Daraus ergibt sich eine Art **Pro- und Kontra-Betrachtung** des Themas. Das kann zugleich die Grobstruktur des Clusters vorgeben.*
- *Anspruchsvoller ist es, wenn man „Pro" und „Kontra" durch **anschaulichere Begriffe** ersetzt. Hilfsbereitschaft als solche wird wohl niemand ablehnen, deshalb ist der Begriff „Kontra" im vorliegenden Beispiel auch nicht ganz zweckmäßig; angemessener wäre es, von **Hemmnissen** zu sprechen, die Hilfsbereitschaft manchmal behindern oder verhindern.*
- *Wenn man den Begriff Kontra ersetzt, sollte man auch einen passenden Begriff für die Gegenposition (Pro) finden. Hier könnte die **Notwendigkeit** von Hilfsbereitschaft herausgestellt werden. Mit diesen beiden Begriffen hast du eine geeignete **Grobgliederung** des Clusters erreicht.*
- *Alle Aspekte, die sich aus den Texten und der Grafik entnehmen lassen, werden nun in **Stichworte** gefasst und diesen beiden Hauptbereichen **zugeordnet**. Dabei kann man weitere sinnvolle Untergliederungen vornehmen. **Querverbindungen** zwischen einzelnen Aspekten werden durch entsprechende **Linienverbindungen** verdeutlicht.*

Lösungen: Übungsaufgabe 1

Mögliche Lösung:

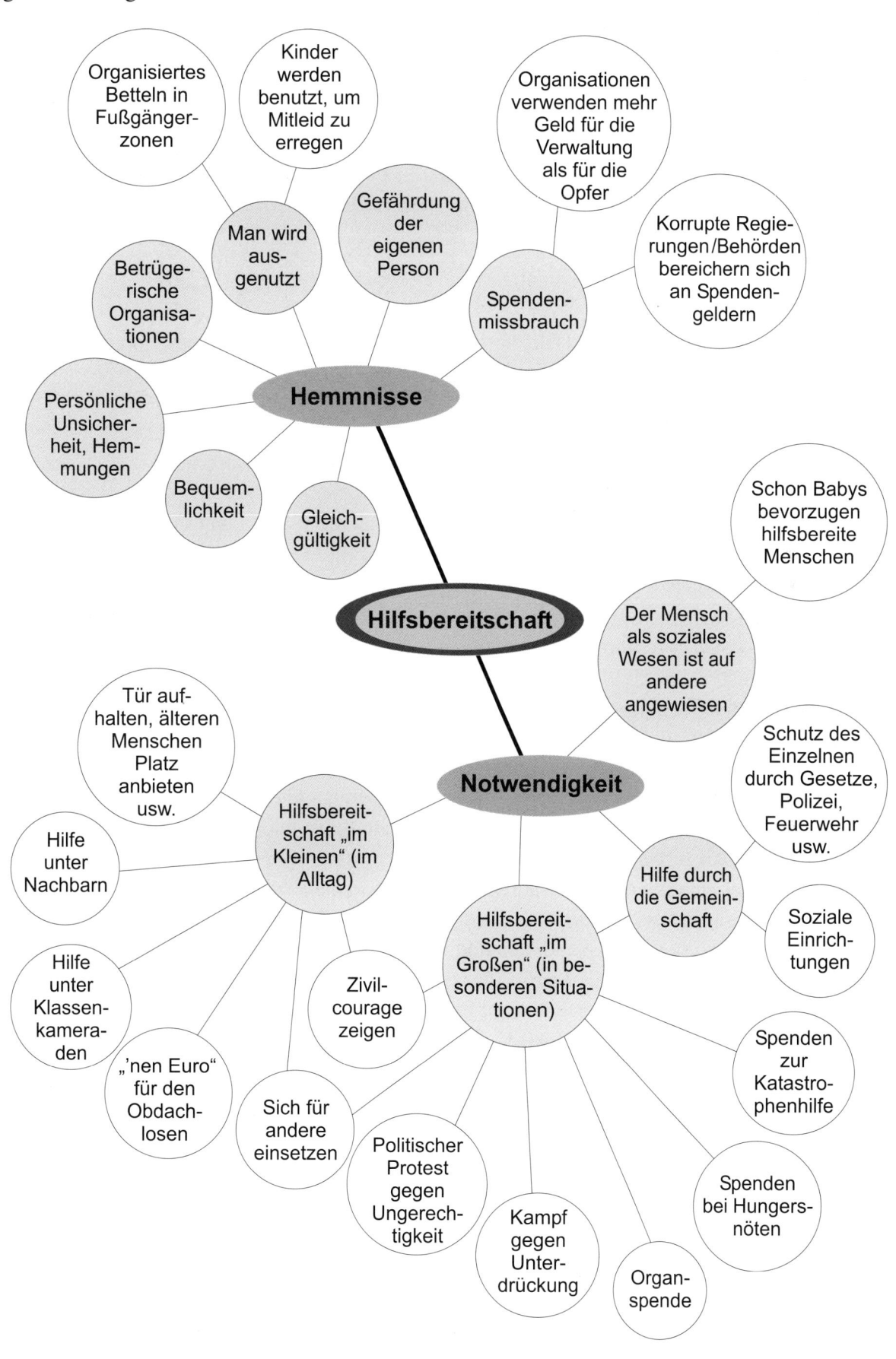

Hilfsbereitschaft

Hemmnisse
- Organisiertes Betteln in Fußgängerzonen
- Kinder werden benutzt, um Mitleid zu erregen
- Man wird ausgenutzt
- Gefährdung der eigenen Person
- Organisationen verwenden mehr Geld für die Verwaltung als für die Opfer
- Korrupte Regierungen/Behörden bereichern sich an Spendengeldern
- Spendenmissbrauch
- Betrügerische Organisationen
- Persönliche Unsicherheit, Hemmungen
- Bequemlichkeit
- Gleichgültigkeit

Notwendigkeit
- Schon Babys bevorzugen hilfsbereite Menschen
- Der Mensch als soziales Wesen ist auf andere angewiesen
- Hilfe durch die Gemeinschaft
  - Schutz des Einzelnen durch Gesetze, Polizei, Feuerwehr usw.
  - Soziale Einrichtungen
- Hilfsbereitschaft „im Kleinen" (im Alltag)
  - Tür aufhalten, älteren Menschen Platz anbieten usw.
  - Hilfe unter Nachbarn
  - Hilfe unter Klassenkameraden
  - „'nen Euro" für den Obdachlosen
  - Zivilcourage zeigen
  - Sich für andere einsetzen
- Hilfsbereitschaft „im Großen" (in besonderen Situationen)
  - Politischer Protest gegen Ungerechtigkeit
  - Kampf gegen Unterdrückung
  - Organspende
  - Spenden bei Hungersnöten
  - Spenden zur Katastrophenhilfe

6. Hinweis: *Beim Verfassen eines Aufrufes musst du Folgendes beachten:*
- *Mit einem Aufruf will man einen **konkreten Personenkreis** (Zielgruppe) **direkt ansprechen** und zu einem bestimmten Verhalten bewegen. Dabei kann man sowohl **rational** argumentieren als auch gezielt **Emotionen** ansprechen.*
- *In der vorliegenden Aufgabe sollte der Aufruf **Erkenntnisse aus den Texten widerspiegeln**. Fakten aus den Texten müssen zur Argumentation verwendet werden, mögliche **Einwände** („Spendenbetrug", „man wird oft ausgenutzt" usw.) aufgegriffen und entkräftet werden. Insgesamt entspricht der Aufruf weitgehend einer **linearen Erörterung**, der das Cluster aus Aufgabe 5 als Stoffsammlung zugrunde gelegt werden kann. Den Text solltest du mit einer klaren **Aufforderung** an den Leser beenden.*

Mehr Hilfsbereitschaft!	Überschrift
Haben Sie sich schon einmal hilflos und verzweifelt gefühlt? Waren Sie schon einmal in einer Situation, in der es Ihnen so vorkam, als ob Sie ganz allein auf der Welt wären? Vielleicht kennen Sie dann dieses wunderbare Gefühl, wenn aus dem Nichts eine helfende Hand kommt, die einem die Last abnimmt, unter der man zusammenzubrechen droht.	Hinführung zum Thema
Dass Hilfsbereitschaft ein wichtiger Wert für jede Gesellschaft sein sollte, ist bekannt. Dass Hilfsbereitschaft eine zutiefst menschliche Eigenschaft ist, haben Wissenschaftler eindeutig nachgewiesen. Bereits Babys im Alter von sechs Monaten können hilfsbereite Menschen von anderen unterscheiden.	Hilfsbereitschaft wichtiger Wert / Babys können bereits hilfsbereit/nicht hilfsbereit unterscheiden
Dennoch stehen wir immer wieder vor der Frage: Wie kann ich selbst anderen Menschen helfen? Es gibt viele Möglichkeiten. Dabei sollte man sich darüber bewusst sein, dass Hilfsbereitschaft schon im Alltag, mit „kleinen Dingen", anfängt.	Hilfsbereitschaft „im Kleinen"
Der Person, die hinter mir geht und noch etwas Schweres trägt, die Tür aufzuhalten ist ebenso höflich und hilfsbereit, wie einem älteren Menschen den Platz im Bus anzubieten oder ihm über die Straße zu helfen. Die Hilfe unter Nachbarn fördert den Zusammenhalt, indem man beispielsweise auf deren Kinder aufpasst oder sie während einer schwierigen Zeit unterstützt. Eine weitere Möglichkeit, Hilfsbereitschaft zu zeigen – gerade für Jugendliche – ist die Hilfe unter Klassenkameraden. Man kann zum Beispiel einem leistungsschwächeren Schüler beim Lernen helfen oder einem Außenseiter freundlich begegnen und versuchen zu erreichen, dass dieser auch von den anderen Mitschülern akzeptiert wird.	Beispiele: Tür aufhalten, Platz im Bus anbieten, Nachbarschaftshilfe, Hilfe unter Klassenkameraden
Sich für andere einzusetzen, die schwächer sind oder denen es schlechter geht, und dabei mögliche Nachteile für sich selbst in Kauf zu nehmen, bedeutet Zivilcourage zu zeigen. In Form von Zivilcourage Hilfe zu leisten, kann auch heißen, sich im Kampf gegen Unterdrückung und im politischen Protest gegen Ungerechtigkeit aktiv zu engagieren. Nehmen wir uns ein Beispiel an Menschen, die sogar ihr eigenes Leben riskiert haben, um Mitmenschen zu schützen. Es gilt nicht zu sagen: „Wir können ja doch nichts ausrichten". Das haben die wenigen mutigen Menschen auch nicht gesagt, die während der Nazi-Herrschaft Juden bei sich versteckt hatten und dabei	Hilfsbereitschaft „im Großen" / Politischer Protest / Beispiele: Zivilcourage im Dritten Reich

ihr eigenes Leben riskierten. Angesichts der Millionen jüdischer Opfer mag die Zahl der wenigen, die dadurch gerettet wurden, verschwindend gering sein. Das ist aber bedeutungslos, wenn es darum geht zu helfen. Jeder Einzelne zählt. Man darf doch nicht sagen, wenn ich nicht allen helfen kann, helfe ich keinem.

Von solchen Extremsituationen wie in der Nazi-Zeit sind wir zum Glück seit Jahrzehnten verschont geblieben. Not gibt es aber auf der ganzen Welt und durch die modernen Medien kommt diese direkt in unsere Wohnzimmer. Nur für die Wenigsten wird es möglich sein, durch persönlichen Einsatz vor Ort Menschen in ihrer Not zu helfen. Hier bietet es sich an, Hilfsorganisationen durch Spenden zu unterstützen und damit zu helfen, Not zu lindern oder Leben zu retten. Verwenden wir die Tatsache, dass es schwarze Schafe unter den Hilfsorganisationen gibt, nicht als Ausrede für mangelnde Spendenbereitschaft. Mit wenig Aufwand lässt sich feststellen, welche Organisationen seriös sind. Das Spendensigel des Deutschen Zentralinstituts für soziale Fragen hilft uns dabei. Vergeben wir nicht die Chance, mithilfe nur weniger Euro Leben zu retten. *[Hilfe durch Spenden an Hilfsorganisationen; Missbrauch durch betrügerische Organisationen nur vereinzelt]*

Leben retten kann jeder Einzelne auch, indem er z. B. Blut spendet. Und wer einen Organspenderausweis bei sich trägt, kann sogar noch nach dem Tod zum Lebensretter werden.

Gegen Bequemlichkeit und Gleichgültigkeit müssen wir ankämpfen! Wir dürfen die Augen vor all diesen Möglichkeiten, hilfsbereit zu sein, nicht verschließen – egal ob im Alltag oder in besonderen Situationen. Auch die Angst davor, ausgenutzt oder gar betrogen zu werden, darf uns nicht davon abhalten, Verantwortung zu übernehmen und unseren Mitmenschen zu helfen. Hilfsbereitschaft ist lebens- und überlebenswichtig für jede Gesellschaft. Hilfsbereitschaft ist nicht etwas, was wir nur bejahen sollten, sondern etwas, das wir aktiv praktizieren müssen. *[Bequemlichkeit und Gleichgültigkeit überwinden; Verantwortung übernehmen]*

Fangen Sie am besten heute noch damit an! *[direkte Aufforderung an Leser]*

**Abschlussprüfung der 10. Klasse an Werkrealschulen in Baden-Württemberg
Deutsch – Übungsaufgabe 2**

Lügen

Text A: 200 Lügen am Tag

1 Wissenschaftler sind sich heute einig: „Lügen lernen" ist Teil unserer geistigen Entwicklung. […] Wichtig ist die Absicht und die Häufigkeit, die mit einer Lüge verfolgt wird: „Die Lüge ist ein Hilfsmittel, klein dosiert ohne Schädigungsabsicht brauche ich sie", meint der Sozialwissenschaftler Peter Stiegnitz. Der Begründer der Mentiologie, der Wissenschaft vom Lügen, hält da-
5 hingegen nichts von „großen Mengen mit Schädigungsabsicht".
Der Hauptgrund für die Lüge ist die Angst. Bis zu 200 Mal am Tag behelfen wir uns so mit großen und kleinen Lügen durch den Alltag. […]
Kinder fangen bereits mit vier Jahren bewusst zu lügen an. Sie üben es, wenn sie beim Spielen lügen – oder in Alltagssituationen. […]

*Quelle: 3sat, Sendung nano vom 27.08.2003, Autor: Markus Peick. Im Internet unter:
http://www.3sat.de/3sat.php?http://www.3sat.de/nano/bstuecke/49803/index.html (für Prüfungszwecke gekürzt).*

Text B: Lügen

1 […] Lügen geht nur mit Sprache. Das kann gesprochene, gedruckte – „lügen wie gedruckt" – oder auch Gebärdensprache sein. Lüge ist nicht gleich Lüge. „Die kleinen Lügen straft der liebe Gott sofort", so heißt es zumindest im Volksmund. Bei den ganz großen und wirklich schlimmen Lügen wird es jedoch richtig ernst. Lüge kann beispielsweise Verleumdung bedeuten und ist
5 strafbar. Ebenso die Lüge in Form einer bewussten Falschaussage vor Gericht. Ganz schlimm ist die Lüge unter dem geleisteten Eid, die Wahrheit zu sagen. Die gemeine und verbrecherische Lüge hat ausschließlich den eigenen Vorteil auf Kosten anderer zum Zweck. Diese Form der Lüge ist übrigens in allen Kulturen der Welt geächtet.
Geradezu harmlos sind dagegen die kleinen Alltagslügen. […]

Quelle: Michael Utz: Lügen. Im Internet unter: http://www.dw-world.de/dw/article/0,2144,2997807,00.html (für Prüfungszwecke gekürzt).

Text C: Warum Lügen so wichtig sind

1 Wir lügen aus Mitleid, Barmherzigkeit, Rücksicht oder einfach aus Feigheit und Angst. Ein guter Lügner braucht Fantasie und Überzeugungskraft. Männer lügen häufiger als Frauen, dafür sind diese geschickter im Verbergen der Wahrheit.
Heute schon gelogen? Nein? Höchstwahrscheinlich eine Lüge. […] Wir lügen, wo wir gehen und
5 stehen in der Regel ohne Gewissensbisse, denn meistens merken wir's gar nicht mehr.
„Guten Morgen", schmettern wir scheinheilig der nörgeligen Nachbarin entgegen, obwohl es uns völlig egal ist, wie gut ihr Morgen verläuft. „Danke, gut", antworten wir auf (in Wahrheit meist desinteressierte) Fragen nach unserem Befinden und denken dabei an unsere bohrenden Kopfschmerzen.

„Ich stand im Stau", schönen wir unser Zuspätkommen im Job, das in Wirklichkeit eher etwas mit dem Überhören des Weckers zu tun hatte.

Und wenn die Schwiegermama mit vorwurfsvollem Unterton fragt: „Warum nimmst du nicht noch ein Stück Kuchen, schmeckt er dir nicht?", gebietet es geradezu der Familienfrieden, Zuflucht zu einer Notlüge zu nehmen. „Doch köstlich, aber ich bin gerade auf Diät", sagen wir also, während uns die fette Torte Brechreiz verursacht.

„Wie findest du das neue Minikleid?", fragt die übergewichtige Kollegin, und schon antworten wir barmherzig ausweichend: „Die Farbe steht dir sehr gut." Um ehrlich zu sein – „mit deinen Beinen solltest du lieber Maxi tragen" – das zu sagen, klingt einfach zu brutal.

„Befolgten die Menschen die Aufforderung, die Lüge zu lassen und immer die Wahrheit zu reden, wären die Folgen entsetzlich", vermutet ein Publizist. „Das ganze soziale Gefüge bräche zusammen. Die Menschen sagten sich nicht nur ins Gesicht, was sie denken, sondern auch, was sie voneinander hielten. Das wäre das Ende aller Beziehungen."

„Ja, ich finde, dass du zu dick bist." – „Nein, ich habe keine Lust, dich heute Abend zu sehen." – „[…] Ja, ich finde, dass dein Freund ein Langweiler ist."

Zu eng beieinander liegen Ehrlichkeit und Rücksichtslosigkeit. Ehrlichkeit allein ist gnadenlos rücksichtslos, schafft zu viele Fronten, macht einsam und aggressiv.

Ein Wiener Lügenforscher sagt: „Es gibt kein Leben ohne Lüge […] Der ewig Gute, der behauptet immer ehrlich zu sein, belügt sich selbst. […]"

Allerdings zieht eine Lüge oft einen ganzen Schwarm sogenannter Anschlusslügen nach sich, bis sie richtig stimmig wird. Mit Lügen ist es wie mit Medikamenten. Es kommt auf die Dosierung an […]"

Quelle: Im Internet unter: http://www.ioff.de/archive/index.php/t-18301.html (für Prüfungszwecke gekürzt).

Text D: Auch bei Notlügen ist Vorsicht geboten

Die Notlüge „Du, ich muss wohl gerade im Bad gewesen sein, als du angerufen hast, und mein Anrufbeantworter spinnt manchmal" ist grenzwertig. Sie kann durchaus ein schlechtes Gewissen machen. Beim Blick auf die Nummernanzeige – ‚um Gottes willen, der schon wieder' – fiel die Entscheidung, sich zu verleugnen. Also zu lügen. Das Lügen birgt Risiken. „Sich in Lügen verstricken", sich in einem „Lügengespinst" verheddern, sich „in Widersprüche verwickeln", in einem „Sumpf von Lügen versinken"; diese Ausdrücke veranschaulichen, wie der Lügner von Lüge zu Lüge Opfer seiner eigenen Strategie werden kann.

Da die Wahrheit der stärkste Gegner der Lüge ist, muss die Lüge selbst so geschickt konstruiert sein, dass sie die Gestalt verbrämter Wahrheit annimmt. Ihre Konstruktion muss plausibel und auch penibler Prüfung gewachsen sein. Gut lügen ist schwer. „Der beste Lügner ist der, der mit den wenigsten Lügen am längsten auskommt." Heißt es bei dem englischen Philosophen Samuel Butler. Denn: „Die Lüge ist wie ein Schneeball, je länger man sie wälzt, desto größer wird sie." Zu dieser Einschätzung kam jedenfalls Martin Luther. […]

Quelle: Michael Utz: Lügen. Im Internet unter: http://www.dw-world.de/dw/article/0,2144,2997807,00.html (für Prüfungszwecke gekürzt).

Text E: Wo Männer und Frauen lügen

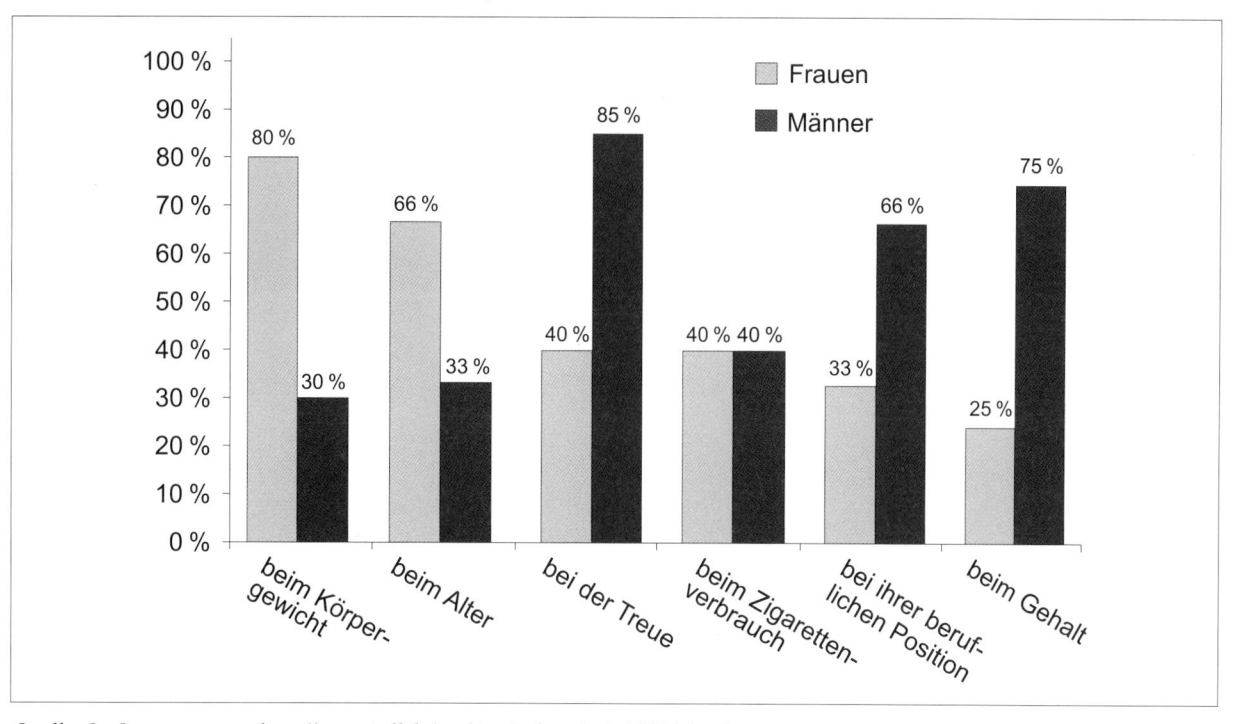

Balkendiagramm mit Vergleich Frauen/Männer:

- beim Körpergewicht: Frauen 80 %, Männer 30 %
- beim Alter: Frauen 66 %, Männer 33 %
- bei der Treue: Frauen 40 %, Männer 85 %
- beim Zigarettenverbrauch: Frauen 40 %, Männer 40 %
- bei ihrer beruflichen Position: Frauen 33 %, Männer 66 %
- beim Gehalt: Frauen 25 %, Männer 75 %

Quelle: Im Internet unter: http://www.ioff.de/archive/index.php/t-18301.html

Text F: Rechtfertigung durch verschiedene Lügenmotive

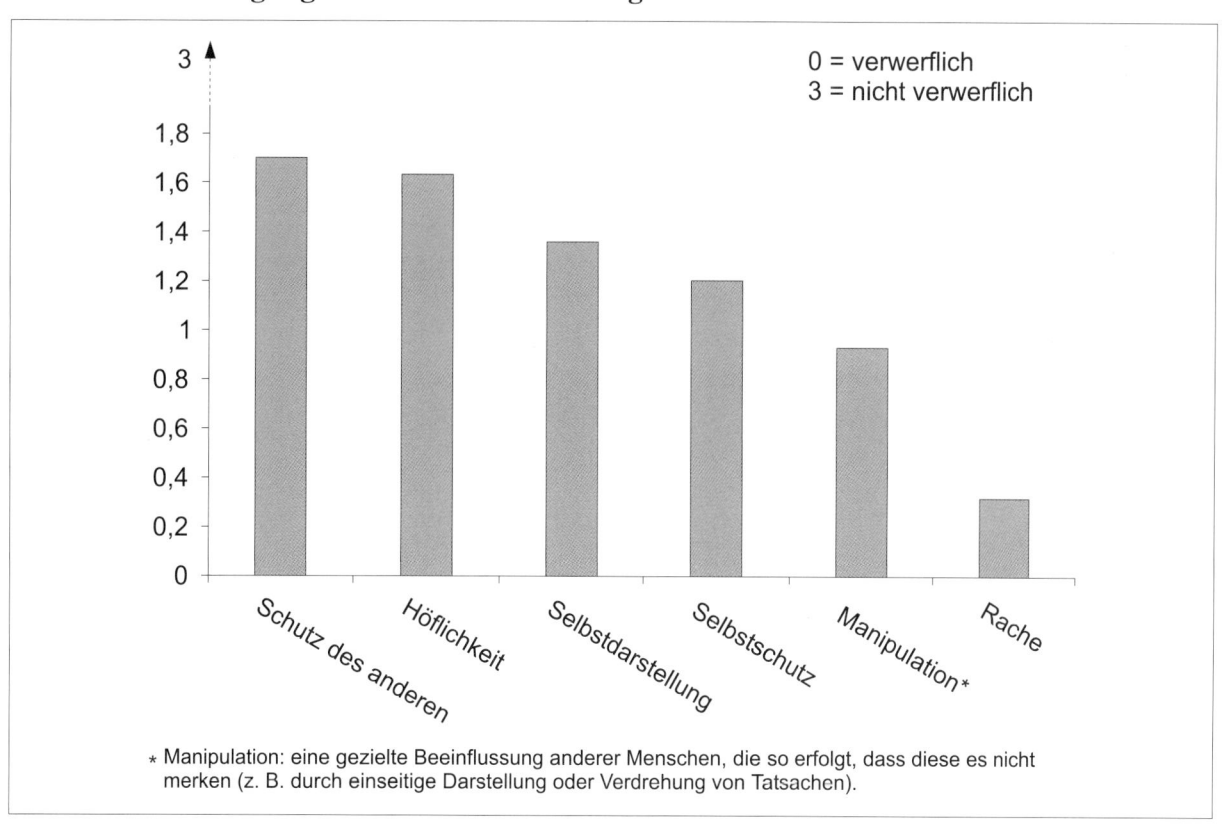

Balkendiagramm (0 = verwerflich, 3 = nicht verwerflich):

- Schutz des anderen: ca. 1,7
- Höflichkeit: ca. 1,63
- Selbstdarstellung: ca. 1,35
- Selbstschutz: ca. 1,2
- Manipulation*: ca. 0,92
- Rache: ca. 0,3

* Manipulation: eine gezielte Beeinflussung anderer Menschen, die so erfolgt, dass diese es nicht merken (z. B. durch einseitige Darstellung oder Verdrehung von Tatsachen).

Quelle: Helmut Lukesch: Sozialpsychologische Aspekte der Akzeptanz von Lügen. Lügenarten – emotionale (soziale) Nähe hedonistische Relevanz. Vortrag am 02.04.2008 am Institut für Psychologie der Universität Salzburg. Helmut Lukesch, Institut für experimentelle Psychologie, Universität Regensburg.

Text G: Und wo bleibt das Positive, Herr Kästner?

1 Und immer wieder schickt ihr mir Briefe,
in denen ihr, dick unterstrichen, schreibt:
„Herr Kästner, wo bleibt das Positive?"
Ja, weiß der Teufel, wo das bleibt.

5 Noch immer räumt ihr dem Guten und Schönen
den leeren Platz überm Sofa ein.
Ihr wollt euch noch immer nicht dran gewöhnen,
gescheit und trotzdem tapfer zu sein.

Ihr braucht schon wieder mal Vaseline,
10 mit der ihr das trockene Brot beschmiert.
Ihr sagt schon wieder, mit gläubiger Miene:
„Der siebente Himmel wird frisch tapeziert!"

Ihr streut euch Zucker über die Schmerzen
und denkt, unter Zucker verschwänden sie.
15 Ihr baut schon wieder Balkons vor die Herzen
Und nehmt die strampelnde Seele aufs Knie.

Die Spezies Mensch ging aus dem Leime
und mit ihr Haus und Staat und Welt.
Ihr wünscht, dass ich's hübsch zusammenreime,
20 und denkt, dass es dann zusammenhält?

Ich will nicht schwindeln. Ich werde nicht schwindeln.
Die Zeit ist schwarz, ich mach euch nichts weis.
Es gibt genug Lieferanten von Windeln.
Und manche liefern zum Selbstkostenpreis.

25 Habt Sonne in sämtlichen Körperteilen
und wickelt die Sorgen in Seidenpapier!
Doch tut es rasch. Ihr müsst euch beeilen.
Sonst werden die Sorgen größer als ihr.

Die Zeit liegt im Sterben. Bald wird sie begraben.
30 Im Osten zimmern sie schon den Sarg.
Ihr möchtet gern euren Spaß daran haben …?
Ein Friedhof ist kein Lunapark[1].

(1930)[2]

Quelle: Erich Kästner: Wo bleibt das Positive, Herr Kästner? In: Ders: Gedichte. Reclam Verlag, Stuttgart 1998; Lizenz des Atrium-Verlags, Zürich.

1 Vergnügungspark
2 Das Gedicht entstand 1930, also zur Zeit der Weimarer Republik. Zu dieser Zeit war die Arbeitslosigkeit groß, und viele Menschen litten Not. Dadurch kam es auch zu Unruhen auf den Straßen (Straßenkämpfe zwischen Linken und Rechten). Zugleich waren dies die Jahre, die der Machtergreifung Hitlers (1933) unmittelbar vorausgingen.

Aufgaben Punkte

Die Bearbeitung der Aufgaben in der vorgegebenen Reihenfolge ist hilfreich.

1. a) Wann hält der Lügenforscher Peter Stiegnitz (Text A) Lügen für akzeptabel?
   Nennen Sie die beiden Bedingungen, die er anführt. 1

   Erste Voraussetzung: _____

   Zweite Voraussetzung: _____

   b) Wann hält er Lügen für inakzeptabel? Führen Sie die angefangenen Sätze passend zu Ende. 1

   Inakzeptabel findet er Lügen dann, wenn sie …

   Außerdem findet er sie inakzeptabel, wenn man …

2. In Text B werden die „wirklich schlimmen" Lügen thematisiert. Nennen Sie ein Beispiel für eine verbrecherische Lüge. Stichworte genügen. 0,5

3. a) Es gibt viele Gründe für die „kleinen Lügen" des Alltags (Text C). Erklären Sie mit eigenen Worten, was man unter einer Notlüge versteht. 2

   b) Nennen Sie zwei Beispiele für eine Notlüge. 2

Übungsaufgabe 2

4. Erläutern Sie den Sinn des sprachlichen Bildes, das Martin Luther benutzt, um das Problem, das mit dem Lügen verbunden ist, zu veranschaulichen:
„Die Lüge ist wie ein Schneeball, je länger man sie wälzt, desto größer wird sie."
(Text D, Z. 12)

          2
          Inhalt 1
          Sprache/Ausdruck 1

Hinweis: Berücksichtigen Sie auch Informationen aus den Texten A bis C, insbesondere solche, die sich auf die möglichen Risiken des Lügens beziehen.

5. Sehen Sie sich die beiden Diagramme (Texte E und F) genau an und bearbeiten Sie dann die folgenden Aufgaben:

   a) Nennen Sie die Themen, ...
- bei denen Frauen und Männer gleich viel lügen.
- bei denen Frauen öfter lügen als Männer.
- bei denen Männer öfter lügen als Frauen.

          1,5

Bei diesen Themen lügen Männer und Frauen gleich viel:

Bei diesen Themen lügen Frauen öfter als Männer:

Bei diesen Themen lügen Männer öfter als Frauen:

   b) Welche Rückschlüsse kann man über die Unterschiede in den Lügengewohnheiten der Geschlechter ziehen?

          2
          Inhalt 1
          Sprache/Ausdruck 1

c) Welche Lügen werden eher akzeptiert, welche weniger? Ordnen Sie den folgenden Aussagen das entsprechende **Motiv** zu und bestimmen Sie anschließend die **Rangfolge**. (Nummerieren Sie die einzelnen Aussagen entsprechend der Rangfolge.) 3

Man lügt, weil man ...	Motiv	Rangfolge
bei anderen einen guten Eindruck machen will.		
einer anderen Person einen Schaden zufügen will.		
verhindern will, dass man selbst einen Nachteil oder einen Schaden erleidet.		
andere dazu bewegen will, eine bestimmte Meinung einzunehmen.		
eine solche Lüge in unserer Gesellschaft zum guten Ton gehört und allgemein üblich ist.		
den Gesprächspartner schonen will.		

6. Lesen Sie das Gedicht „Wo bleibt das Positive, Herr Kästner" (Text G) genau durch und bearbeiten Sie anschließend die folgenden Aufgaben.

   a) Welche Kritik üben einige Leser nach den Aussagen des Autors an seinen Texten? 1

   b) Welche Kritik übt Kästner an diesen Lesern? 1

   c) Erläutern Sie, was Kästner unter einer Lüge versteht. 1

Übungsaufgabe 2

d) Was meint Kästner, wenn er sagt: „Ich will nicht schwindeln. Ich werde nicht schwindeln." (V. 21)   2

e) Wie begründet Kästner, dass er auch weiterhin die Wahrheit sagen will? Beantworten Sie diese Frage ausführlich.   2

    Hinweis: Berücksichtigen Sie die Anmerkung 2 in der Fußnote.

f) Erklären Sie die Wortspielerei in Vers 22:
„Die Zeit ist schwarz, ich mach euch nichts weis."   2

7. Schreiben Sie über das Lügen einen Leserbrief an eine Zeitung.   16
                                                                                                            Inhalt   7
                                                           Sprachliche Angemessenheit   3
                                                                     Rechtschreibung   6

Stellen Sie sich Folgendes vor:
Sie sind ein Lügenforscher und haben den Abdruck des Kästner-Gedichts in der Zeitung gelesen. Damit es bei den Lesern nicht zu Missverständnissen kommt, wollen Sie klarstellen, dass Lügen und Lügen zweierlei sein kann. Berücksichtigen Sie Informationen aus den vorliegenden Texten und Diagrammen.
Beginnen Sie Ihren Leserbrief so:

Mit Vergnügen habe ich in Ihrer letzten Ausgabe das Gedicht von Erich Kästner gelesen. Um es gleich zu sagen: Ich halte es für bewundernswert, dass der Dichter vor vielen Jahren sagte, er wolle nicht „schwindeln". Allerdings ist das, was Kästner unter Lügen versteht, etwas ganz anderes als die Lügen, mit denen wir Forscher uns heute befassen …

Setzen Sie den Brief fort und führen Sie ihn zu Ende (→ Extrablatt).

Lösungen

1. a) Erste Voraussetzung: Es handelt sich nur um „kleine" Lügen.
   Zweite Voraussetzung: Man will niemanden damit schädigen.

   b) Inakzeptabel findet er Lügen dann, wenn sie **in großen Mengen erfolgen**.
   Außerdem findet er sie inakzeptabel, wenn man **anderen einen Schaden zufügen will**.

   Hinweis: *Peter Stiegnitz hält Lügen, die „klein dosiert" (Text A, Z. 3) und „ohne Schädigungsabsicht" (Z. 3) sind, sogar für **notwendig**. Er sagt, dass er solche Lügen **braucht** (vgl. Z. 3). Dagegen findet er es nicht richtig, wenn jemand Lügen „in großen Mengen" (Z. 5) erzählt und das auch noch „mit Schädigungsabsicht" (Z. 5).*

2. eine Falschaussage vor Gericht

   Hinweis: *vgl. Text B, Z. 5*

3. a) Eine Notlüge ist eine harmlose Lüge, die man erzählt, um sich Schwierigkeiten zu ersparen oder um jemanden zu schonen.

   b) Beispiel 1: Man sagt der Freundin, dass man ihr Kleid schön findet, obwohl es einem nicht gefällt.
   Beispiel 2: Man kommt zu spät, weil man verschlafen hat, behauptet aber, der Bus habe Verspätung gehabt.

   Hinweis: *Text C nennt eine Reihe von Beispielen für Notlügen. Wichtig ist, dass du bei Aufgabe 3 a **eigenständig** erklärst, was man unter einer Notlüge versteht.*

4. Wenn man einmal angefangen hat, eine Lüge zu erzählen, dann muss man auch dabei bleiben. Und wenn man bei der Lüge bleibt, muss man immer neue Lügen erzählen, damit niemand merkt, dass man gelogen hat. Eine einzige Lüge zieht also möglicherweise mehrere Lügen nach sich, deshalb wird sie im Laufe der Zeit immer größer.

   Hinweis: *Das Bild von einer Lüge, die – wie ein Schneeball – im Laufe der Zeit immer größer wird, passt zu der Aussage, dass eine Lüge in der Regel **weitere Lügen** nach sich zieht (vgl. Text C, Z. 29).*

5. a) **Hinweis:** *Vergleiche die **Höhe der Säulen**, dann erkennst du schnell, bei welchen Themen Männer und Frauen **gleich viel** oder **unterschiedlich** oft lügen.*

   Bei diesen Themen lügen Männer und Frauen gleich viel: **Zigarettenverbrauch**
   Bei diesen Themen lügen Frauen öfter als Männer: **Körpergewicht, Alter**
   Bei diesen Themen lügen Männer öfter als Frauen: **Treue, berufliche Position, Gehalt**

Lösungen: Übungsaufgabe 2

b) **Hinweis:** *Du musst dich fragen, welche **Gemeinsamkeiten** es bei den Themen gibt, bei denen Frauen öfter lügen als Männer (oder bei denen Männer öfter lügen als Frauen). **Körpergewicht und Alter** betreffen vor allem die (gewünschte) Meinung anderer bezüglich der eigenen Attraktivität. Beim **Gehalt und der beruflichen Position** geht es um das (gewünschte) Ansehen bezüglich des eigenen beruflichen Erfolgs: Wahrscheinlich stellen Männer sich, wenn sie von ihrer beruflichen Position sprechen, als erfolgreicher dar, als sie es in Wirklichkeit sind, und ihr Gehalt „mogeln" sie wahrscheinlich ein wenig nach oben. Was die Lügen über die **Treue** betrifft: Daraus, dass Männer bezüglich der Treue öfter lügen als Frauen, könnte man schließen, dass sie öfter untreu sind und das verbergen wollen.*

Aus den unterschiedlichen Lügengewohnheiten kann man schließen, dass es für Frauen vor allem wichtig ist, dass man sie attraktiv findet. Männern dagegen ist es wichtiger, dass sie als beruflich erfolgreich angesehen werden. Eventuell könnte man auch annehmen, dass Männer öfter untreu sind, weil sie im Hinblick auf die Treue mehr als doppelt so oft lügen wie Frauen.

c) **Hinweis:** *Wichtig ist, dass du die einzelnen Beschreibungen in der linken Spalte jeweils dem passenden Motiv aus dem Diagramm **zuordnen** kannst. Anschließend bestimmst du die **Rangfolge** der einzelnen Motive. Du kannst sie an der Länge der verschiedenen Säulen ablesen.*

Man lügt, weil man …	Motiv	Rangfolge
bei anderen einen guten Eindruck machen will.	**Selbstdarstellung**	3
einer anderen Person einen Schaden zufügen will.	**Rache**	6
verhindern will, dass man selbst einen Nachteil oder einen Schaden erleidet.	**Selbstschutz**	4
andere dazu bewegen will, eine bestimmte Meinung einzunehmen.	**Manipulation**	5
eine solche Lüge in unserer Gesellschaft zum guten Ton gehört und allgemein üblich ist.	**Höflichkeit**	2
den Gesprächspartner schonen will.	**Schutz des anderen**	1

Lösungen: Übungsaufgabe 2

6. a) Diese Leser kritisieren, dass Kästner in seinen Texten offenbar immer von Dingen spricht, die negativ sind.

Hinweis: Möglich wäre auch diese Antwort: Sie kritisieren, dass Kästner immer die unschöne Wahrheit sagt/die Probleme beim Namen nennt.

b) Er kritisiert an den Lesern, dass sie die Probleme, die es gibt, nicht wahrhaben wollen.

Hinweis: Möglich wäre auch diese Antwort: Er kritisiert sie dafür, dass sie sich etwas vormachen/sich die Situation schönreden.

c) Eine Lüge liegt für Kästner dann vor, wenn jemand sich schlechte Zeiten schönredet.

Hinweis: Möglich wäre auch diese Antwort: Für Kästner ist es eine Lüge, wenn jemand den Ernst der Lage nicht erkennen will. Er streut sich dann „Zucker über die Schmerzen" (V. 13).

d) Kästner meint damit, dass er es ablehnt, den Menschen Sand in die Augen zu streuen, indem er ihnen von schönen Dingen erzählt, und dass er auch weiterhin vorhat, die Wahrheit zu sagen, selbst wenn diese Wahrheit unangenehm ist.

*Hinweis: Kästner **reagiert** mit diesem Vers auf die **Kritik** einiger Leser. Er gibt ihnen damit zu verstehen, dass er sich von dieser Kritik **nicht beeinflussen** lassen wird und dass er auch weiterhin vorhat, unangenehme Wahrheiten zu sagen.*

e) Er begründet es damit, dass die Zeiten „schwarz" (V. 22), also schlecht sind. Damit bezieht er sich auf die Probleme zur Zeit der Weimarer Republik: auf die hohe Arbeitslosigkeit und die Unruhen auf den Straßen.

*Hinweis: Möglich wäre auch diese Antwort: Er begründet das damit, dass die Lage ernst ist. Dass er die Lage sogar für sehr ernst hält, geht insbesondere aus der **letzten Strophe** hervor: Dort spricht er nämlich von einem **Friedhof**, auf den Deutschland zusteuert. Das zeigt, dass er den drohenden Zweiten Weltkrieg schon hat kommen sehen.*

f) Es klingt so, als stelle Kästner in diesem Vers zwei Farben gegenüber: Schwarz und Weiß. Es heißt aber: „[…], ich mach euch nichts weis." Das bedeutet, dass er nicht bereit ist, die Leute zu beschwindeln.

*Hinweis: Jemandem etwas weismachen (weis = weise), bedeutet, dass man ihm etwas, das ganz und gar nicht weise ist, **fälschlicherweise als weise** darstellt. Das ist eine Lüge.*

7. *Hinweis: Wichtig ist, dass du dir als Erstes klarmachst, **was Kästner meint**, wenn er von Wahrheit und Lüge spricht – und **was die Lügenforscher meinen**, wenn sie erforschen, wann und wie oft Menschen lügen. Diese **beiden Vorstellungen** der Lüge stellst du am Anfang gegenüber. Anschließend äußerst du dich dazu, warum die kleinen **Alltagslügen** normal und sogar notwendig sind. Am besten veranschaulichst du deine Aussagen anhand von **Beispielen**. Am Schluss formulierst du ein **Ergebnis**: Sage noch einmal, warum Kästner recht hatte, als er in seinem Gedicht die Wahrheit verteidigte – und warum wir trotzdem im Alltag nicht auf das Lügen verzichten können.*

Mit Vergnügen habe ich in Ihrer letzten Ausgabe das Gedicht von Erich Kästner gelesen. Um es gleich zu sagen: Ich halte es für bewundernswert, dass der Dichter vor vielen Jahren sagte, er wolle nicht „schwindeln". Allerdings ist das, was Kästner unter Lügen versteht, etwas ganz anderes als die Lügen, mit denen wir Forscher uns heute befassen.

Kästner glaubte, er würde lügen, wenn er seinen Lesern nicht sagen würde, wie die Lage im Land wirklich war. Deshalb sagte er ihnen die Wahrheit: über die hohe Arbeitslosigkeit, die Armut, die Gewalt auf den Straßen usw. Er richtete seine Worte an viele Menschen. Eine bestimmte Person hatte er nicht im Auge. Und er äußerte sich nicht dazu, was er über die Schwächen Einzelner dachte, sondern kritisierte die gesellschaftliche Situation. Auf diese Weise warnte er vor den möglichen Folgen, für den Fall, dass Missstände nicht wahrgenommen oder gar vertuscht würden. Hier konnte sich keiner persönlich angegriffen fühlen, und niemand hatte einen Grund, verletzt zu sein. *(Kästners Vorstellung von der Lüge: nicht sagen, wie die Lage wirklich war)*

Wenn wir heute erforschen, ob und wie oft Menschen lügen, dann interessiert es uns, herauszufinden, wie oft Einzelpersonen ihren Gesprächspartnern die Unwahrheit sagen. Eine unwahre Äußerung muss nicht schlimm sein: Vielleicht antwortet jemand auf die Frage des Kellners, ob das Essen geschmeckt hat, mit „Ja", obwohl er das Essen miserabel fand. Vielleicht sagt er dem Kellner nur deshalb nicht die Wahrheit, weil er meint, dass den Kellner keine Schuld trifft, wenn das Essen nicht gut war. Wahrscheinlich will er ihm die Peinlichkeit ersparen, auf eine Klage über das Essen zu reagieren. Und wenn ein guter Freund eine Jeans trägt, die unserer Meinung nach unmöglich ist, dann sagen wir meist nichts dazu, sondern wundern uns bloß. Auch dieses Schweigen ist im Grunde eine Lüge. So kommt es, dass wir oft nicht das sagen, was wir wirklich denken. In diesem Sinne lügen die meisten Menschen Tag für Tag rund 200 Mal. *(Fragen der heutigen Lügenforschung; Beispiele; Alltagslügen häufig: ca. 200 Mal am Tag)*

Solche Lügen sind für unser Zusammenleben wichtig. Man stelle sich einmal vor, wie es wäre, wenn jeder immer frei heraus sagen würde, was ihm durch den Kopf geht: „Dein neuer Pullover sieht ja hässlich aus!" – „Was fährst du denn für ein schreckliches Auto?" – „Du solltest endlich mal eine Diät einlegen, so dick, wie du bist!" – In der Regel behalten wir so etwas lieber für uns. Wir wollen unser Gegenüber nämlich schonen. *(Lügen für Zusammenleben wichtig; Beispiele; Gründe für Lügen: unser Gegenüber schonen)*

Uns selbst schonen wir übrigens auch, wenn wir lügen. Denn nur wenn wir nicht alle unsere „Wahrheiten" offen aussprechen, funktioniert das Zusammenleben. Wer andere ununterbrochen kritisiert, darf sich jedenfalls nicht wundern, wenn er sich damit unbeliebt macht. Es kann sein, dass er dadurch auch Freunde verliert. *(sich selbst schonen)*

Deshalb brauchen wir in unserem Alltag Lügen. Schließlich wollen wir mit unseren Mitmenschen zurechtkommen. Eigentlich sind kleine Alltagslügen nichts anderes als Höflichkeiten – und ohne die wäre unser Zusammenleben mit anderen empfindlich gestört. *(Lügen im Alltag notwendig)*

Das heißt natürlich nicht, dass man auch dann lügen sollte, wenn es wichtig ist, dass die Wahrheit ans Licht kommt. Vor Gericht z. B. darf niemand lügen. Damit würde man sich sogar strafbar machen, zumindest dann, wenn man unter Eid ausgesagt hat.

Wenn Kästner damals meinte, über die Zustände in Deutschland die Wahrheit sagen zu müssen, dann war das sicher richtig von ihm. Allerdings scheint er nicht viel damit bewirkt zu haben. Offenbar wollten seine Leser nicht hören, was er ihnen mitzuteilen hatte. Das zeigt, wie schwer es ist, sich mit unangenehmen Wahrheiten Gehör zu verschaffen.

Es ist aber auch nicht leicht zu lügen. Denn wer einmal eine Lüge erzählt hat, der muss oft immer neue Lügen erfinden und er darf nicht vergessen, welche Lügen er erzählt hat, damit die ursprünglichen Lügen nicht aufgedeckt werden. Das ist ganz schön anstrengend!

Trotzdem bleibe ich dabei: Im Alltag brauchen wir (kleine) Lügen, damit wir alle zufrieden leben können.

Randnotizen:
- falsch: bei wichtigen Fragen lügen
- Kästners Wahrheiten damals richtig, aber ohne Wirkung
- schwer, mit unangenehmen Wahrheiten Gehör zu finden
- Lügen auch nicht leicht: oft weitere Lügen erforderlich → anstrengend
- Lügen trotzdem für zufriedenes Leben nötig

Abschlussprüfung der 10. Klasse an Werkrealschulen in Baden-Württemberg
Deutsch – Übungsaufgabe 3

Rechtsextremismus

Text A: „Die Meute" (Textauszug)

In dem Jugendbuch „Die Meute" von Gudrun Pausewang fährt der 14-jährige Paul in den Sommerferien zum ersten Mal allein seine Großeltern besuchen. Seine Mutter verweigert nach jahrelangem Streit mit ihrem Vater solche Besuche inzwischen, doch Paul liebt und bewundert seinen Opa, seit er denken kann und freut sich daher sehr auf die Zeit mit ihm. Vor Ort erfährt er, dass der Großvater plant, eine Jugendgruppe im Dorf zu gründen und dass er seinen Enkel auf jeden Fall dabei haben will. Pauls Opa hat sehr konkrete Vorstellungen von der Gruppe, die Paul teilweise seltsam vorkommen. Nachdem er mit ihm und einigen anderen Jungen bereits einen Treffpunkt eingerichtet hat, nimmt der Großvater sie mit zu einer Sonnwendfeier ...

1 „Gibt es die Gruppe eigentlich schon?", frage ich. „Sie entsteht gerade." „Gründest du sie?" „Ich hab mit den Vätern und Großvätern der Jungs gesprochen", sagt Opa. „Die kenne ich doch alle. Die waren begeistert von meiner Idee, eine Jugendgruppe zu organisieren. Da haben sie ihre Jungs von der Straße oder aus der Disco weg und wissen sie in guten Händen." Also eine Ju-
5 gendgruppe. Vielleicht doch was für mich? Ich bin plötzlich hellwach. „Und warum machst du das?", will ich wissen. „Man muss doch was für die Jugend tun", seufzt er. „Sie aus der Sinnlosigkeit herausholen. Ihr wieder Ideale und Ziele geben."
Ziele? Etwa jeden Tag eine gute Tat tun? Oder das Dorf sauber halten? Opa gibt feierlich Auskunft: „Gute Deutsche sein. Das heißt, stolz sein auf unsere Nation und alles, was sie geschaffen
10 hat; das Deutschtum pflegen und allem Deutschen den Vorrang geben." Warum allem Deutschen? Deutschtum: Was ist denn das? Ich kann mir – außer der Sprache – unter „Deutschem" nicht viel vorstellen. Allem Deutschen den Vorrang geben? Opa tut ja gerade so, als sei Deutsches grundsätzlich besser als Nichtdeutsches, auch wenn es sich nur um einen Backenzahn oder eine schmutzige Socke handelt!
15 [...] Ich will mehr über die Gruppe erfahren und entlocke Opa, dass zehn Jungs bis jetzt fest entschlossen seien, zur „Meute" zu gehören. So also soll die Gruppe heißen. Komischer Name. Wie kommt Opa auf „Meute"? Das ist doch ein Hunderudel, das für die Hetzjagd abgerichtet wurde. Zum Begriff „Meute" gehört, dass jemand gehetzt wird. Ein Tier? Ein Mensch? Wie passt dieses Wort zu einer Gruppe von Jugendlichen, die zusammen ein bisschen Spaß haben und was
20 Vernünftiges tun wollen? [...]
„Und du leitest das Ganze, Opa?" Ich bin erstaunt. „Aber nein", winkt er ab. „Nur Jugend kann Jugend führen. Ich bin nichts als ein väterlicher Freund der Gruppe. Ich helfe den jungen Leuten unter anderem dadurch, dass ich ihnen meine Schmiede als Treffpunkt zur Verfügung stelle. Gerne hätte ich sie schon früher für solche Zwecke vergeben. Aber dazu war bisher die Zeit noch
25 nicht reif. Jetzt regen sich überall die Kräfte, auf die wir so lange gewartet haben ..." „Wer ist ‚wir'?", unterbreche ich ihn. „Und welche Kräfte?" Opa wird ernst: „Wir Alten, die wir Deutschland in seiner Größe erlebt haben und noch immer von einem starken Deutschland träumen." Deutschland in seiner Größe? Starkes Deutschland? Das riecht nach Vergangenheit. Ich glaube, wenn ich Opa besser verstehen will, muss ich immer im Auge behalten, dass er schon so alt ist.

Da geistert in seinem Kopf eben noch viel von früher herum. In seiner Jugend gab's noch keine Bundesrepublik. Nur „Deutschland", „Großdeutschland" oder „das Deutsche Reich". [...]

Ich frage Opa, wer denn der Kopf der Gruppe sein soll, wenn nicht er. Jemand muss doch die Treffen leiten und das Programm planen und so weiter ...

Ich erfahre, dass das ein „Ulrich" sein wird, der Sohn von Opas Schulfreund und Enkel des ehemaligen Bürgermeisters. Ein „echter deutscher Junge", Gymnasium, zwölfte Klasse, Klassenbester. [...] Ulrich ist nicht nur ein Sport-Ass. Er hat auch Grips: „Unbedingt nötig für einen, der führen will. Ein guter Führer muss intelligent sein, einen starken Willen haben, herrschen können, die nötige Härte besitzen – und ein Ziel anstreben."

Na gut, denke ich. Mich stört nur das Wort „Führer". Damit verbindet man doch sofort ein Gesicht mit schräger Locke und Oberlippenbärtchen! „Du findest Ulrich richtig super, oder?", frage ich. Opa nickt. „Vor allem hat er das Wesen der Macht begriffen." Er schmunzelt: „Ich glaube, er ist ein sehr guter Abrichter junger wilder Pferde. Ob er auch die nötige Ausstrahlung hat, muss sich noch erweisen."

Jetzt verstehe ich wieder nur Bahnhof. „Abrichter" – noch so ein Wort aus der Hundedressur! Abgerichtete Tiere müssen ihren Abrichtern blind gehorchen. Da hat Opa wohl ein falsches Bild gewählt. Aber das Wesen der Macht interessiert mich. Darüber will ich mehr wissen. „Die Macht", sagt Opa, „macht süchtig. Sie berauscht, sie ..." Er sucht nach dem richtigen Wort. „... macht high", helfe ich ihm. Das hätte ich lieber nicht sagen sollen. „Ihr mit eurem Englisch!", faucht er mich an. „Als ob wir in unserer Sprache nicht genug Wörter hätten, alles, aber auch alles auszudrücken!" Dann beruhigt er sich und sagt: „Macht bewirkt, dass das Selbstbewusstsein wächst und dass man sich stark fühlt, getragen von der Gruppe. Macht löst Lust aus – daran, dass man andere unter Kontrolle hat, abhängig hält, sie zu Gehorsam erzieht, bis sie schließlich bedingungslos gehorchen." Bedingungslos gehorchen? Ich denke an meine Klasse. Die würden sich nicht so einfach jemandem unterordnen. Die zu bedingungslosem Gehorsam erziehen? Unmöglich! Es gibt ja kaum einen Lehrer, der mit unserer Klasse fertig wird. Pure Versprechungen und Verheißungen kämen bei uns nicht an. Und Drohungen noch weniger. Unsere Klasse, normalerweise zerstritten, würde in diesem Fall zusammenhalten. Und zwar gegen den, der Macht über sie haben will.

Als ich Opa meine Bedenken schildere, meint er: „Ja glaubst du denn, in der heutigen Welt gibt es keinen bedingungslosen Gehorsam? Da sagt der Boss zu seinen Angestellten: ‚Entweder ihr tut, was ich euch sage, oder ihr fliegt raus!' Da kuschen alle. Man muss eben mit der Macht umgehen können. Man muss wissen, wie man sie im Griff behält. Sonst ist man sie schnell wieder los."

„Und wie behält man sie im Griff?", frage ich neugierig. „Man muss denen, die man beherrschen will, etwas bieten, damit sie sich begeistert unterordnen. Man muss ihnen das Gefühl geben, die Elite zu sein. Und man muss ihnen Ziele setzen, die den Ehrgeiz anstacheln und gleichzeitig Deutschland dienen." Darunter kann ich mir nichts vorstellen. „Warte ab", sagt Opa. „Du wirst es erleben."

Quelle: Gudrun Pausewang: Die Meute, Ravensburger Buchverlag, Ravensburg 2006.

Text B: Opas Enkel – Wie rechtsextrem ist Deutschland?

Auszüge aus einem Interview mit Oliver Decker. Der an der Universität Leipzig arbeitende Wissenschaftler ist in der Studie „Vom Rand zur Mitte – Rechtsextreme Einstellungen und ihre Einflussfaktoren in Deutschland" der Frage nachgegangen, wie verbreitet rechtsextreme Ideen in der deutschen Bevölkerung sind, was Rechtsextremismus konkret bedeutet und welches Verhalten Menschen auszeichnet, die rechtsextrem denken.

Wie rechtsextrem ist Deutschland, Herr Decker?

Unsere Studie zeigt: Wir haben einmal Menschen mit einem geschlossenen rechtsextremen Weltbild. Und wir haben Menschen, die einzelnen rechtsextremen Aussagen zustimmen. Die geschlossenen rechtsextremen Weltbilder machen nur etwa neun Prozent der Bevölkerung aus, allerdings werden ausländerfeindliche Aussagen von einem großen Teil der Bevölkerung geteilt. Je nach Bundesland zwischen 30 und 50 Prozent. Brandenburg führt hier die Statistik mit knapp 50 Prozent an. Antisemitische[1] Einstellungen wiederum sind im Westen stärker verbreitet als im Osten Deutschlands. [...]

Warum vertreten Menschen rechtsextremes Gedankengut?

Wir haben da sehr vielfältige Gründe gefunden: sozialer Abstieg, Arbeitslosigkeit, Erziehungsverhalten der Eltern und die Wertepriorität, also was wichtig ist im Leben. Wir haben in der Studie gesehen, dass sozialer Abstieg und Arbeitslosigkeit zusammen mit Rechtsextremismus häufiger auftritt. Wir haben auch gesehen, dass ein sehr autoritärer Erziehungsstil mit wenig emotionaler Nähe gerade zum Vater, aber auch zur Mutter und mit einem sehr fordernden Verhalten der Eltern ebenfalls häufiger bei Personen auftritt, die rechtsextrem sind. Wir haben hier ein ganzes Bündel von Ursachen. Sie finden aber eben auch rechtsextreme Einstellungen bei Menschen, die in allen Punkten ideale Bedingungen hatten. Die selbstbewusst sind, ein emotional ausgeglichenes Elternhaus erlebt und keinen sozialen Abstieg erfahren haben. Richtig erfolgreiche, ausgeglichene Menschen, die sogar rechtsextrem geschlossene Weltbilder haben. Und das ist eine Sache, die wirklich noch erklärungsbedürftig ist. Wir gehen davon aus, dass gerade auch in Deutschland eine Form der Weitergabe von politischer Haltung von Generation zu Generation wichtig ist.

Der Opa war Nazi, also ist es auch der Enkel?

Nein, so nicht, *(lacht)*, denn dann müssten, wenn man streng wäre, noch viel mehr Deutsche rechtsextrem sein. Nein, das Problem ist vielmehr, was für ein Klima in der Familie geherrscht hat. Es wurde ja immer gesagt: Lasst die Menschen, die die Kriegserfahrungen gemacht haben, mit den Kindern und Jugendlichen sprechen, ihre Erfahrungen weitergeben, sodass es das Verständnis der Jungen von Demokratie und friedlicher Einstellung festigt. Und da kann man nur sagen: bloß nicht! Denn wir können feststellen, dass die rechtsextreme Einstellung bei den über Sechzigjährigen besonders stark ausgeprägt ist. Diese Einstellungen wurden und werden teilweise weitergegeben.

Welche Konsequenzen muss Ihre Studie haben?

Wir müssen Menschen die Möglichkeit geben, demokratische Erfahrungen zu machen. Wir brauchen eine Anerkennung, dass Deutschland seit Jahrzehnten ein Einwanderungsland ist. In der Gesellschaft muss Migration ein Alltagsthema werden. [...]

Quelle: Nicole Asmuth: Opas Enkel – Wie rechtsextrem ist Deutschland? Fluter Nr. 55, Februar 2007.

1 antisemitisch: feindlich gegenüber den Juden eingestellt, gegen das Judentum gerichtet

Text C: Lexikonartikel: Rechtsextremismus

Rechtsextremismus

R. bezeichnet eine politische Einstellung, die sich gegen die Ordnung des demokratischen Verfassungsstaates stellt und gesellschaftliche Vielfalt sowie freie Wirtschaftssysteme fundamental[1] ablehnt. Charakteristisch für den R. ist die Aufspaltung in Gruppen und Untergruppen, die i. d. R.[2] auf persönlichen Gefolgschaften (Führer und Gefolge) beruhen. R. basiert auf Intoleranz[3] und Vorurteilen (z. B. gegen Ausländer und Minderheiten), fördert autoritäres[4] Verhalten, verherrlicht Macht und Gewalt. Rechtsextreme Ideologien[5] führen alle aktuellen politischen, ökonomischen und sozialen Probleme auf eine einzige Ursache zurück und setzen dagegen ein autoritäres, menschenverachtendes Weltbild, dessen Fundament i. d. R. ein aggressiver, expansionistischer[6] Staat ist.

Quelle: Klaus Schubert/Martina Klein: Das Politiklexikon, 4. aktual. Auflage, Dietz Verlag, Bonn 2006.

1 fundamental: grundlegend, wesentlich
2 i.d.R.: in der Regel
3 Intoleranz, die: Unduldsamkeit (gegenüber Andersdenkenden), Ablehnung von Andersdenkenden
4 autoritär: unbedingten Gehorsam fordernd
5 Ideologie, die: System von Weltanschauungen und politischen Grundeinstellungen
6 expansionistisch: auf Erweiterung des Macht- oder Einflussbereichs bedacht

Text D: Karikatur

Quelle: © Klaus Stuttmann

Übungsaufgabe 3

Aufgaben Punkte

Die Bearbeitung der Aufgaben in der vorgegebenen Reihenfolge ist hilfreich.

1. „Die Meute" (Text A): Auf dem Weg zu einer Sonnwendfeier schildert der Großvater Paul zum ersten Mal, wie er sich die geplante Jugendgruppe vorstellt. Stellen Sie Organisation und Ziele dieser Jugendgruppe in der Tabelle dar. Stichpunkte genügen. 3

Organisation (Versammlungsort, Leitung …)	**Ziele**

2. Als der Großvater seine Ansichten über einen „guten Führer" und „das Wesen der Macht" erläutert, spürt Paul Unbehagen und hat das Gefühl, widersprechen zu müssen.

   a) Stellen Sie die Sicht des Großvaters dar. 3

   Inhalt 2
   Sprache/Ausdruck 1

Übungsaufgabe 3

b) Formulieren Sie eine Entgegnung, die Paul auf die Ausführungen seines Großvaters geben könnte. 3

Inhalt 2

Sprache/Ausdruck 1

c) Welche Erzählperspektive hat die Autorin gewählt? Und welche Wirkung erzielt sie mit dieser Perspektive? 1,5

3. Der Lexikonartikel „Rechtsextremismus" (Text C) zählt Merkmale auf, die rechtsextreme Einstellungen kennzeichnen. Ordnen Sie die Merkmale, die Ihrer Meinung nach auf die Ansichten des Großvaters zutreffen, den entsprechenden Aussagen im Text „Die Meute" tabellarisch zu.

4

Merkmale von Rechtsextremismus	Ansichten, die der Großvater äußert

4. Der Wissenschaftler Oliver Decker spricht in dem Interview „Opas Enkel – Wie rechtsextrem ist Deutschland?" (Text B) über die Ergebnisse seiner wissenschaftlichen Studie. Wählen Sie aus der folgenden Liste die Aussagen aus, die laut den Ergebnissen des Wissenschaftlers zutreffen, und ordnen Sie ihnen Aussagen aus dem Interview zu (mit Zeilenangabe).

4,5

Notieren Sie folgendermaßen: Aussage: *x)* Belegt im Text: *Zeile(n) x*

a) Rechtsextreme Einstellungen kommen nur in Ostdeutschland vor.

b) Nur eine kleine Minderheit in der Bevölkerung hat ein geschlossenes rechtsextremes Weltbild, weitaus mehr Menschen stimmen aber einzelnen rechtsextremen Aussagen (z. B. ausländerfeindlichen) zu.

c) Sozialer Abstieg, Arbeitslosigkeit und ein autoritärer Erziehungsstil der Eltern sind häufig Ursachen für rechtsextremes Denken.

d) Rechtsextrem eingestellte Menschen haben als Kinder häufig viel Liebe und emotionale Zuwendung von ihren Eltern erfahren.

e) Auch erfolgreiche Menschen, die zu Hause viel Liebe und Zuwendung von ihren Eltern bekommen haben und nicht vom sozialen Abstieg bedroht sind, können rechtsextreme Einstellungen vertreten.

f) Die Wissenschaftler haben eine Erklärung dafür, warum auch Menschen mit idealen Lebensbedingungen anfällig sein können für rechtsextreme Weltbilder.

g) In Deutschland werden politische Überzeugungen oft von den Großeltern und Eltern an die Kinder und Enkel weitergegeben.

h) Rechtsextremes Denken ist bei Menschen über 60 besonders stark ausgeprägt, und sie geben diese Einstellungen oft an die junge Generation weiter.

i) Auch positive Erfahrungen mit der Demokratie können nicht dabei helfen, die Entstehung von rechtsextremem Denken zu verhindern.

Aussage: Belegt im Text:

_____

_____

_____

_____

5. Interpretieren Sie die Karikatur (Text D).   3

6. Stellen Sie möglichst viele Aspekte von Rechtsextremismus, die in den Materialien A bis D beschrieben werden, in einer zusammenfassenden Mindmap dar. Ergänzen Sie die bereits vorstrukturierte Mindmap und fügen Sie weitere Zweige an, falls Ihnen das notwendig erscheint. 6

Mindmap mit Zentrum "Rechtsextremismus" und vorgegebenen Zweigen: "sozialer Abstieg", "Organisation", "Merkmale", "Weltbild (Ideen und Ziele)"

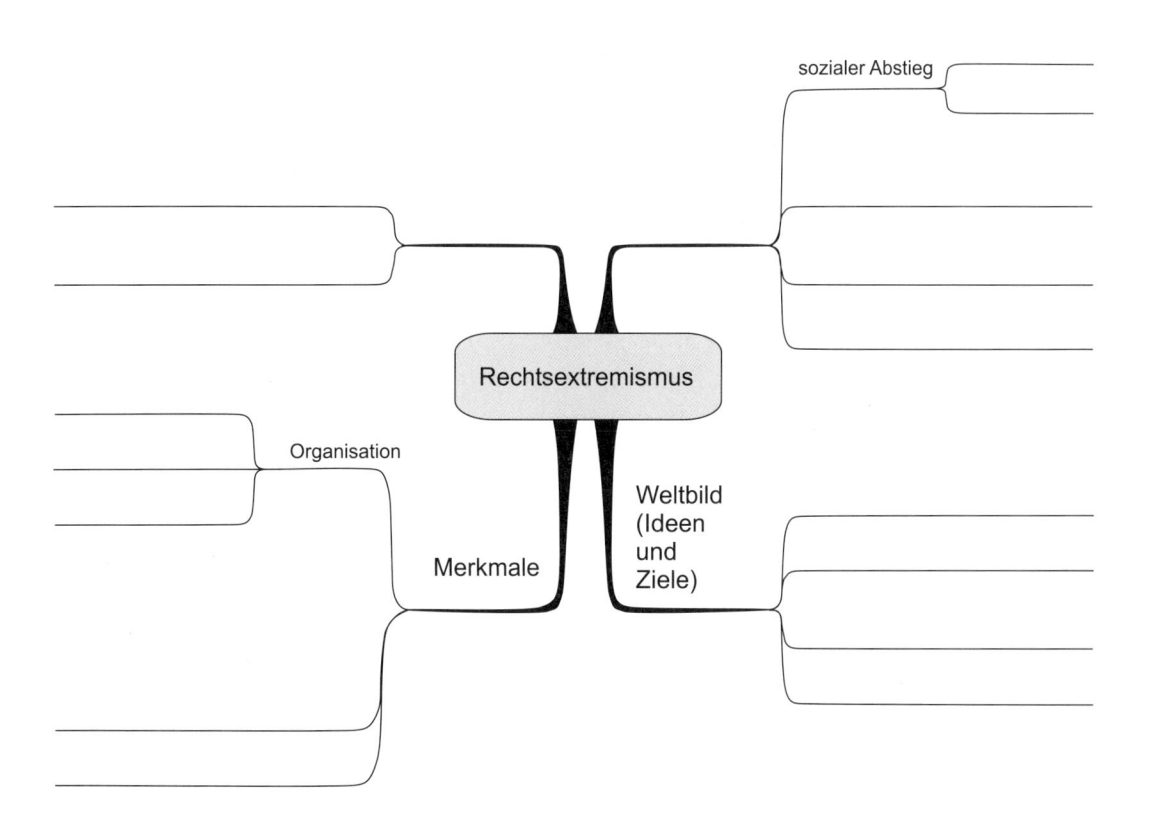

7. Verfassen Sie für eine Schülerversammlung der SMV an Ihrer Schule eine Rede, in der Sie Ihre Mitschüler vor den Gefahren des Rechtsextremismus für Jugendliche warnen. Berücksichtigen Sie Aussagen, Empfindungen und Argumente aus allen vorliegenden Texten und Materialien. Die Mindmap aus Aufgabe 6 soll Ihnen dabei helfen. Sie können zudem auch einfließen lassen, was Sie bereits aus anderen Quellen über das Thema wissen (→ Extrablatt). 12

Inhalt 4
Sprachliche Angemessenheit 2
Rechtschreibung 6

Lösungen: Übungsaufgabe 3

Lösungen

1. **Hinweis:** *In dieser Aufgabe geht es darum, **Informationen** in einem Text aufzufinden. Beim Suchen nach Informationen hilft es, wenn man für sich im Kopf eine entsprechende **Suchfrage** formuliert, wie z. B. „Wo soll sich die Jugendgruppe im Dorf treffen?", „Was will der Großvater mit der Gruppe erreichen?".*
*Informationen können **explizit** sein, d. h. wortwörtlich wie eine direkte Antwort auf eine Frage im Text stehen. So eine direkte oder explizite Information findest du z. B. in Z. 23 (Schmiede als Treffpunkt). Eine Information kann aber auch **implizit** im Text vorhanden sein, d. h., sie ist etwas „versteckt", und du musst vielleicht erst mehrere Textstellen aufeinander beziehen oder aus einer Stelle im Text eine Schlussfolgerung ziehen, um zu erkennen, was du hier erfährst. In Z. 47–50 heißt es z. B., dass Pauls Opa den Ausdruck „high" ablehnt und sich über Wörter aus dem Englischen in der Sprache aufregt. Daraus kannst du schlussfolgern, dass es ihm wichtig ist, nur die deutsche Sprache zu verwenden und dass daher so etwas wie die „Pflege oder Reinhaltung der deutschen Sprache" eines seiner Ziele sein muss, das er auch mit seiner Jugendgruppe verfolgen will. Lies den Text am besten **zwei- oder dreimal**. Benutze für jede Informationsart eine andere Farbe (z. B. Organisation = blau, Ziele = rot).*

Organisation (Versammlungsort, Leitung ...)	**Ziele**
– Versammlungsort: alte Schmiede – Name der Gruppe: „Meute" – Gründer: Pauls Großvater – Leiter: Ulrich, Schüler/Jugendlicher – Leiter als „Führer": intelligent, mit starkem Willen und Härte, übt Macht aus, ordnet andere unter, „Abrichter" – Gruppe soll bedingungslos gehorchen	– der Jugend Ideale und Ziele geben, sie von der Straße wegholen – lernen, „gute Deutsche" zu sein – Nationalstolz vermitteln – Deutschtum pflegen: Pflege der deutschen Sprache, Kultur und Traditionen – Erziehung zum bedingungslosen Gehorsam – lernen, Macht auszuüben und andere zu beherrschen – „Elite-Gefühl" vermitteln

2. a) **Hinweis:** *Bei dieser Aufgabe sollst du zunächst die **Position des Großvaters**, wie sie in Z. 32–68 geschildert wird, wie bei einer Inhaltsangabe mit **eigenen Worten** und **verkürzt** darstellen. Dazu musst du dir die **Schlüsselbegriffe** (zentralen Aussagen) klarmachen, mit denen man seine Ansichten beschreiben könnte: Was macht für den Großvater einen „guten Führer" aus? Welche Eigenschaften muss er haben? Welche Rolle spielt das Thema „Macht" dabei? Formuliere dein Ergebnis so, als ob du einem Mitschüler den Text **erklären** müsstest. Formulierungen wie „Der Großvater ist der Meinung, dass ..."/„Der Großvater denkt, dass ..." können dir dabei eine Hilfe sein.*

Lösungen: Übungsaufgabe 3

Für den Großvater muss jemand, der führen will, stark und intelligent sein, Ausstrahlung besitzen, sportlich und hart sein und herrschen können. Dazu muss er nach seiner Meinung das „Wesen der Macht" begriffen haben. Der Großvater ist der Überzeugung, dass das Gefühl, andere unter Kontrolle zu haben, das (positive) Gefühl von Stärke und Selbstbewusstsein vermittelt. Dieses Gefühl berauscht und macht süchtig. Ein Führer einer Gruppe erreicht diese absolute Kontrolle dadurch, dass er andere zu blindem Gehorsam erzieht, sie quasi „abrichtet" wie junge Tiere. Um zu erreichen, dass er die Macht dauerhaft im Griff behält und anerkannt wird, muss ein guter Führer nach Meinung des Großvaters den Gruppenmitgliedern auch etwas bieten. Er muss ihnen das Gefühl geben, zur „Elite" zu gehören, also anderen überlegen zu sein. Dadurch haben die Gruppenmitglieder selbst wieder das Gefühl, besser als andere zu sein und diese damit kontrollieren und beherrschen zu können. Sie erhalten somit durch die Gruppe ein Machtgefühl. Für den Großvater ist bedingungsloser Gehorsam völlig in Ordnung, weil seiner Meinung nach auch die heutige Arbeitswelt nach diesem Prinzip funktioniert.

b) **Hinweis:** *Nimm die **Position Pauls** ein und formuliere aus **seiner Perspektive** eine Entgegnung auf die Ansichten des Großvaters. Gehe dabei auf die **einzelnen Punkte**, die der Großvater nennt, ein. **Begründe** deine Aussagen (z. B. „Ich denke, das Führen einer Jugendgruppe sollte nicht auf blinden Gehorsam abzielen, denn ...").*
*Für die Lösung dieser Aufgabe ist es zudem besonders wichtig, dass du die Informationen des Textes mit deinem **Vorwissen in Verbindung bringst**. Wenn z. B. in Z. 39/40 von einem „Gesicht mit schräger Locke und Oberlippenbärtchen" im Zusammenhang mit „Führer" die Rede ist, sollte dir klar sein, dass damit Adolf Hitler gemeint ist, der in der Zeit des Nationalsozialismus in Deutschland auch „der Führer" genannt wurde.*

Ich kann dir in deinen Ansichten nicht zustimmen, Großvater. Man darf Kinder und Jugendliche nicht wie Tiere zum Gehorsam abrichten. Erziehung sollte stattdessen bewirken, dass Kinder und Jugendliche zu selbstständig denkenden Menschen werden, die auch widersprechen können, wenn sie etwas nicht wollen oder für falsch halten. Bei „blindem Gehorsam", wie du ihn forderst, besteht die Gefahr, dass man einem Führer in die falsche Richtung folgt. Auch das Argument, dass es in der Arbeitswelt blinden Gehorsam gebe, stimmt meiner Meinung nach nicht, denn in der Berufswelt werden heute selbstständig denkende und verantwortungsbewusste Mitarbeiter gesucht. Außerdem halte ich es für gefährlich, sich selbst für eine Elite zu halten und damit anderen überlegen zu fühlen, denn im Grundgesetz ist die Gleichheit aller Menschen, egal welcher Herkunft, welchen Aussehens oder welcher Religion, garantiert. Kinder und Jugendliche sollten lernen, Selbstbewusstsein zu entwickeln und stolz auf sich zu sein, ohne dabei auf andere Druck auszuüben und sie kontrollieren zu wollen. Man kann nämlich nur dann zu einem selbstbewussten Menschen werden, wenn man von anderen so angenommen und geliebt wird, wie man ist.

c) **Hinweis:** *Autoren wählen die **Form** und **Erzählperspektive** in einem Text nie zufällig. Ein **Ich-Erzähler**, hat dabei meistens die Funktion, den Leser in die **Gedankenwelt** einer Figur **hineinzuführen**. Der Leser sieht eine Szene so quasi „durch die Brille" der jeweiligen Figur und teilt nur ihre Beobachtungen, Gedanken, Gefühle oder Sichtweisen, nicht*

Lösungen: Übungsaufgabe 3

*aber die der anderen Figuren. Andere Erzählperspektiven, wie z. B. ein **auktorialer** (oder „allwissender") **Erzähler** dienen dazu, den Leser in die **Rolle eines Beobachters** aller Figuren zu versetzen. Die Ich-Erzählperspektive lädt Leser auch dazu ein, sich schnell mit der jeweiligen Figur zu **identifizieren**, da man ja das Gefühl hat, mit ihr zusammen am Geschehen teilzunehmen.*

Die Autorin wählt die Perspektive des Ich-Erzählers. Dies tut sie vermutlich, damit die Leser sich besser in Paul hineinversetzen und seinen Konflikt (dem geliebten Opa widersprechen zu müssen und nach und nach zu erkennen, dass dieser völlig inakzeptable rechtsextreme Ansichten vertritt) nachvollziehen können. Indem ein Leser Pauls Perspektive einnimmt, muss er sich auch selbst fragen, wie er an Pauls Stelle in einem solchen Gespräch reagiert hätte.

3. **Hinweis:** *Hier musst du aus zwei Texten **Informationen entnehmen** und diese **vergleichen**. Der Lexikonartikel (Text C) zählt eine Reihe von **Merkmalen** rechtsextremer Gruppen und Haltungen auf. Man könnte diese Merkmale auch mit einzelnen **Spiegelstrichen** auflisten. Um herauszufinden, welche der aufgezählten Aspekte von Rechtsextremismus auf das **Denken des Großvaters**, wie es im Text „Die Meute" dargestellt wird, zutreffen, musst du diese (gedachten) Spiegelstriche **nacheinander durchgehen**. Versuche, jeden Punkt mit anderen Worten zu formulieren und überprüfe, inwieweit dies auf die Ansichten des Großvaters zutrifft. Deine Ergebnisse aus Aufgabe 1 und 2 a können dir dabei helfen.*

Merkmale von Rechtsextremismus	Ansichten des Großvaters
– Aufspaltung in (Unter-)Gruppen, die auf persönlichen Gefolgschaften beruhen	– Großvater gründet eine Jugendgruppe, die einem „Führer" folgen soll
– Rechtsextremismus fördert autoritäres Verhalten	– Mitglieder der Gruppe sollen dem Führer blind gehorchen
– Rechtsextremismus verherrlicht Macht und Gewalt	– Großvater fordert Stärke, Härte und den Willen zum Herrschen
– rechtsextreme Ideologien beruhen auf einem autoritären und menschenverachtenden Weltbild	– Großvater will eine „Elite" erziehen, die sich überlegen fühlt und Lust daran hat, über andere zu herrschen und sie zu kontrollieren

4. **Hinweis:** *Die Aussagen der Liste geben Informationen aus dem Interview (Text B) mit anderen Begriffen und Formulierungen wieder. Allerdings stimmt nur **ein Teil** der Aussagen mit den Informationen im Text überein. Du musst also sehr **genau lesen** und dir bei jeder Aussage überlegen, wie man **denselben Inhalt** noch mit **anderen Worten** formulieren könnte. Oft entscheidet auch der Satzbau oder das Weglassen bzw. Einfügen eines Wörtchens wie „nicht" oder „keine" darüber, ob eine Aussage mit dem Text übereinstimmt oder genau das Gegenteil bedeutet. Ein Beispiel:*

Aussage: Wer arbeitslos ist und von Sozialhilfe lebt, denkt <u>zwangsläufig</u> rechtsextrem.

Text Z. 11–13: Wir haben in der Studie gesehen, dass sozialer Abstieg und Arbeitslosigkeit zusammen mit Rechtsextremismus häufiger auftritt.
*Die Formulierungen in beiden Sätzen **scheinen sehr ähnlich** zu sein, aber das Wort „zwangsläufig" bedeutet so viel wie immer/automatisch und meint damit etwas anderes als die Formulierung „tritt häufiger auf".*

Aussage:	Belegt im Text:
b)	Z. 2–5
c)	Z. 11–15
e)	Z. 16–19
g)	Z. 20–21 (auch: 28–30)
h)	Z. 28–30

5. Hinweis: *Eine **Karikatur** muss wie ein Text **analysiert** und **interpretiert** werden. Dazu solltest du zunächst **beschreiben**, was auf dem **Bild** zu sehen ist – also die dargestellten Personen und die dargestellte Situation. Achte auch genau auf den **Stil** (Wie werden die Personen/ ... dargestellt? Wie sind sie gezeichnet? Werden Metaphern oder Symbole verwendet und was bedeuten sie? ...) und setze, wenn es **Text** gibt, diesen mit den Bildern **in Beziehung**. Beschreibe, was das **Ironische** an der Zeichnung ist, also wodurch die Karikatur dich als Betrachter zum Lachen bringt.*
*Nach diesen Überlegungen musst du versuchen, die **„Botschaft"** der Karikatur (Was will der Zeichner aussagen? Auf welches gesellschaftliche Problem/Ereignis ... spielt er an? Welche Reaktion will er beim Betrachter erreichen?) in einer **Kernaussage** wie in einer Art Überschrift zusammenzufassen.*

Zu sehen ist eine Gruppe Jugendlicher (dass es sich um Jugendliche handelt, merkt man daran, dass von „Schuluniform" die Rede ist). Obwohl jeder unterschiedlich groß, dick etc. ist, sehen letztlich doch alle identisch und auswechselbar aus: Alle tragen dieselben Hosen, dieselben Jacken (in militärischem Tarnlook) und Springerstiefel und alle haben die gleiche Frisur (Glatze). Die Körperhaltung einiger Figuren ist gebeugt und der Gesichtsaudruck von einigen wirkt ziemlich ausdruckslos und stumpf.
Die Formulierung „ham wa" (= haben wir) deutet darauf hin, dass es sich um Jugendliche aus Ostdeutschland handelt. Die Gruppe wirkt insgesamt recht militaristisch, was den Begriff „Schuluniform" doppeldeutig werden lässt. Das Tragen einer Uniform bedeutet immer auch, dass individuelle Unterschiede aufgehoben werden, die Unterordnung unter bestimmte Regeln und die Zugehörigkeit zu einer Gruppe signalisiert werden sollen. Bei einer einheitlichen Schulkleidung kann dies durchaus positiv gewollt sein, um den Zwang zu teurer modischer Markenkleidung zu vermeiden und ein Zusammengehörigkeitsgefühl zu erzeugen. Da Schuluniformen aber nie militaristisch aussehen und man weiß, dass in rechtsextremen Gruppen organisierte Jugendliche sich in der Regel durch ihre Kleidung und Frisuren zu erkennen geben, wird hier die Ironie deutlich. Der Zeichner weist darauf hin, dass viele Jugendliche rechtsextrem eingestellt sind und ihre Gesinnung über ihr Aussehen und ihre Kleidung demonstrieren. Ein „rechtsextremes Outfit", das auch die Zugehörigkeit zu rechtsextremen Gruppen signalisiert, wird damit zur inoffiziellen Schuluniform.

Lösungen: Übungsaufgabe 3

6. **Hinweis:** *Eine **Mindmap** („Gedächtnis-Landkarte") ist eine **grafische Darstellungsform**, um Textinformationen und deinen Gedanken dazu eine **übersichtliche Struktur** zu geben. Die Mindmap soll helfen, auf **einen Blick** die wichtigsten Begriffe und Zusammenhänge eines Themas zu erkennen.*
*In der vorliegenden Aufgabe sind einige strukturierende **(Ober-)Begriffe** bereits als Hilfe vorgegeben. Bei einer Mindmap, die wie hier Informationen zu einem Thema aus verschiedenen Quellen (Texte, Grafiken ...) zusammenfassend darstellen soll, ist das Finden dieser Oberbegriffe der schwierigste Schritt. Du musst die Mindmap praktisch „von außen nach innen" aufbauen: **Sammle** also zuerst **Informationen** aus allen vorliegenden Texten, die deiner Meinung nach mit dem Thema („Rechtsextremismus") zu tun haben und **wichtig** sind. **Ordne** dann die Informationen (Welche Informationen gehören zusammen? Durch welchen Oberbegriff/welches Stichwort lassen sich die Informationen zusammenfassen?) und überlege in einem weiteren Schritt, ob sich diese Oberbegriffe auch nochmals sortieren und mit einem weiteren Oberbegriff oder einer Art **Überschrift zusammenfassen** lassen. Ordne diese zentralen Oberbegriffe oder „Überschriften" dann kreisförmig um das Thema an und verbinde zusammengehörige Aspekte und Begriffe mit Linien. Es entsteht ein „Netz" mit sich immer weiter verzweigenden thematischen Ebenen.*

Mögliche Lösung:

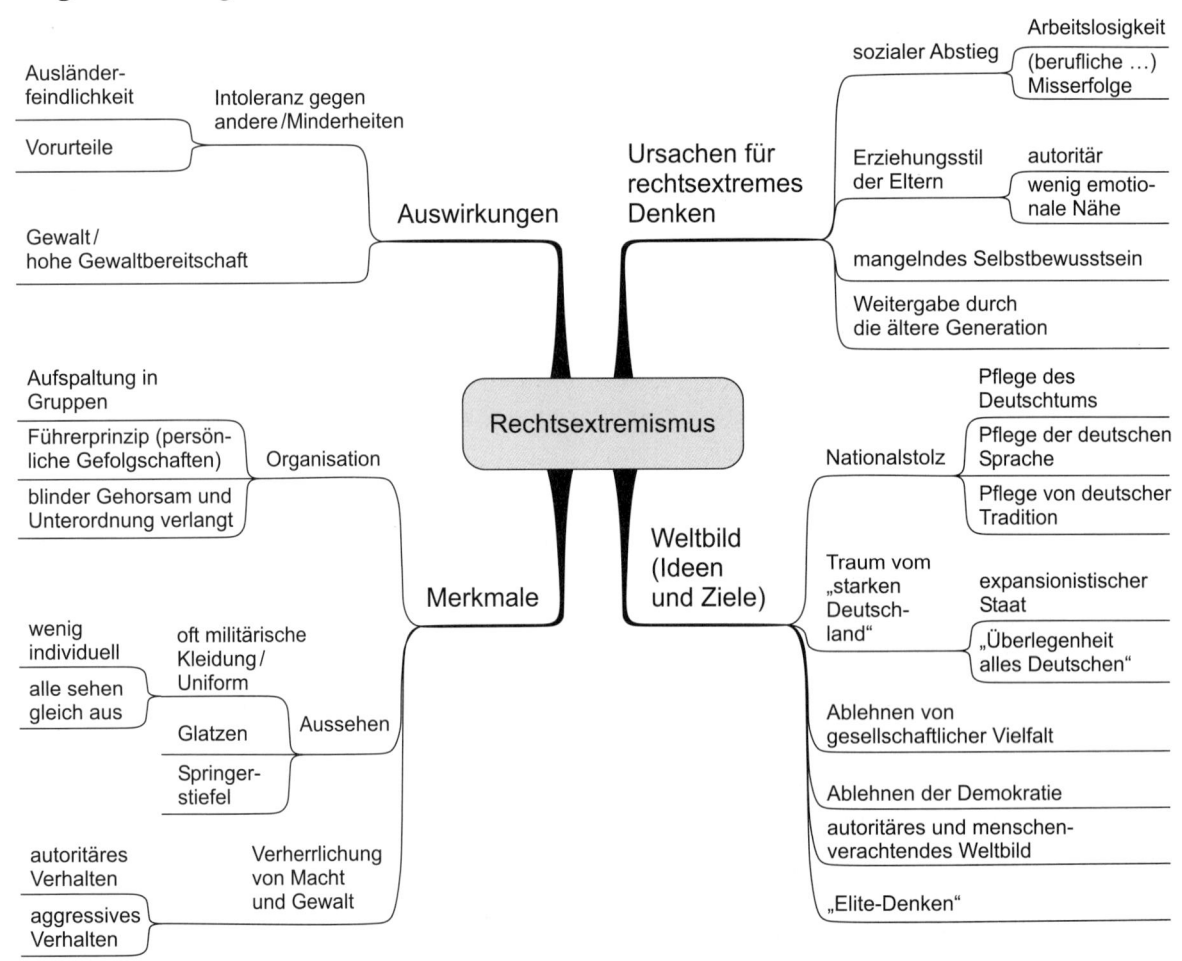

Rechtsextremismus

- **Auswirkungen**
  - Intoleranz gegen andere/Minderheiten
    - Ausländerfeindlichkeit
    - Vorurteile
  - Gewalt/hohe Gewaltbereitschaft

- **Ursachen für rechtsextremes Denken**
  - sozialer Abstieg
    - Arbeitslosigkeit
    - (berufliche ...) Misserfolge
  - Erziehungsstil der Eltern
    - autoritär
    - wenig emotionale Nähe
  - mangelndes Selbstbewusstsein
  - Weitergabe durch die ältere Generation

- **Merkmale**
  - Organisation
    - Aufspaltung in Gruppen
    - Führerprinzip (persönliche Gefolgschaften)
    - blinder Gehorsam und Unterordnung verlangt
  - Aussehen
    - wenig individuell
    - alle sehen gleich aus
    - oft militärische Kleidung/Uniform
    - Glatzen
    - Springerstiefel
  - Verherrlichung von Macht und Gewalt
    - autoritäres Verhalten
    - aggressives Verhalten

- **Weltbild (Ideen und Ziele)**
  - Nationalstolz
    - Pflege des Deutschtums
    - Pflege der deutschen Sprache
    - Pflege von deutscher Tradition
  - Traum vom „starken Deutschland"
    - expansionistischer Staat
    - „Überlegenheit alles Deutschen"
  - Ablehnen von gesellschaftlicher Vielfalt
  - Ablehnen der Demokratie
  - autoritäres und menschenverachtendes Weltbild
  - „Elite-Denken"

Lösungen: Übungsaufgabe 3

7. Hinweis: *Bei einer **Rede** handelt es sich um einen Text, der an ein **bestimmtes Publikum** gerichtet ist. In diesem Fall sind Mitschüler, also Gleichaltrige, die Adressaten deiner Rede. Du solltest daher so formulieren, dass Jugendliche dich verstehen und sich auch angesprochen fühlen. Eine Rede ist ein **appellativer Text**, d. h., du als Redner willst dein Publikum zu etwas **aufrufen** oder von etwas **überzeugen**, wie hier von den Gefahren des Rechtsextremismus. Um jemanden überzeugen zu können, musst du **begründen**, warum du deinen Aufruf oder deine Idee für wichtig oder sinnvoll hältst, du brauchst also **Argumente**.*

*Eine Rede hat daher einen **bestimmten Aufbau**: Sprich dein Publikum **direkt** an (Liebe Mitschülerinnen und Mitschüler ...) und formuliere in der **Ich-Form**. Nenne als Einleitung den **Anlass** deiner Rede (hier kannst du auch etwas erfinden) und dein **Anliegen** (Warum hältst du diese Rede heute? Was ist dir wichtig, wovon willst du die Zuhörer überzeugen, wovor warnst du?). In einem nächsten Schritt solltest du dein Anliegen **begründen** (Warum denkst du, dass Rechtsextremismus und rechtsextremes Denken für Jugendliche in deinem Alter gefährlich werden können?). Eine gute Zahl sind ungefähr drei Argumente. Über einige Sachverhalte musst du die Zuhörer vielleicht auch erst einmal informieren. **Beispiele** und **bildhafte Vergleiche** machen eine Rede besonders anschaulich und überzeugen die Zuhörer leichter. Geübte Redner wenden oft diesen „Trick" an: Sie nennen wenigstens ein **Gegenargument** (Kontra-Argument), das ihrem Anliegen entgegengehalten werden könnte, und begründen dem Publikum gleich selbst, warum dieses Argument **nicht stichhaltig** ist. Schließe deinen Text mit einem **zusammenfassenden Appell**, also einem Aufruf an dein Publikum, in dem du dein Anliegen nochmals nennst und den Zuhörern eine Vorstellung mit auf den Weg gibst, wie sie deinem Aufruf folgen oder deine Idee in die Tat umsetzen können.*

Liebe Mitschülerinnen, liebe Mitschüler,	Anrede
ich freue mich sehr, dass unsere Schulleiterin Frau Scheele mir die Möglichkeit gibt, am heutigen „Aktionstag gegen Rechtsextremismus" zu euch allen zu sprechen. Der SMV unserer Schule und mir ist es nämlich sehr wichtig, euch vor den Gefahren des Rechtsextremismus zu warnen.	Anlass der Rede
Vielleicht ist es einigen von euch ja schon selbst passiert, dass sie angesprochen und zum Mitmachen bei Jugendgruppen eingeladen wurden, die zunächst gut klangen und sich nach Spaß und Abenteuer anhörten. Viele Jugendliche finden solche Gruppen anfangs vielleicht toll, weil sie dort Freunde finden und das Gefühl haben, dazuzugehören. Dieses Gefühl ist aber trügerisch! Echte Freunde findet man in solchen Gruppen sicher nicht. Die Jugendlichen werden meist für die Zwecke der Anführer ausgenutzt.	**Kontra-Argument** (= Argument gegen die Gefahr von rechtsextremen Jugendgruppen) bieten Freundschaft und das Gefühl, dazuzugehören
Gefährlich werden solche Gruppen dann, wenn sich herausstellt, dass sie rechtsextremen Ideen folgen und blinden Gehorsam von ihren Mitgliedern verlangen. Es gibt, wie immer bei rechtsextremen Gruppen und Parteien, einen Anführer, dem man bedingungslos und blind gehorchen muss. In solchen Gruppen wird viel Macht ausgeübt, weshalb kaum jemand sich traut, zu widersprechen.	**Pro-Argumente** (= Argumente für die Gefahr von rechtsextremen Jugendgruppen) Argument 1 verlangen blinden Gehorsam
Da wundert es nicht, dass Rechtsextreme die Demokratie ablehnen. Vielfalt und eigene Ansichten sind nicht erwünscht. Alle sollen gleich denken und handeln. Das zeigt sich auch in der einheitlichen Kleidung und im Aussehen.	Argument 2 lehnen Demokratie ab

Mit den Springerstiefeln, Bomberjacken und den Glatzen zeigen rechtsextrem denkende Jugendliche nach außen, dass sie Gewalt toll finden und auch selbst sehr aggressiv sind. Allerdings fühlen sie sich in der Regel nur in der Gruppe stark, allein fehlt ihnen oft das Selbstbewusstsein. *(Argument 3: Gewaltverherrlichung)*

Mal davon abgesehen, dass es sehr unschön aussieht, in Kampfmontur und mit Glatzen herumzulaufen, wird es spätestens dann gefährlich, wenn solche Jugendliche anfangen, sich gegen Ausländer und andere Minderheiten in der Gesellschaft zu wenden. Zum rechtsextremen Denken gehört nämlich, sich als Deutscher anderen überlegen und als „Elite" zu fühlen. Eine Folge dieser Weltanschauung sind ausländerfeindliche Sprüche und Gewalttaten wie Überfälle und Hetzjagden gegen Ausländer. Rechtsextreme Jugendliche haben noch nicht begriffen, dass Deutschland ein Einwanderungsland ist. Sie haben oft selbst schlechte Erfahrungen in der Familie, in der Schule oder im Beruf gemacht und sind deshalb leicht bereit, rechtsextremen Organisationen und Parteien zu glauben, die behaupten, nur „die Ausländer" seien an allem schuld und würden z. B. den Deutschen die Arbeitsplätze wegnehmen. Dass das Quatsch ist, wissen wir alle, und aus dem Politikunterricht wissen wir, dass das Grundgesetz allen Menschen unabhängig von ihrer Herkunft und Religion die gleichen Rechte garantiert. *(Argument 4: Ausländerfeindlichkeit)*

Aber die Rechtsextremen haben noch viel mehr unsinnige Ideen, z. B., dass sie die „Pflege des Deutschtums" und auch der deutschen Sprache verlangen und englische Wörter ablehnen. Etwas darf dann also nicht mehr „cool" sein, sondern man muss es „spitze" oder „dufte" finden. Überlegt mal – wollt ihr so reden? Außerdem – wenn man genau darauf achtet, merkt man auch der Sprache von rechtsextrem denkenden Menschen an, wie aggressiv sie denken und wie autoritär ihr Weltbild ist. Da ist dann z. B. davon die Rede, Jugendliche in einer Gruppe wie „junge Pferde abzurichten". *(Argument 5: Pflege des „Deutschtums"; direkte Ansprache der Zuhörer)*

Viele von euch glauben vielleicht, dass Rechtsextremismus nur ein Problem in Ostdeutschland ist. Wissenschaftliche Untersuchungen haben aber gezeigt, dass auch viele Menschen in Westdeutschland rechtsextremen Aussagen zustimmen. Ich möchte euch daher bitten, wachsam zu sein und kritisch zu prüfen, wenn andere euch zu etwas überreden oder von etwas überzeugen wollen. Spätestens, wenn Gewalt ins Spiel kommt und Menschen, die irgendwie anders sind, ausgegrenzt werden, ist es nicht mehr in Ordnung, bei einer Gruppe mitzumachen. Überprüft bei solchen Gruppen immer, ob es möglich ist, „nein" zu sagen und ob euer Widerspruch dann akzeptiert wird. Und seid selbst auch mutig genug, denen, die rechtsextremen Unsinn in der Welt verbreiten, zu widersprechen. Es gibt viel bessere Möglichkeiten, Freunde zu finden und von anderen akzeptiert zu werden. Auch, wenn ihr selbst nicht von solchen Gruppen geworben werdet, ist es wichtig, hinzuschauen und öffentlich zu widersprechen, wenn alte oder junge Nazis ihren Unsinn verbreiten. Nur dann können sie keine Mehrheit in unserer Gesellschaft werden. *(Rechtsextremismus kein ostdeutsches Problem; Appell an die Zuhörer: wachsam sein, auf Gewalt und Ausgrenzung achten; nein sagen; widersprechen; Alternativen zu rechtsextremen Jugendgruppen suchen)*

Ich danke euch für eure Aufmerksamkeit! *(Schlussgruß)*

Original-Prüfungsaufgaben

**Abschlussprüfung der 10. Klasse an Werkrealschulen in Baden-Württemberg
Deutsch 2013**

Natur

> Die folgenden Texte befassen sich mit dem Themenbereich „Natur".
> Lesen Sie die Texte genau durch und bearbeiten Sie dann die Aufgaben.
> Die Bearbeitung der Aufgaben in der vorgegebenen Reihenfolge ist hilfreich.
> Sie können ein Rechtschreibwörterbuch verwenden. Arbeitszeit: 240 Minuten

Text A: Unterm Rad (Hermann Hesse 1877–1962)

1 So müssen Sommerferien sein! Über den Bergen ein enzianblauer Himmel, wochenlang ein strahlend heißer Tag am anderen, nur zuweilen ein heftiges, kurzes Gewitter. Der Fluss war so erwärmt, dass man noch spät am Abend baden konnte. Dort entkleidete er sich, steckte die Hand und darauf den Fuß tastend ins kühle Wasser, schauderte ein wenig und warf sich dann mit
5 schnellem Sturz in den Fluss. Langsam gegen die schwache Strömung schwimmend, nahm seine Seele mit neuer Lust von der schönen Heimat Besitz. Auf dem Rücken liegend ließ er sich wieder flussabwärts treiben, horchte auf das feine Summen der in goldigen Kreisen schwärmenden Abendfliegen und sah den Späthimmel von kleinen, raschen Schwalben durchschnitten. Als er wieder in den Kleidern war und träumerisch nach Hause schlenderte, war das Tal schon voll
10 Schatten. Rings um das Städtchen her war Heugeruch. An den Waldrändern prunkten lange Reihen von␣welligen, gelbblühenden, majestätischen Königskerzen und Weidenröschen wiegten sich auf ihren schlanken, zähen Stielen und bedeckten ganze Abhänge mit ihrem violetten Rot. Innen unter den Tannen stand ernst und schön und fremdartig der hohe, steile rote Fingerhut. Daneben die vielerlei Pilze. Zwischen Wald und Wiese flammte brandgelb der zähe Ginster,
15 dann kamen die Wiesen selber. Im Laubwald sangen die Buchfinken ohne Aufhören, im Tannenwald rannten fuchsrote Eichhörnchen durch die Wipfel. An Mauern und trockenen Gräben atmeten und schimmerten grüne Eidechsen wohlig in der Wärme. Über die Wiesen hin läuteten endlos die hohen, schmetternden nie ermüdenden Zikadenlieder.

Nach: Hesse, Hermann: Unterm Rad, Suhrkamp Verlag, Berlin 1951

Text B: Zu Hause (Marie Luise Kaschnitz 1901–1974)

1 Die Ersten, die zurückkamen, erregten durch ihre frischen Stimmen, ihr gutes Aussehen und ihr normales Verhalten Erstaunen. Sie schlugen uns auf die Schultern, fragten, nun wie geht's auf der alten Erde, und freuten sich offensichtlich uns wiederzusehen. Ihre Frage war rhetorisch. Sie sind dort über alles, was uns betrifft, genau im Bilde, so wie auch wir über das Leben auf der
5 Weltraumstation genau im Bilde sind. Wir kennen nicht nur ihre Arbeitsstätten und ihre etwas öden, aber bequemen Wohnungen, sondern auch ihre künstlichen Gärten, Maiglöckchen aus Plastik mit Maiglöckchenparfum, Rasen aus Plastik mit dem Geruch von frischem Gras. [...] Wir bedauern diese armen Menschen mit ihren Plastikblumen und natürlich hatten wir uns schon lange überlegt, wie wir ihnen eine Freude machen könnten. Schließlich waren wir darauf verfal-
10 len, sie gleich nach ihrer Ankunft in einen Wald zu fahren. Der Wald war recht abgelegen, es

gab in ihm noch einsame Tümpel, schroffe Felsen und dickes Moos. Wir erwarteten, dass die Heimkehrer darüber in Entzücken geraten, ja dass sie sich womöglich auf den Boden werfen und das Moos und die feuchten Herbstblätter aufwühlen würden. Sie taten aber nichts dergleichen, sondern standen höflich gelangweilt herum. Dann verlangten sie zurück in die Stadt. Sie wollten das Fernsehprogramm nicht versäumen, die Nachrichten von dort. (Von zu Hause, sagten sie.)

Quelle: Kaschnitz, Marie Luise: Steht noch dahin, Insel Verlag, Frankfurt am Main 1970

Text C: Erde (Elke Oertgen, *1936)

Zeitlebens sind wir Gäste
der Erde,
die uns nährt und trägt
und uns annimmt
im Tod, der großen Anverwandlung
an ihren Staub.
Wir hätten Grund,
sie zärtlich zu lieben
und das Gastrecht zu achten.
Wir haben nur
diese eine Erde.

Wir schlagen ihr Löcher ins Fleisch,
rasieren von ihrer Haut
die Wälder,
und in die Wunden gießen wir
den alles erstickenden Asphalt.

Wir Herren der Erde,
Räuber mit Wegwerflaunen,
plündern sie aus
über und unter Tag,
Schatzgräber ohne Maß.
Mag sie verenden am Gift
zu Wasser, zu Lande
und in der Luft,
wie die Fische verenden
und Wasservögel
mit Öl im Gefieder.
Der Heilige Franz[1],
der ihre Sprache verstand,
nannte sie Brüder.
Der Erde
bleibt im Gedächtnis,
was wir ihr antun
und ihren Geschöpfen.

Nach uns
die Sintflut.

[1] Der Heilige Franz = Franz von Assisi (1181 oder 1182 –1226), Ordensstifter

Quelle: Oertgen, Elke: Erde. In: Peter Cornelius Mayer-Tasch (Hrsg.): Im Gewitter der Geraden – Deutsche Ökolyrik 1950–1980, C.H. Beck Verlag, München 1981

Text D: Panda Ranger

Keine Angst vor Dreck und Matsch
Wenn andere Jugendliche samstags in der Disko schwofen, entrümpeln die Panda Ranger alte Teiche, bauen Schutzzäune auf und legen Schmetterlingswiesen an.

Wetten dass? Beim Anblick solcher Kinder würde Frau Saubermann aus der Waschmittelreklame fliehen und die Gage zurückzahlen. Tatjanas weiße Ledersportschuhe sind Matschklumpen, Jeans und Anorak dreckverkrustet. Ein Schlammspritzer krönt ihre Nasenspitze. Dabei ist sie schon sechzehn! Ihr Bruder Tilmann ist vier Jahre jünger und folglich noch schmutziger. Er ist ins Moor gefallen, versunken samt Gummistiefeln bis übers Knie.

Sie nennen sich *Panda Ranger* und sind eine Jugendorganisation. Der Verein hat ein 24 Hektar großes Landstück gekauft mit Feuchtwiesen, Erlenbrüchen, Kopfweiden und Uralt-Eichen. Jetzt hilft die Jugendgruppe das Gebiet zu renaturieren und eine neue Heimat für Steinkäuze, Fledermäuse und Wassergetier zu schaffen. 30 Kinder und Jugendliche im Alter von 8 bis 18 Jahren sind mit Hacke, Spaten und Eifer dabei. Die einen mühen sich, einen alten Stacheldrahtzaun von den Pflöcken loszukriegen, andere buddeln Löcher in den Schlamm, die Kräftigsten schleppen dicke Weidenäste, um sie hineinzupflanzen.

Wie sind die Kinder hierher geraten?

Die beiden jüngsten sind Jens und Basti. Jens sagt ernst: „Im Fernsehen sieht man immer in den Filmen, dass die Natur zerstört wird. Schornsteine, Abwasser und so. Wir wollen der Natur helfen."

Feli ist schon seit acht Jahren bei der Gruppe. Sie will vor allem etwas zum Schutz bedrohter Tierarten unternehmen, um die Erde auch noch für nachfolgende Generationen lebenswert zu machen. Sie hat sich zur Fledermaus-Expertin entwickelt. Sie erzählt begeistert von 20 verschiedenen Fledermausarten auf der Welt. Heute sind 15 Kinder und Jugendliche bei der Arbeit. Die Gruppe besteht aus 52 Mitgliedern, die allerdings immer nur wohnortnah eingesetzt werden. So arbeitet zeitgleich eine Gruppe 30 km weiter am Bau eines Schutzzauns für Amphibien.

Aus: Brigitte, Heft 21/1988

Deutsch – Abschlussprüfung 2013

Abbildung 1: Die ungebrochene Anziehungskraft der Natur (Max Peintner *1937)

Quelle: Peintner, Max: „Die ungebrochene Anziehungskraft der Natur", 1970/71, Bleistift, 44 x 62,5 cm. © Max Peintner, courtesy Georg Kargl Fine Arts, Wien

Aufgaben Punkte

Die Bearbeitung der Aufgaben in der vorgegebenen Reihenfolge ist hilfreich.

1. a) Hermann Hesse (Text A) schildert sinnliche Wahrnehmungen in der Natur.

    Zitieren Sie jeweils ein Textbeispiel zu den Wahrnehmungen, die zu den folgenden Sinnen passen: 3
    – Fühlen
    – Riechen
    – Hören

   b) Hermann Hesse verwendet einen anspruchsvollen literarischen Schreibstil.

    Nennen Sie zwei sprachliche Stilmittel und belegen Sie diese jeweils mit einem Beispiel. 2

2. a) Im Science-Fiction-Text von Marie Luise Kaschnitz (Text B) wird Naturerleben beschrieben.

    Teilen Sie den Text in zwei Abschnitte und finden Sie zu jedem Abschnitt eine passende Überschrift. Begründen Sie kurz die Wahl Ihrer Überschriften. 2

   b) Auf dem Weg zurück in die Stadt tauschen sich die Bewohner der Erde und der Weltraumstation über ihre eigene und die fremde Umwelt aus.

Welche Empfindungen können genannt werden? Beachten Sie die unterschiedlichen Sichtweisen. 3

Bringen Sie diese in eine geeignete Darstellungsform. <small>Davon: Darstellung: 1</small>

3. a) Elke Oertgen setzt sich im Gedicht Erde (Text C) mit dem Umgang des Menschen mit der Erde auseinander.

   Ordnen Sie den folgenden Begriffen jeweils eine passende Textpassage zu. 3
   – Landwirtschaft
   – Abbau von Bodenschätzen
   – Verunglückte Tiefseebohrungen
   – Straßenbau
   – Verletzungen bleiben bestehen
   – Unmäßige Holzwirtschaft

   b) Was will Elke Oertgen mit ihrem Gedicht zum Ausdruck bringen? 1

4. Nach Erscheinen des Textes Panda Ranger (Text D) führt der Jugendredakteur einer Tageszeitung ein Interview mit den Panda Rangern über ihr Engagement und ihre Ziele durch.

   Führen Sie das begonnene Interview mit mindestens drei Antworten und zwei weiteren Fragen fort. Verwenden Sie Informationen aus Text D. 2,5

   Redakteur: Seit wann seid ihr bei den Panda Rangern?
   Feli: Ich bin schon seit acht Jahren dabei.
   Tatjana: Ich kam erst vor drei Jahren dazu.
   Redakteur: Wie viele seid ihr in der Gruppe?

5. Max Peintner (Abb. 1) stellt in seiner Karikatur ein besonderes Naturerlebnis dar.

   a) Beschreiben Sie kurz wesentliche Elemente der Darstellung. 1,5
   <small>Pro Element: 0,5</small>

   b) Deuten Sie die Darstellung aus Ihrer persönlichen Sicht. Beachten Sie dabei auch den Titel der Karikatur. 2

6. An Ihrer Schule finden Projekttage zum Thema „Natur" statt.

   a) Als Ergebnis der Projekttage wird eine Broschüre für die Besucher herausgegeben. Schreiben Sie einen ausführlichen Beitrag für die Broschüre.

   Dieser soll über folgende Aspekte informieren:
   – Natur – unterschiedliche Wahrnehmungen und Empfindungen
   – Gefährdung der Natur
   – Gründe für den Erhalt der Natur

   b) Stellen Sie Ihren Standpunkt im Hinblick auf das Thema „Natur" für die Broschüre dar. Begründen Sie Ihren Standpunkt.

   Berücksichtigen Sie dabei alle Texte und die Abbildung. Sie können Ihr eigenes Wissen einbringen.

Lösungen

1. a) **Hinweis:** *Zu jeder der genannten Wahrnehmungen musst du eine **passende Textstelle** finden. Zitieren bedeutet, dass du diese Textstellen **wortwörtlich** herausschreibst. Achte darauf, dass du nur die **Teile** eines Satzes zitierst, die sich auf die Wahrnehmungen beziehen. Nicht passende Informationen innerhalb des von dir zitierten Satzes lässt du weg. Denke aber daran, dass du die **Auslassungen kennzeichnen** musst! Damit der Leser erkennt, dass es sich um Zitate handelt, musst du sie in **Anführungszeichen** setzen und mit **Zeilenangaben** versehen.*
    *Im Text von Hermann Hesse lassen sich zu manchen Wahrnehmungen mehrere passende Textstellen finden. Hier sind der Vollständigkeit halber alle passenden Textstellen aufgeführt. Es genügt jedoch, wenn du jeweils **ein** passendes Zitat findest.*

    Fühlen
    - „Der Fluss war so erwärmt, dass man noch spät am Abend baden konnte." (Z. 2/3)
    - „[...] steckte die Hand und darauf den Fuß tastend ins kühle Wasser, schauderte ein wenig [...]" (Z. 3/4)
    - „Langsam gegen die schwache Strömung schwimmend [...]" (Z. 5)
    - „Auf dem Rücken liegend ließ er sich wieder flussabwärts treiben [...]" (Z. 6/7)
    - „[...] grüne Eidechsen wohlig in der Wärme." (Z. 17)

    Riechen
    - „Rings um das Städtchen her war Heugeruch." (Z. 10)

    Hören
    - „[...] horchte auf das feine Summen der in goldigen Kreisen schwärmenden Abendfliegen [...]" (Z. 7/8)
    - „Im Laubwald sangen die Buchfinken ohne Aufhören [...]" (Z. 15)
    - „Über die Wiesen hin läuteten endlos die hohen, schmetternden nie ermüdenden Zikadenlieder." (Z. 17/18)

    b) **Hinweis:** *Jeder Autor hat eine sehr persönliche Art und Weise, seine Texte zu verfassen. Man spricht dabei von einem **eigenen Stil**. Ein literarischer Schreibstil zeichnet sich dadurch aus, dass er unterschiedliche **sprachliche Gestaltungsmittel** (z. B. Auffälligkeiten in Satzbau und Wortwahl, sprachliche Bilder) aufweist. Du kannst davon ausgehen, dass jeder Verfasser sich bei der Formulierung seiner Texte genaue Gedanken darüber macht, wie er seine Absichten am besten übermittelt. Überlege also, welche **sprachlichen Auffälligkeiten** Hermann Hesses Text aufweist. Zur Erreichung der vollen Punktzahl musst du **zwei sprachliche Stilmittel** nennen und diese jeweils mit **einem Zitat** belegen.*

Mögliche Lösungen:

- **unvollständiger Satzbau – fehlende Verben**
  „Über den Bergen ein enzianblauer Himmel, wochenlang ein strahlend heißer Tag am anderen, nur zuweilen ein heftiges, kurzes Gewitter." (Z. 1/2)

- **Häufung von Adjektiven, z. B.:**
  „[…] lange Reihen von wolligen, gelbblühenden, majestätischen Königskerzen […]" (Z. 10/11)
  „[…] wiegten sich auf ihren schlanken, zähen Stielen […]" (Z. 11/12)
  „[…] und fremdartig der hohe, steile rote Fingerhut." (Z. 13)

  insbesondere auch Farbadjektive: „enzianblauer Himmel" (Z. 1), „goldigen Kreisen" (Z. 7), „gelbblühenden" (Z. 11), „violetten Rot" (Z. 12), „rote Fingerhut" (Z. 13), „brandgelb" (Z. 14), „fuchsrote Eichhörnchen" (Z. 16), „grüne Eidechsen" (Z. 17)

- **Aufzählungen, z. B.:**
  „Dort entkleidete er sich, steckte die Hand und darauf den Fuß tastend ins kühle Wasser, schauderte ein wenig und warf sich dann mit schnellem Sturz in den Fluss." (Z. 3–5)
  „Auf dem Rücken liegend ließ er sich wieder flussabwärts treiben, horchte auf das feine Summen der in goldigen Kreisen schwärmenden Abendfliegen und sah den Späthimmel von kleinen, raschen Schwalben durchschnitten." (Z. 6–8)

- **Sprachbild (Allegorie)**
  „[…] nahm seine Seele mit neuer Lust von der schönen Heimat Besitz." (Z. 5/6)

2. a) **Hinweis:** *Der vorliegende Text von Marie Luise Kaschnitz lässt sich inhaltlich in **zwei sinnvolle Abschnitte** teilen. Beachte, dass in der Aufgabenstellung darauf hingewiesen wird, dass hier „Naturerleben" beschrieben wird. Es geht also darum, auf welch unterschiedliche Weisen die Figuren die Natur erleben. Lies dir unter diesem Aspekt den Text ganz genau durch und überlege, wo sich der Text inhaltlich teilen lässt.*
*Notiere die **Zeilenangaben** der beiden Abschnitte und überlege dir jeweils eine **Überschrift**, die inhaltlich auch alles erfasst, was in diesen Abschnitten thematisiert wird. Außerdem ist eine kurze **Begründung** der von dir gewählten Überschriften gefordert. So soll dem Leser ein besseres Verständnis ermöglicht werden.*

- **1. Abschnitt:** Z. 1–7: „Die Rückkehr aus der künstlichen Natur der Weltraumstation"
  Begründung: Diese Überschrift bietet sich an, da es in den ersten Zeilen um die Rückkehr einiger Menschen aus der Weltraumstation geht. Dabei wird beschrieben, dass sie dort in einer künstlichen Umgebung aus Plastik leben.

- **2. Abschnitt:** Z. 8–15: „Der missglückte Versuch, eine Freude zu bereiten"
  Begründung: Die von mir gewählte Überschrift passt meiner Meinung nach sehr gut, weil dadurch zum Ausdruck gebracht wird, dass die Erdbewohner den Rückkehrern eine Freude bereiten wollen, indem sie sie in die echte Natur begleiten. Die Bewohner der Weltraumstation reagieren jedoch völlig anders als erhofft: Sie sind eher gelangweilt und wollen zurück in die Stadt, fernsehen. Die echte Natur mit ihren Gerüchen und Farben interessiert sie überhaupt nicht.

b) **Hinweis:** *Bei dieser Aufgabe sollst du eine **geeignete Darstellungsform** wählen. In der Aufgabenstellung heißt es, dass sich die Bewohner der Erde und der Weltraumstation „austauschen", das bedeutet, dass sie sich miteinander unterhalten. Zur Darstellung einer Unterhaltung bietet sich die Form des **Dialogs** an, eines skizzierten Gesprächs zwischen den beiden Parteien. Im Gespräch äußern sie sich über ihre **Gefühle** bezüglich der **eigenen** und der ihnen **fremden** Umgebung. Andere Formen der Darstellung sind ebenfalls möglich.*

Erdbewohner: „Wir wollten euch eigentlich eine Freude bereiten, indem wir euch hier mit raus in den Wald nehmen. Aber ihr scheint unsere Natur ja gar nicht vermisst zu haben. Dabei ist bei euch in der Weltraumstation doch alles so künstlich und steril."

Weltraumbewohner: „Ja, wie sollen wir das sagen? Am Anfang war es sicherlich nicht ganz einfach, sich auf das Leben in der Weltraumstation umzustellen. Doch mittlerweile schätzen wir die Vorteile unserer künstlichen Umgebung. Alles sieht perfekt aus und riecht auch durch ein spezielles Parfum sehr gut. Wir sind also von schönen und praktischen Dingen umgeben, haben jedoch keinerlei Arbeit damit. Wir müssen keinen Rasen mähen und kein Laub zusammenrechen. Wir sparen uns also viel Zeit und Mühe."

Erdbewohner: „Und trotzdem ist doch alles öde und aus Plastik. Wir hier erleben eine Natur, die sich regelmäßig verändert und lebendig ist. Und das Schöne ist, dass es ganz unterschiedliche Arten von Landschaften gibt. Überall gibt es etwas zu entdecken: Man sieht die unterschiedlichsten Arten von Tieren, hört vielleicht einen kleinen Bach sprudeln und riecht ein Feld von Wiesenblumen. Viele von uns zieht es nach draußen an die frische Luft. Hier können wir uns erholen und neue Kraft tanken."

Weltraumbewohner: „Aber ihr könnt keinen Einfluss auf eure Umgebung nehmen. Ihr müsst euch den Jahreszeiten und dem Wetter beugen und habt keine Kontrolle. Wo liegt da der Vorteil? Wir hingegen können uns unsere Umwelt nach unseren Wünschen und Bedürfnissen gestalten. Alles ist planbar und lässt sich verändern, wenn wir es wollen."

3. a) **Hinweis:** *Elke Oertgen beschreibt in ihrem Gedicht **unterschiedliche Formen** der **Umweltzerstörung**. Deine Aufgabe ist es, jedem der aufgezählten Punkte ein **Zitat** zuzuordnen. Auch hier musst du die allgemeinen **Zitierregeln** beachten: Du musst wortwörtlich zitieren, Auslassungen kennzeichnen, das Zitat in Anführungszeichen setzen und die Nummer des Verses angeben. Sollte dein Zitat über mehrere Verszeilen gehen, kennzeichnest du das Ende eines Verses mit einem Schrägstrich /.*

Landwirtschaft
„der Erde, / die uns nährt und trägt" (V. 2/3)

Abbau von Bodenschätzen
„plündern sie aus / über und unter Tag," (V. 19/20)

Verunglückte Tiefseebohrungen
„wie die Fische verenden / und Wasservögel / mit Öl im Gefieder." (V. 25–27)

Straßenbau

„und in die Wunden gießen wir / den alles erstickenden Asphalt." (V. 15/16)

Verletzungen bleiben bestehen

„Der Erde / bleibt im Gedächtnis, / was wir ihr antun / und ihren Geschöpfen." (V. 31–34)

Unmäßige Holzwirtschaft

„rasieren von ihrer Haut / die Wälder," (V. 13/14)

b) **Hinweis:** *Hier geht es darum, die **Kernaussage** des Gedichts zu formulieren. Was möchte die Autorin mit ihrem Gedicht ausdrücken?*

Elke Oertgen macht mit ihrem Gedicht deutlich, dass wir Menschen Raubbau mit der Erde betreiben. Schamlos beuten wir sie aus, indem wir Ressourcen verschwenden, ohne auf Nachhaltigkeit zu achten; aber auch, indem wir zahllose Städte und Straßen bauen und auf diese Weise tief in das ökologische System eingreifen. Der gedankenlose Umgang mit Umweltgiften und die maßlose Gier nach Öl fordern aufgrund von menschlichem Versagen und den daraus entstehenden Naturkatastrophen immer wieder unzählige Tierleben. Viele Menschen haben den Respekt vor der Natur verloren und orientieren sich nur am Profit. Sie denken nur an das Jetzt und Hier und nicht an die nächsten Generationen, die auch auf eine intakte Umwelt angewiesen sind.

Die Menschen sind auf die Erde angewiesen, ohne sie hätten wir keinen Lebensraum und könnten nicht überleben. Dies sollte eigentlich Grund genug sein, sie zu achten und respektvoll zu behandeln. Die Autorin möchte den Leser also darauf aufmerksam machen, dass es höchste Zeit ist umzudenken.

4. **Hinweis:** *Bei einem **Interview** müssen die Fragen, die gestellt werden, aufgegriffen werden. In diesem Fall ist zu beachten, dass sich der Redakteur der Zeitung bei den Mitgliedern der Panda Ranger nach den **Gründen** für ihren Einsatz und ihre jeweiligen **Ziele** erkundigt. Informationen z. B. zur Größe des gekauften Landstücks können folglich nicht gewertet werden. Text D stellt die Basis für sinnvolle Fragen und Antworten dar. Achte darauf, dass du mindestens **drei Antworten** und **zwei Fragen** ergänzt. Besonders gut ist es, wenn du das Interview mit einem **abschließenden Satz** beendest. Du solltest deine Fragen und Antworten am besten **nummerieren**. So kannst du sicher sein, dass du nicht versehentlich etwas vergisst.*

Redakteur: Wie viele seid ihr in der Gruppe?

Feli: Unsere Organisation besteht insgesamt aus 52 Personen, wobei heute nur 15 im Einsatz sind. *(Antwort 1)*

Redakteur: Was hat euch dazu bewogen, euch bei den Panda Rangern zu engagieren? *(Frage 1)*

Feli: Mir liegen vor allem die Tiere am Herzen, die durch den Menschen ihren natürlichen Lebensraum verlieren. Man muss sie schützen, da sie vom Aussterben bedroht sind. *(Antwort 2)*

Jens: Die Natur braucht unsere Hilfe, da sie immer mehr zerstört wird. Ich will einfach helfen. *(Antwort 3)*

Redakteur: Könntet ihr etwas näher beschreiben, wie diese Hilfe genau aussieht? *(Frage 2)*

Tatjana: Wir sorgen zum Beispiel dafür, dass ein Stück Land wieder in seinen alten Zustand gebracht wird. Das bedeutet, dass wir in diesem Gebiet Pflanzen neu setzen und Zäune entfernen. Tiere sollen sich hier wieder wohlfühlen können. *(Antwort 4)*

Redakteur: Ich danke euch für das Gespräch und wünsche euch auch weiterhin viel Spaß bei eurem Engagement. *(Schlusssatz)*

5. a) **Hinweis:** *Diese Teilaufgabe verlangt eine **kurze Bildbeschreibung**. Das bedeutet, dass du das Bild genau betrachtest und dann beschreibst, was du darauf siehst. Hier kommt es **nicht** darauf an, die Zeichnung in allen **Einzelheiten** zu beschreiben. Du sollst die „**wesentlichen Elemente**" darstellen. Achte auf die Punkte, die es für die Aufgabe gibt: 1,5 Punkte, pro Element 0,5 Punkte. Das bedeutet, dass du **drei** wesentliche Elemente nennen musst, um die volle Punktzahl zu erreichen.*

Die Karikatur von Max Peintner zeigt ein vollbesetztes Sportstadion. Manche Zuschauer stehen, andere sitzen auf der Treppe, da sie offensichtlich keinen Sitzplatz mehr bekommen haben.
Es findet jedoch kein großes Sportereignis statt. Im Zentrum dieser Arena befindet sich ein kleiner Wald, winzig klein davor (denn der Betrachter steht weit oben hinten im Stadion) stehen vereinzelt einige Menschen.
Im Hintergrund ist eine Großstadt mit Hochhäusern und rauchenden Schornsteinen zu sehen.

b) **Hinweis:** *Eine Karikatur ist eine besondere **Form der Darstellung**. Der Karikaturist möchte auf **humorvolle, übertriebene** Art und Weise **Menschen** oder **gesellschaftliche Zustände kritisieren**. Du sollst die Karikatur von Max Peintner aus deiner **persönlichen Sicht** interpretieren. Welche Gedanken kommen dir in den Sinn, wenn du sie betrachtest? Vergiss nicht, bei deiner Deutung auf den **Titel** der Karikatur einzugehen, so ist es in der Aufgabenstellung gefordert. Der Text einer Karikatur (der Titel oder beigefügte Text) ist immer unverzichtbar, um die **volle Bedeutung** der Karikatur zu entschlüsseln.*

Das vollbesetzte Stadion zeigt, dass sich viele Tausend Menschen versammelt haben, um ein besonderes Ereignis zu beobachten und zu feiern. Auffällig ist jedoch, dass es sich dabei um keine Sportveranstaltung oder ein Musik-Event handelt. Vielmehr ist etwas ganz Alltägliches zu sehen: Ein Stück Wald. Aber wer würde für so einen Anblick Geld ausgeben und sich eine Eintrittskarte kaufen? Das hätte nur dann einen Sinn, wenn diese Ansammlung von Bäumen eben nichts Alltägliches mehr wäre, sondern etwas Seltenes und somit etwas Besonderes.
Das Stadion befindet sich inmitten einer Großstadt: Hochhäuser, Baustellen und eine aktive Industrie prägen das Bild. Wilde Wiesen, Parkanlagen und Gärten sieht man keine. Die Lebensweise der Menschen führt dazu, dass immer mehr Grünflächen und mit ihnen auch die Tiere verschwinden. Es ist also häufig nicht mehr selbstverständlich, sich in der

freien Natur bewegen zu können. Und das, obwohl viele Menschen die Natur als etwas sehr Bereicherndes erfahren: In der freien Natur erholen sich viele von ihrem (Berufs-)Alltag und lassen die Seele baumeln. Überdenkt der Mensch sein Verhalten nicht, so wird es immer weniger solcher Rückzugsorte geben.

Max Peintners humorvolle Verdrehung der Wirklichkeit zeigt ja, dass sich die Menschen nach wie vor stark zur Natur hingezogen fühlen. Die Anziehungskraft der Natur ist „ungebrochen", heißt es im Titel der Karikatur. Noch ist es zum Glück nicht so weit, wir müssen noch keinen Eintritt zahlen, um das letzte Stückchen Natur wie ein seltenes Tier im Zoo anzuschauen. Aber Peintner möchte den Betrachter durch die überspitzt dargestellte Zeichnung auf unsere Verantwortung gegenüber der Natur aufmerksam machen.

6. a) Hinweis: *Eine Broschüre ist ein kleines Heft mit wichtigen **Informationen** zu einem bestimmten **Thema**. Der Leser soll darin **sachlich** und **ausführlich** informiert werden.*
*Du sollst einen ausführlichen Text verfassen, in dem du über **verschiedene Aspekte** zum Thema Natur informierst. Du sollst erstens aufzeigen, dass Menschen einen ganz **unterschiedlichen Bezug** zur Natur haben, zweitens muss in deinem Beitrag auch deutlich werden, dass die Natur durch den Menschen **gefährdet** ist, und drittens, welche **Gründe** dafür sprechen, dass wir Menschen uns für **den Erhalt der Natur** einsetzen.*
*Am besten gehst du so vor: **Sammle** zu den verschiedenen Aspekten **Ideen** und **notiere** dir **Stichpunkte**. **Ordne** deine Stichpunkte anschließend nach steigender Wichtigkeit. **Schreibe** dann deinen Text. **Gliedere** deinen Beitrag in **drei** große **Absätze**.*

Liebe Leserinnen und Leser,	Anrede
wir Schülerinnen und Schüler haben uns bei den diesjährigen Projekttagen ausführlich mit den unterschiedlichsten Aspekten der Natur beschäftigt. In dieser Broschüre möchten wir unsere Ergebnisse allen Interessierten zur Verfügung stellen. Zur besseren Übersichtlichkeit haben wir die Informationen in verschiedene Bereiche unterteilt.	Einleitung
Natur – unterschiedliche Wahrnehmungen und Empfindungen	Aspekt 1
Zunächst einmal haben wir festgestellt, dass nicht alle Menschen der Natur die gleiche Bedeutung beimessen. So gibt es Menschen, die gar kein Bewusstsein dafür haben. Für sie ist die Umwelt etwas Selbstverständliches, etwas, dem sie Gleichgültigkeit entgegenbringen.	Menschen ohne jedes Bewusstsein für die Natur
Andere hingegen gehen bewusst hinaus in die freie Natur, um abzuschalten und sich zu erholen. Sie genießen es, im Sommer im Badesee zu schwimmen oder bei großer Hitze im kühlen Wald spazieren zu gehen. Die Natur hat für diese Menschen einen besonderen Stellenwert.	Menschen mit Bewusstsein für die Natur
Und dann gibt es noch Menschen, die sehen in der Natur einen Schatz, den man bewahren und beschützen muss. Erwachsene wie auch Jugendliche setzen sich ganz bewusst für den Naturschutz ein. Ihr gemeinsames Ziel ist es, die Natur zu schützen, damit auch weiterhin eine große Tier- und Pflanzenvielfalt erhalten bleibt.	Menschen mit einem besonderen Bewusstsein für die Natur

Gefährdung der Natur

Bedroht wird die Umwelt vor allem durch den Menschen. Autos und Flugzeuge, Zeichen für Freiheit und grenzenlose Mobilität, benötigen z. B. Öl, nach dem tief unter dem Meer unter besonderen Gefahren für die Umwelt gebohrt werden muss. Immer wieder kommt es dabei zu Naturkatastrophen, wenn z. B. ein Öltanker auf hoher See verunglückt oder sich ein Unfall auf einer Ölbohrinsel ereignet. Millionen Liter Rohöl ergießen sich dann ins Meer; die dort lebenden Wasservögel und Fische verenden daran jämmerlich.

Eine große Gefährdung der Natur stellt auch die Klimaveränderung dar, die durch einen weltweit viel zu hohen CO_2-Ausstoß verursacht wird. Ausgelöst wird dieser durch eine stetig steigende Anzahl von Fahrzeugen auf den Straßen sowie einer erhöhten industriellen Produktion. In den letzten Jahren häufen sich Naturkatastrophen wie z. B. große Hitzeperioden oder schwere Stürme.

Auch das rasante Anwachsen der Weltbevölkerung trägt zur Gefährdung der Natur bei: Ein steigender Bedarf an Lebensraum und Nahrungsmitteln führt dazu, dass riesige Waldflächen gerodet und freie Flächen planiert werden, um Städte und Straßen zu bauen. So schafft sich der Mensch den nötigen Lebensraum, zerstört aber zugleich die Lebensräume vieler Tier- und Pflanzenarten.

Gründe für den Erhalt der Natur

Die Umwelt bildet die Lebensgrundlage des Menschen. Luft, Wasser, Erdböden – wir sind in vielerlei Hinsicht auf diese Elemente angewiesen. Deshalb ist es so wichtig, dass wir lernen, Maß zu halten, und z. B. darauf achten, dass wir die Böden nicht auslaugen und die Meere nicht leer fischen. Die Natur muss sich regenerieren können. Nur so kann gewährleistet werden, dass auch künftig genügend Nahrungsmittel zur Verfügung stehen. Holzt der Mensch jedoch weiterhin bedenkenlos ganze Wälder ab, so fehlt ihm irgendwann im wahrsten Sinne des Wortes die Luft zum Atmen.

Aber auch vom reinen Überleben abgesehen, wäre es eine recht öde Welt, wenn es die Natur, so wie wir sie heute kennen, nicht mehr gäbe. Werden Tier- und Pflanzenarten durch das Eingreifen des Menschen ins Ökosystem ausgerottet, geht die lebendige Vielfalt, die unsere Erde auszeichnet, zwangsläufig verloren.

Aspekt 2
Bedrohung durch den Menschen

z. B. Bedrohung der Meere durch Ölbohrungen

Gefährdung der Natur durch Klimaveränderung

Gefährdung der Natur durch Anwachsen der Weltbevölkerung

Aspekt 3
Umwelt als Lebensgrundlage des Menschen

Natur ohne Tier- und Pflanzenvielfalt

b) **Hinweis:** *Welchen **Standpunkt** vertrittst du im Hinblick auf das Thema Natur? Hier geht es nun darum, dass du deine **eigene Meinung** äußerst. Du sollst aber nicht nur sagen, was du darüber denkst, sondern deine Meinung auch **begründen**. Bei deinen Ausführungen sollst du **alle vorliegenden Texte** und die **Karikatur** berücksichtigen. Am besten notierst du dir zu jedem der Texte und zur Karikatur einige Stichpunkte, sodass du auch wirklich keinen Text vergisst. Das kann z. B. so aussehen:*

„Unterm Rad" (Hesse):

– *Die schöne Welt, wie sie Hesse darstellt, ist erhaltenswert, z. B. ein „enzianblauer Himmel"(Z. 1), singende Buchfinken (vgl. Z. 15) etc.*

„Zu Hause" (Kaschnitz):

– *Eine Zukunft in Plastikgärten steht uns in Aussicht, z. B. „Maiglöckchen aus Plastik mit Maiglöckchenparfum" (Z. 6/7).*

„Panda Ranger":

– *Jugendliche organisieren sich in Naturschutzgruppen ...*

Für mich persönlich hat die Natur eine besondere Bedeutung. Ich bin gerne in der Natur unterwegs und genieße es, an einem Fluss oder einem See zu sitzen, einen „enzianblauen Himmel", so wie Hermann Hesse ihn beschreibt, über mir. Die Welt scheint stillzustehen und nur der Augenblick zählt. Gerade da kann ich mich so richtig entspannen und die Probleme des Alltags vergessen. Aber auch gemeinsam mit Freunden kann ich schöne Momente in der Natur erleben. Was gibt es Schöneres, als im Freien zu grillen und gemeinsam Spaß zu haben? **[persönliche Stellungnahme in der Ich-Form / Bezug auf Text A: schöne Natur ist erhaltenswert]**

Ich könnte mir ein Leben mit „Maiglöckchen aus Plastik" überhaupt nicht vorstellen. Ich mag künstliche Pflanzen nicht, weil sie nichts Lebendiges ausstrahlen, deshalb würde ich dann lieber gleich ganz darauf verzichten. In einer Welt aus Plastik würde ich sicherlich auch vermissen, wenn mich am Morgen nicht die Sonne wachkitzelt oder das Vogelgezwitscher weckt. Ich bin sehr naturverbunden und dankbar für die schöne Umgebung, in der ich lebe. **[Bezug auf Text B: Natur aus Plastik ist unvorstellbar]**

Wir Menschen entwickeln uns weiter, erfinden neue Technologien, die uns das Leben erleichtern sollen. Dieser Fortschritt vereinfacht vieles und verschafft uns auch einen gewissen Luxus. Ich habe allerdings manchmal das Gefühl, dass vergessen wird, dass die Erde viele Millionen Jahre benötigt hat, um die vorhandenen Ressourcen zu bilden, die nun so leichtfertig verschwendet werden. Wenn es so weitergeht wie bisher, wird in absehbarer Zukunft nichts mehr davon übrig sein. Wenn wir aber auch weiterhin gut leben und den nachfolgenden Generationen eine lebenswerte Zukunft ermöglichen wollen, bleibt uns gar nichts anderes übrig, als Maß zu halten und verantwortungsvoll mit der Umwelt umzugehen. Und dies scheint einer immer größeren Zahl von Menschen bewusst zu werden. Es gibt inzwischen viele Jugendliche und Erwachsene, die ihre Zeit dem Umweltschutz widmen, indem sie sich nicht nur bei den großen bekannten Organisationen, sondern auch in kleineren regionalen Gruppierungen wie z. B. den „Panda Rangern" engagieren. Je nach Arbeitsschwerpunkt steht dabei die Pflanzen- oder Tierwelt im Blickpunkt. Dieses Engagement, meist ehrenamtlich geleistet, bildet glücklicherweise ein kleines, aber bedeutendes Gegengewicht zu den Verhaltensweisen vieler großer Industriefirmen. Sonst könnte das Horrorszenario, das Max Peintner skizziert hat, doch noch Realität werden: Menschen, die für das Erleben von ein bisschen Natur **[mit Ressourcen muss gehaushaltet werden / an nachfolgende Generationen denken / Bezug auf Text D: Jugendliche engagieren sich im Umweltschutz / Bezug auf Abbildung: Horrorszenario: Eintritt zahlen für Naturerlebnis]**

Eintritt zahlen müssen. Die Natur, wie wir sie heute noch erleben können, wäre eine Seltenheit geworden.

Meiner Meinung nach kann man die Uhr nicht einfach zurückdrehen: Wir Menschen haben uns an bestimmte Annehmlichkeiten und vor allem im Westen an einen bestimmten Lebensstandard gewöhnt, den wir natürlich halten möchten. Jeder Einzelne von uns hat aus diesem Grund die Pflicht, sich bewusst zu machen, dass man die Umwelt nicht ungestraft belasten und ausbeuten kann. Dies bedeutet auch, dass die heutigen Erwachsenen konsumkritisch einkaufen und leben müssen und nicht nur ihre Bedürfnisse ernstnehmen dürfen, sondern auch die Bedürfnisse der Natur beachten müssen. Besonders wichtig ist es, bereits in jungen Jahren ein Bewusstsein für diese Problematik zu schaffen. Der verantwortungsvolle Umgang mit „Mutter Natur" sollte verpflichtender Inhalt des Schulunterrichts sein. Aber auch innerhalb der Familien sollte der wertschätzende Umgang mit der Natur gelebt werden. Die nachfolgenden Generationen werden die Leidtragenden sein, wenn wir unsere Umweltprobleme nicht in den Griff bekommen.

Randnotizen:
- Uhr kann nicht zurückgedreht werden, aber ...
- ... jeder Einzelne trägt Verantwortung
- Bezug auf Text C: Ausbeutung der Natur bleibt nicht ungestraft
- Bewusstsein für Umweltprobleme schon früh schaffen, in der Schule ...
- und in der Familie

Abschlussprüfung der 10. Klasse an Werkrealschulen in Baden-Württemberg
Deutsch 2014

Glück und Zufriedenheit

Die folgenden Texte befassen sich mit dem Themenbereich „Glück und Zufriedenheit".

Lesen Sie die Texte genau durch und bearbeiten Sie dann die Aufgaben.

Die Bearbeitung der Aufgaben in der vorgegebenen Reihenfolge ist hilfreich.

Sie können ein Rechtschreibwörterbuch verwenden. Arbeitszeit: 240 Minuten

Text A: Auf der Schaukel sitzt ein Kind (Do Solis Rangel *1939)

1 Auf der Schaukel sitzt ein Kind.
Es kann nicht gehen, es kann nicht stehen.
Es ist lahm und blind.
Es sitzt zum ersten Mal auf der Schaukel.
5 Aber es hat doch gar nichts davon, sagen die Leute,
das arme Kind ist lahm und blind!
Warum soll es nicht trotzdem schaukeln,
fragt die Schwester.
Und das Kind schaukelt und lacht
10 und ruft ganz aufgeregt:
Ich spüre den Wind!
Ich spüre den Wind!

Solis-Rangel, Doris: Auf der Schaukel sitzt ein Kind. Im Internet unter:
http://marydi.jimdo.com/gedichte_sprueche_ueber_menschen_mit_einer.php. Stand: 22. 11. 2012.

Text B: Arme Leute (Philip E. Humbert)

1 Eines Tages nahm ein Mann seinen Sohn mit aufs Land, um ihm zu zeigen, wie arme Leute leben. Vater und Sohn verbrachten einen Tag und eine Nacht auf einer Farm einer sehr armen Familie. Als sie wieder zurückkehrten, fragte der Vater seinen Sohn: „Wie war dieser Ausflug?"
„Sehr interessant!" antwortete der Sohn.
5 „Und, hast du gesehen, wie arm Menschen sein können?"
„Oh ja, Vater, das habe ich gesehen."
„Was hast du also gelernt?", fragte der Vater.
Und der Sohn antwortete: „Ich habe gesehen, dass wir einen Hund haben und die Leute auf der Farm haben vier. Wir haben einen Swimmingpool, der bis zur Mitte unseres Gartens reicht, und
10 sie haben einen See, der gar nicht mehr aufhört. Wir haben prächtige Lampen in unserem Garten und sie haben die Sterne. Unsere Terrasse reicht bis zum Vorgarten und sie haben den ganzen Horizont."
Der Vater war sprachlos.
Und der Sohn fügte noch hinzu: „Danke Vater, dass du mir gezeigt hast, wie arm wir sind."

Humbert, Philip E.: Arme Leute. Im Internet unter: http://www.zeitzuleben.de/2866-arme-leute, Übersetzer: Zeit zu leben Verlags- und Trainingsgesellschaft mbH.

Text C: Portrait der Familie (Hans Georg Bulla *1949)

1 Einen haben sie
in ihrer Mitte,
der hat keinen Boden
nur die Wolken
5 unter den Füßen,
der steht kopf.
Ihn halten sie fest
in ihrer Mitte,
wo sonst, wie sonst.

Bulla, Hans Georg: Portrait der Familie. In: Kindheit und Kreide, Gedichte, Suhrkamp Verlag, Frankfurt am Main 1986, S. 14.

Text D: Die Pinguin-Geschichte (Eckart von Hirschhausen *1967)

1 Vor Jahren wurde ich als Moderator auf einem Kreuzfahrtschiff engagiert. Da denkt jeder: „Tolle Sache." Das dachte ich auch, bis ich auf das Schiff kam. Dort merkte ich leider schnell: Ich war, was das Publikum betraf, auf dem falschen Dampfer. Ich kam beim Publikum nicht an. Kurz gesagt – ich war auf der Kreuzfahrt kreuzunglücklich.

5 Endlich, nach drei Tagen auf See, fester Boden. Ich ging in den Zoo. Im Zoo sah ich einen Pinguin auf seinem Felsen stehen. Ich dachte: „Du hast es ja auch nicht besser als ich. Immerzu Smoking? Wo ist eigentlich deine Taille? Die Flügel zu klein. Du kannst nicht fliegen. Und vor allem: Hat der Schöpfer bei dir die Knie vergessen?" Mein Urteil stand fest: Fehlkonstruktion.

Dann ging ich eine kleine Treppe hinunter und sah durch eine Glasscheibe in das Schwimmbe-
10 cken der Pinguine. Und da sprang „mein" Pinguin ins Wasser, schwamm dicht vor mein Gesicht, schaute mich an, und ich spürte, jetzt hatte er Mitleid mit mir. Er war in seinem Element.

Ich habe es nachgelesen: Ein Pinguin ist zehnmal windschnittiger als ein Porsche! Mit der Energie aus einem Liter Benzin käme er über 2 500 km weit! Pinguine sind hervorragend geeignet zu schwimmen, zu jagen, zu spielen – und im Wasser viel Spaß zu haben. Sie sind besser als alles,
15 was Menschen jemals gebaut haben.

Und ich dachte: Fehlkonstruktion!

Der Pinguin erinnert mich an zwei Dinge: erstens, wie schnell ich Urteile fälle, nachdem ich jemanden in nur einer Situation gesehen habe, und wie ich damit komplett danebenliegen kann. Und zweitens: wie wichtig das Umfeld ist, damit das, was man gut kann, überhaupt zum Tragen
20 kommt, zum Vorschein und zum Strahlen. Wir alle haben unsere Stärken und unsere Schwächen. Wenn wir immer wieder denken: „Ich wäre gerne so wie die anderen", kleiner Tipp: „Andere gibt es schon genug!"

Und wenn du merkst, du bist ein Pinguin, schau dich um, wo du bist. Wenn du feststellst, dass du dich schon länger in der Wüste aufhältst, liegt es nicht nur an dir, wenn es nicht „flutscht". Alles,
25 was es braucht, sind kleine Schritte in die Richtung deines Elements. Finde dein Wasser. Und dann heißt es: Spring ins Kalte! Und schwimm! Und du weißt, wie es ist, in deinem Element zu sein.

Nach: von Hirschhausen, Eckart: Glück kommt selten allein, Rowohlt Verlag, Reinbek bei Hamburg 2009, S. 355 f.

Text E: Zitate/kurze Texte

❶ „Der häufigste Fehler der Menschen ist, dass sie in den Wolken suchen, was zu ihren Füßen liegt."
(Arthur Schopenhauer, 1788–1860)

❷ „Das Wenigste gerade, das Leiseste, das Leichteste, einer Eidechse Rascheln, ein Hauch, ein Husch, ein Augenblick – wenig macht die Art des besten Glücks."
(Friedrich Nietzsche, 1844–1900)

❸ „Der Mensch glaubt, Glück lasse sich erwerben. Und da er es glaubt, sucht er unablässig und in allen Richtungen danach. Schließlich findet er nach allem Suchen, dass wahres Glück nicht aus sogenannten Vergnügungen besteht."
(Hazrat Inayat Khan, 1882–1927)

❹ „Man muss sein Glück teilen, um es zu multiplizieren."
(Marie von Ebner-Eschenbach, 1830–1916)

❺ „Das Glück des Lebens besteht nicht darin, wenig oder keine Schwierigkeiten zu haben, sondern sie zu überwinden." *(Carl Hilty, 1833–1909)*

1 Aus: Schopenhauer, Arthur: Über Schriftstellerei und Stil, in: Parerga und Paralipomena II, Insel Verlag, Leipzig 1913.
2 Aus: Nietzsche, Friedrich: Nietzsche's Werke, Bd. 6, Also sprach Zarathustra, Kröner Verlag, Leipzig 1904.
3 Aus: Khan, Inayat Hazrat: Der Zweck des Lebens, übersetzt aus dem Engl. von Wilhelm G. Hertz, E. Reinhardt Verlag, München 1930.
4 Aus: Ebner-Eschenbach, Marie: Gesammelte Schriften, erster Band: Aphorismen, Parabeln, Märchen und Gedichte, Gebrüder Paetel Verlag, Berlin 1893.
5 Aus: Hilty, Carl: Für schlaflose Nächte, Verlag: J. Huber, J.C. Hinrichs, Frauenfeld, Leipzig 1901.

Aufgaben   Punkte

Die Bearbeitung der Aufgaben in der vorgegebenen Reihenfolge ist hilfreich.

1. In dem Text „Auf der Schaukel sitzt ein Kind" (Text A) geht es um ein besonderes Kind.

    a) Beschreiben Sie alle Besonderheiten des Kindes.   1

    b) Nehmen Sie Stellung zu der Aussage der Leute in dem Gedicht (Text A).   1

    c) Was wird mit den letzten vier Zeilen zum Ausdruck gebracht?
    Erklären Sie mit eigenen Worten.   1

    d) Der Text A weist sprachliche Besonderheiten auf. Benennen Sie eine dieser Besonderheiten und belegen Sie diese mit einem Beispiel aus dem Text.   1

2. Der Vater nimmt in Text B „Arme Leute" seinen Sohn mit zu einer Farm.

    a) Was möchte der Vater damit erreichen? Erklären Sie mit eigenen Worten.   1

    b) Für den Vater und den Sohn in Text B „Arme Leute" bedeuten die Worte „arm" und „reich" Unterschiedliches. Stellen Sie die Unterschiede dar.   2

    Finden Sie eine geeignete Form der Darstellung.   1

    c) Die Geschichte endet überraschend. Begründen Sie.   1

3. Das Gedicht „Portrait der Familie" (Text C) setzt sich mit einer Familie auseinander.

   a) In den Zeilen drei bis sechs wird ein Familienmitglied dargestellt. Welche Art von Persönlichkeit könnte gemeint sein? Beschreiben Sie typische Verhaltensweisen. 2

   b) Der Begriff „Mitte" hat in diesem Gedicht zwei Bedeutungen. Erklären Sie. 2

4. In Text D „Die Pinguin-Geschichte" beschreibt der Autor, wie er zu einer neuen Erkenntnis kommt.

   a) Fassen Sie den Inhalt des Textes D bis Zeile 16 (Fehlkonstruktion) in wenigen Sätzen zusammen. 2

   b) Welche Erkenntnisse (Text D) zieht der Erzähler aus der Beobachtung des Pinguins? 2

   c) Folgende Aussagen spiegeln Gedanken der Pinguingeschichte wider. Erläutern Sie einen der Gedanken anhand einer dieser Aussagen. 1
      – Ich sehe einen schlanken, sonnengebräunten Menschen und denke, er ist sportlich.
      – Ich habe Schwierigkeiten im Umgang mit Menschen und entscheide mich trotzdem für einen Pflegeberuf.

5. Die Bedeutung einiger Zitate (Texte E 1 bis E 5) können auf die anderen Texte (Text A bis Text D) übertragen werden.
   Wählen Sie zwei dieser Zitate aus und ordnen Sie diese jeweils einem passenden Text zu. Begründen Sie kurz Ihre Entscheidungen. 2

6. Im Ethik- und Religionsunterricht befassen Sie sich immer wieder mit dem Themenbereich „Glück und Zufriedenheit".

   a) Sie sollen für Ihre Klassenkameraden einen Informationstext zusammenstellen, aus dem deutlich wird, woraus sich das Gefühl von Zufriedenheit und Glück bei einzelnen Menschen ergeben kann. Berücksichtigen Sie die Texte A bis E und Ihre eigenen Erfahrungen.

   b) Entwickeln Sie eine Vision, wie Ihr Leben in zehn Jahren aussehen müsste, damit Sie von sich sagen können: „Ich bin zufrieden und glücklich." 20

   Davon a: Inhalt 6
   Davon b: Inhalt 4
   Davon a und b: Sprache / Ausdruck 10

Lösungen

1. a) **Hinweis:** *Was ist an dem Kind auf der Schaukel anders, als an anderen Kindern? Formuliere einen **vollständigen Satz**, in dem du die **Besonderheiten des Kindes** nennst.*

   Bei dem Kind auf der Schaukel handelt es sich um ein behindertes Kind, das weder sehen, noch gehen und auch nicht selbstständig stehen kann.

   b) **Hinweis:** *Überlege zunächst, welche „**Aussage der Leute**" hier gemeint ist. Gut ist es, wenn du diese auch in deinen Antworttext mit aufnimmst. Überlege dann, was du von der Aussage hältst und **begründe** deine Meinung. Nimm Stellung!*

   Die Aussage der Leute „Aber es hat doch gar nichts davon" (V. 5) verdeutlicht, dass anscheinend viele Menschen der Meinung sind, es sei wenig sinnvoll, ein stark körperlich behindertes Kind auf eine Schaukel zu setzen, da es ohnehin keine Freude darüber empfinden könne. Sie glauben, dass man nur dann etwas vom Leben hat, wenn man körperlich unversehrt ist. Das Leben scheint nur dann lebenswert zu sein, wenn man es mit allen Sinnen wahrnehmen und leben kann.
   Dies ist meiner Meinung nach eine sehr eingeschränkte Sicht auf das Leben: Jemand, der gesund und körperlich unversehrt ist, kann sich in das Leben behinderter Menschen gar nicht wirklich hineinversetzen und sich somit auch kein Urteil erlauben. Außerdem zeigt das Gedicht, dass das Kind sehr viel davon hat, auf der Schaukel zu sitzen, denn es „schaukelt und lacht / und ruft ganz aufgeregt: / Ich spüre den Wind! / Ich spüre den Wind!" (V. 9–12) Das zeigt deutlich, dass das Kind glücklich ist.

   c) **Hinweis:** *Sieh dir die letzten vier Verse noch einmal an. Worum geht es **inhaltlich**? Was bringt die Autorin darin zum **Ausdruck**? Erkläre mit eigenen Worten.*

   Das dort beschriebene Kind ist körperlich stark behindert und trotzdem ist es in diesem Moment glücklich und zufrieden. Es kann die Umgebung vielleicht nicht so wahrnehmen wie andere Kinder, aber es spürt den Wind auf der Haut und ist sehr glücklich darüber. Die Freude, die es empfindet, erkennt man daran, dass es lacht und aufgeregt ruft, dass es den Wind spürt.

   d) **Hinweis:** *Trotz ihres geringen äußeren Umfangs, sind Gedichte sehr **inhaltsreich**. Diese inhaltliche Dichte erreicht der Autor durch die Verwendung verschiedener **sprachlicher Mittel**. Lies das Gedicht also noch einmal aufmerksam durch und achte darauf, mit welchen sprachlichen Mitteln der **lyrische Sprecher** seine Gedanken zum Ausdruck bringt. Gibt es **sprachliche Bilder** (z. B. bildhafter Vergleich, Metapher)? Gibt es Auffälligkeiten bei der **Wortwahl** (z. B. ungewöhnliche Wörter, ganz gewöhnliche Wörter, Fachbegriffe) oder beim **Satzbau** (z. B. lange Sätze, kurze Sätze, Schachtelsätze)? Achte insbesondere auch auf **Wiederholungen**. Zur Erreichung der vollen Punktzahl musst du **eine** Besonderheit nennen und diese mit einem **Zitat** belegen. Schreibe die Textstelle wortwörtlich heraus. Denke daran, dass du Auslassungen innerhalb des Zitats kennzeichnen musst! Damit der Leser erkennt, dass es sich um ein Zitat handelt, musst du es in **Anführungszeichen** setzen und mit **Versangaben** versehen. Sollte dein Zitat über mehrere Verszeilen gehen, kennzeichnest du das Ende eines jeden Verses mit einem Schrägstrich /.*

Mögliche Lösungen:

- Wortwiederholungen
  - „<u>Es kann nicht</u> gehen, <u>es kann nicht</u> stehen. / <u>Es</u> ist lahm und blind. / <u>Es</u> sitzt zum ersten Mal auf der Schaukel." (V. 2–4)
  - „Schaukel" (V. 1 u. 4), „schaukeln" (V. 7), „schaukelt" (V. 9)
- Verswiederholungen
  - „Ich spüre den Wind! / Ich spüre den Wind!" (V. 11/12)
- fehlende Anführungszeichen bei wörtlicher Rede
  - „Aber es hat doch gar nichts davon, sagen die Leute, / das arme Kind ist lahm und blind!" (V. 5/6)
  - „Warum soll es nicht trotzdem schaukeln, / fragt die Schwester." (V. 7/8)
  - „Ich spüre den Wind!" (V. 11/12)
- kein Reimschema
  - Es gibt in diesem Gedicht nur zwei Verse, die sich reimen (V. 1 u. 3), alle anderen reimen sich nicht. Wörter am Ende der Verszeilen: „stehen" (V. 2), „Schaukel" (V. 4), „Leute" (V. 5), „blind" (V. 6), „schaukeln" (V. 7) … (→ reimen sich nicht)
- Zeilensprung (Fachbegriff: Enjambement; ein Satz greift auf die nächste Zeile über)
  - „Und das Kind schaukelt und lacht / und ruft ganz aufgeregt:" (V. 9/10)

2. a) **Hinweis:** *Erkläre mit **eigenen Worten**, was der Vater mit dem Ausflug aufs Land bezwecken möchte. Schreibe vollständige Sätze.*

   Der Vater möchte erreichen, dass sein Sohn wahrnimmt, wie arme Menschen ihr Leben fristen. Zugleich möchte er ihm aber auch bewusst machen, wie gut es ihnen, im Vergleich zu anderen Menschen, geht. Möglicherweise möchte er seinen Sohn auch dazu anspornen, in seine Fußstapfen zu treten, damit dieser den erreichten Lebensstandard halten kann.

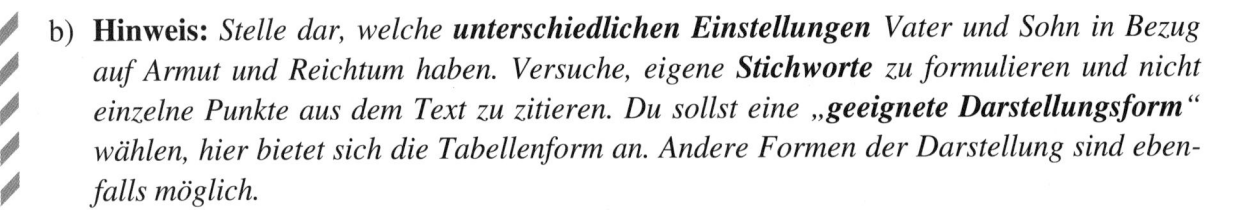

   b) **Hinweis:** *Stelle dar, welche **unterschiedlichen Einstellungen** Vater und Sohn in Bezug auf Armut und Reichtum haben. Versuche, eigene **Stichworte** zu formulieren und nicht einzelne Punkte aus dem Text zu zitieren. Du sollst eine „**geeignete Darstellungsform**" wählen, hier bietet sich die Tabellenform an. Andere Formen der Darstellung sind ebenfalls möglich.*

	Armut	**Reichtum**
Sohn	– Begrenzung auf materielle Dinge	– Raum/Weite erfahren – Natur erleben
Vater	– Mangel an Besitztümern – harte körperliche Arbeit	– materielle Werte – Leben in der Stadt

Lösungen: Deutsch – Abschlussprüfung 2014

c) **Hinweis:** *Das Ende dieser Geschichte war so nicht unbedingt vorhersehbar. Zeige auf, inwiefern sich die Geschichte **anders entwickelt**, als der Leser es zu Beginn der Geschichte möglicherweise vermutet hat.*

Die Überschrift von Text B weist darauf hin, dass es in dem Text um „arme Leute" geht. Und die ersten Sätze bestärken den Leser in dieser Vermutung, denn dort heißt es, dass Vater und Sohn einen Tag auf der Farm einer „sehr armen Familie" verbringen. Der Sohn vergleicht, wie vom Vater erhofft, sein Leben mit dem Leben der Menschen auf der Farm. Und plötzlich erhält diese Geschichte eine Wendung: Dem Sohn wird bewusst, wie armselig sein eigenes Leben im Vergleich zum Leben dieser Menschen ist. Ihm erscheint das einfache Landleben in freier Natur, ohne jeden materiellen Luxus erstrebenswerter als sein bisheriges Leben. Der Vater erreicht bei seinem Sohn also genau das Gegenteil von dem, was er erreichen wollte.

3. a) **Hinweis:** *Lies dir die Verse drei bis sechs noch einmal durch. Überlege, welcher Menschentyp darin dargestellt sein könnte? Benenne diese Art von **Persönlichkeit** und schildere für sie **typische Verhaltensweisen**. Versuche, die **übertragene Bedeutung** der Verse zu verstehen.*

Mögliche Lösungen:

– Träumer
  Ein Träumer steht nicht mit beiden Beinen auf dem Boden, sondern hängt immer seinen Träumen nach. Häufig bekommt ein Träumer deshalb gar nicht mit, was um ihn herum geschieht. Er lebt wie in einer eigenen Welt und ist glücklich damit.

– Aussteiger
  Ein Aussteiger hält nichts von den materiellen Werten, die den Menschen in seiner Umgebung so wichtig sind. Für ihn ist Glück und Zufriedenheit nicht mit Luxusgütern verbunden. Er möchte vielmehr das Leben genießen und geht deshalb keiner geregelten Arbeit nach. Er lebt in den Tag hinein und schaut, was das Leben ihm bringt.

b) **Hinweis:** *Sieh dir zunächst die **wörtliche Bedeutung** des Begriffs „Mitte" an. Überlege dann, welche **übertragene Bedeutung** er hier im Zusammenhang mit dem Begriff der Familie hat.*

Nimmt man den Begriff der Mitte wörtlich, so wird damit beschrieben, dass sich etwas im Zentrum befindet. Setzt man diesen Begriff aber in direkten Bezug zur Familie, so ergibt sich eine weitere, übertragene Bedeutung: Mit „Mitte" ist gemeint, dass man Teil der Familie ist. Es bedeutet aber zugleich auch, dass diese Familie ihren Mitgliedern besonderen Schutz bietet. Die Menschen in Text C schaffen einen Raum, in dem sich die beschriebene Person sicher und geborgen, aufgehoben fühlen kann: „Ihn halten sie fest / in ihrer Mitte". (V. 7/8) Durch ihren Zusammenhalt bleibt das etwas „andere" Familienmitglied im Gleichgewicht.

4. a) **Hinweis:** *Fasse für eine **Inhaltswiedergabe** kurz und bündig die **wesentlichen Ereignisse** bis zu der genannten Zeile zusammen. Verwende als Zeitform das **Präsens**. Achte darauf, dass du keine Nacherzählung schreibst.*

Der Erzähler arbeitet als Moderator auf einem Kreuzfahrtschiff und ist unglücklich, weil er beim Publikum keinen Erfolg hat. Bei einem Landgang besucht er einen Zoo und beobachtet Pinguine, insbesondere einen Pinguin. Relativ schnell kommt er zu dem Urteil, dass dieses Tier eine Fehlkonstruktion der Natur sein muss: Es kann nicht fliegen und watschelt unbeholfen in der Gegend herum. Als der Pinguin allerdings in sein wahres Element, das Wasser, eintaucht, muss der Erzähler sein Urteil revidieren (zurücknehmen, ändern, korrigieren): Er erkennt, dass dieses Tier ganz im Gegenteil eine wunderbare Konstruktion der Natur ist, besser als alles, was Menschen jemals konstruiert und gebaut haben.

b) **Hinweis:** *Das Erlebnis mit dem Pinguin hat den Erzähler zum **Nachdenken** gebracht. Welche **Schlussfolgerungen** zieht er aus seinen Beobachtungen? Die Zeilen 17 bis 27 helfen dir bei der Beantwortung dieser Frage.*

Der Erzähler wird sich bewusst, wie schnell er auch in anderen Lebensbereichen Urteile fällt, z. B. über Mitmenschen, obwohl er sie gar nicht kennt. Er lässt sich von Äußerlichkeiten beeinflussen und muss feststellen, dass der erste Eindruck täuschen und man mit seiner Einschätzung ziemlich falsch liegen kann. Dem anderen wirklich gerecht werden kann man nur, wenn man ihm die Möglichkeit gibt, ihn näher kennenzulernen. Der Erzähler wird sich aber auch darüber klar, dass das jeweilige Umfeld entscheidend dazu beiträgt, ob jemand seine Stärken erkennen und entfalten kann. Erst wenn man sein „Element" gefunden hat, können die eigenen Stärken auch zum Tragen kommen.

c) **Hinweis:** *Die beiden in der Aufgabenstellung genannten Aussagen **spiegeln Gedanken** aus der Pinguingeschichte **wider**, das heißt, die Pinguingeschichte lässt sich auf diese Beispiele **übertragen**. Um die volle Punktzahl zu erreichen, genügt es, wenn du dir **eine** der beiden Aussagen genauer ansiehst und erläuterst, welcher Gedanke aus der Pinguingeschichte sich hierin ausdrückt.*

– „Ich sehe einen schlanken, sonnengebräunten Menschen und denke, er ist sportlich."

Ich schaue mir diesen Menschen an und bilde mir, allein aufgrund des äußeren Erscheinungsbildes, ein Urteil. Dieses Urteil fällt positiv aus, da ich Dinge an der Person wahrnehme, die mir gefallen. Ich gehe automatisch davon aus, dass dieser Mensch sportlich ist, da er schlank und braungebrannt ist. Womöglich geht er regelmäßig joggen. Mir geht es so wie dem Erzähler der Pinguingeschichte: Ich mache mir ein Bild von jemandem, den ich nicht näher kenne und über den ich nichts weiß. Es könnte genauso gut sein, dass dieser Mensch gänzlich unsportlich ist und sein ganzes Leben lang kaum Sport getrieben hat.

– „Ich habe Schwierigkeiten im Umgang mit Menschen und entscheide mich trotzdem für einen Pflegeberuf."

Wenn ich mich trotz meiner Schwierigkeiten im Umgang mit Menschen für einen Pflegeberuf entscheide, werde ich sicherlich nicht glücklich werden mit meiner Berufswahl. Ich kann wohl kaum erfolgreich sein auf diesem Gebiet und den Menschen nicht die Stütze sein, die sie brauchen. Der Erzähler der Pinguingeschichte hat mit seiner Geschichte deutlich gezeigt, dass man nur dann gut sein kann, z. B. in seinem Beruf, wenn man sich dort richtig aufgehoben fühlt. Zufriedenheit erlangt der Mensch nämlich nur dann, wenn er seine Stärken ausspielen kann. Ziel muss es also sein, dass ich Schritt für Schritt versuche herauszufinden, was mir wirklich liegt, und dann einen Beruf wähle, der mir und meinen Fähigkeiten entspricht. Dann werde ich Spaß an meiner Arbeit haben und es wird sich automatisch ein Gefühl der Sinnhaftigkeit und Zufriedenheit einstellen.

5. Hinweis: *Die Zitate befassen sich alle mit dem **Thema „Glück"**. Lies sie genau durch und versuche ihre jeweilige Kernaussage zu erfassen. Wähle **zwei** der Aussagen aus und **ordne** sie einem passenden Text (A–D) **zu**. Wichtig: **Begründe** deine Zuordnung kurz.*

Mögliche Lösungen:

❶ „Der häufigste Fehler der Menschen ist, dass sie in den Wolken suchen, was zu ihren Füßen liegt." *(Arthur Schopenhauer, 1788–1860)*

Zuordnung zu Text B

Begründung: In Text B wird deutlich, dass nicht das Streben nach immer mehr materiellen Reichtümern – „in den Wolken suchen" – Glück und Zufriedenheit bringt. Das einfache Leben, ohne besonderen Luxus, das, „was zu ihren Füßen liegt", beeindruckt den Sohn in der Geschichte nachhaltig. Gerade die Einfachheit und die dadurch erlangte Freiheit sieht er als erstrebenswertes Ziel an. Die Menschen, die er den Tag über beobachtet hat, strahlen für ihn Zufriedenheit aus.

❷ „Das Wenigste gerade, das Leiseste, das Leichteste, einer Eidechse Rascheln, ein Hauch, ein Husch, ein Augenblick – wenig macht die Art des besten Glücks."
(Friedrich Nietzsche, 1844–1900)

Zuordnung zu Text A

Begründung: Glücksmomente erfahren Menschen auch in ganz alltäglichen Situationen. Dabei geht es um Augenblicke, in denen sich diese Personen frei und lebendig fühlen. So wird es auch in Text A dargestellt, worin das behinderte Kind vor Freude jauchzt, als es den Wind auf seiner Haut spürt. Es geht hier also um die kleinen Dinge im Leben, die den Menschen Zufriedenheit bereiten. Denn „wenig macht die Art des besten Glücks".

Zuordnung zu Text B

Begründung: Glück und Zufriedenheit lassen sich nicht danach bemessen, wie viel Luxus ein Mensch um sich herum angehäuft hat. Es gibt Menschen, die andere Werte vorziehen und für die sich Glück anders definiert. Die beiden Personen in Text B stehen für die unterschiedlichen Vorstellungen, die Menschen haben können: Der Vater ist an materiellen Werten orientiert, der Sohn hingegen bevorzugt ein Leben, in dem er die Natur erleben kann und Freiräume hat. Er braucht den Luxus nicht und misst ihm keinen hohen Stellenwert zu, denn „wenig macht die Art des besten Glücks".

❸ „Der Mensch glaubt, Glück lasse sich erwerben. Und da er es glaubt, sucht er unablässig und in allen Richtungen danach. Schließlich findet er nach allem Suchen, dass wahres Glück nicht aus sogenannten Vergnügungen besteht." *(Hazrat Inayat Khan, 1882–1927)*

Zuordnung zu Text B

Begründung: Der Vater in Text B möchte seinem Sohn zeigen, wie gut es ihnen, im Vergleich zu anderen Menschen, geht. Bewusst nimmt er ihn mit aufs Land. Er geht davon aus, dass die dort lebenden Menschen durch ihre Art zu leben kaum Luxus angehäuft haben können. Reichtum ist für ihn gleichbedeutend mit Glück. Er gehört zu den Menschen, die glauben, „Glück lasse sich erwerben". Sein Sohn zeigt ihm jedoch durch seine Äußerungen, dass wahres Glück nichts mit alledem zu tun hat.

❹ „Man muss sein Glück teilen, um es zu multiplizieren."
(Marie von Ebner-Eschenbach, 1830–1916)

Zuordnung zu Text C

Begründung: Text C beschreibt eine Person, die gerne vor sich hin träumt, mit den Gedanken woanders ist und in ihrer eigenen Welt lebt. Es scheint jemand zu sein, der anders ist, als die anderen Familienmitglieder. Und trotzdem fühlt sich diese Person in ihrer Familie sicher und geborgen, ist glücklich und zufrieden. Die Familienmitglieder akzeptieren die Andersartigkeit und freuen sich am Glück und der Zufriedenheit des anderen. Es macht sie glücklich zu wissen, dass er glücklich ist.

❺ „Das Glück des Lebens besteht nicht darin, wenig oder keine Schwierigkeiten zu haben, sondern sie zu überwinden." *(Carl Hilty, 1833–1909)*

Zuordnung zu Text D

Begründung: In der „Pinguin-Geschichte" ruft der Autor dazu auf, sich über das eigene Leben Gedanken zu machen. Und wenn man feststellt, dass man in gewissen Bereichen immer wieder auf Probleme stößt, so muss man sich fragen, ob man sich im richtigen Umfeld bewegt. Kann man an der Stelle, an der man sich befindet, all seine Stärken zum Tragen bringen? Ist dies nicht der Fall, so geht es darum, sich Schritt für Schritt neu zu orientieren und sich bewusst zu machen, was man wirklich will. Wer bei den ersten Schwierigkeiten nicht aufgibt, sondern daran arbeitet, „sie zu überwinden", der ist ein zufriedener Mensch. Er stellt sich den Herausforderungen des Lebens und wird daran wachsen, nicht scheitern.

6. a) Hinweis: *Ein informativer Text dient dazu, dem Leser über ein **Thema** wichtige **Kenntnisse** zu vermitteln. Das Thema lautet hier „**Glück und Zufriedenheit**", dein Leser bzw. deine **Leser** sind deine Mitschüler. Versuche, die unterschiedlichen Facetten von Glück näher zu beleuchten, indem du Informationen aus den Texten A–E verwertest und auch eigene Erfahrungen einfließen lässt. Sieh dir die einzelnen Texte noch einmal gründlich an. Überlege dabei, welcher **Aspekt** in jedem Text im **Vordergrund** steht. Mache dir **Notizen** am Rand. Ordne deine Notizen und erstelle so eine **Gliederung**. Anschließend verfasst du deinen Text. In der **Einleitung** stellst du das Thema kurz vor. Im **Hauptteil** informierst du ausführlich über die unterschiedlichen Aspekte von Glück und Zufriedenheit. Kennzeichne die einzelnen Aspekte durch **Absätze**. Mit einem **Schlussgedanken** rundest du deinen Text ab. Hier kannst du ein abschließendes kurzes Fazit ziehen. Verfasse deinen Text so, dass ihn auch jemand ohne Hintergrundwissen verstehen kann. Achte darauf, in einem **neutralen Stil** zu schreiben, ohne Wertungen abzugeben; du sollst bei dieser Teilaufgabe keine Stellung beziehen. Denke daran, eine aussagekräftige **Überschrift** zu finden.*

Glück und Zufriedenheit – was Menschen wirklich glücklich macht   Überschrift

Nicht nur in der Schule befasst man sich mit dem Thema „Glück und Zufriedenheit". In Zeitungen und Zeitschriften werden regelmäßig Ranglisten der glücklichsten Völker auf Erden abgedruckt. Im Ländervergleich der letzten Jahre fällt auf, dass ein so reiches Land wie die Bundesrepublik Deutschland nurmehr im Mittelfeld landet. Grund genug, sich näher damit zu beschäftigen, was Menschen glücklich macht.   **Einleitung** Hinführung zum Thema

Es gibt Menschen, die empfinden Glück und Zufriedenheit, wenn sie sich mit Luxusgütern umgeben und sich Dinge leisten können, von denen andere nur träumen. Sie bemessen ihren Erfolg und häufig auch ihren eigenen Wert an den Dingen, die sie – für alle nach außen gut sichtbar – vorweisen können. Dazu gehören ein großes Haus, ein teurer Sportwagen, das beste Smartphone und der neueste Tablet-Computer, möglicherweise auch Luxusreisen in ferne Länder. Solche Menschen häufen immer mehr Besitz an, in dem Glauben, ihrem Leben dadurch einen Sinn zu geben und Zufriedenheit zu erlangen.   **Hauptteil** Bezug zu Text B: Glück und Zufriedenheit durch materielle Werte

Die Hoffnung, durch Reichtum glücklich zu werden, scheinen viele Menschen zu haben, denn wöchentlich spielen Millionen allein in Deutschland Lotto, um sich die Chance auf das große Glück zu sichern. Glück wird hier mit einem hohen Geldbetrag gleichgesetzt. Erstaunlich ist nur, dass man immer wieder von Lottogewinnern hört, die zwar den Jackpot geknackt und mehrere Millionen Euro gewonnen haben, die aber trotzdem nicht glücklich geworden sind.   Beispiel: Lotto

Wenn man sich nun aber in der Gesellschaft umschaut, sieht man ebenso viele Menschen, denen nichts daran liegt, materielle Besitztümer anzuhäufen, und die trotzdem von sich sagen, dass sie glücklich sind. Woraus beziehen diese Menschen das Gefühl von Zufriedenheit?   Glück und Zufriedenheit durch ideelle Werte

D 2014-11

Für viele Menschen zeigt sich das Glück in den ganz kleinen Dingen des Alltags: Menschen, die einem freundlich zulächeln oder an der Kasse den Vortritt lassen. Diese kleinen Gesten drücken Respekt und Wertschätzung aus und hinterlassen beim Gegenüber ein gutes Gefühl. *Bezug zu Text A: Glück zeigt sich in den kleinen Dingen des Alltags*

Als zufrieden erleben sich Menschen immer dann, wenn sie etwas tun können, das ihnen Spaß macht und ihrem Leben einen Sinn verleiht. Gerade Menschen, die sich z. B. ehrenamtlich engagieren und Zeit für andere aufbringen, berichten, dass es sie selbst unglaublich glücklich und zufrieden macht, anderen Gutes zu. *Bezug zu Text E: Zitat 4*

Was als Glück empfunden wird, ändert sich auch im Laufe der Zeit: Manches, das bisher als selbstverständlich angesehen wurde, erhält plötzlich eine besondere Bedeutung. Viele beruflich sehr eingespannte Menschen bezeichnen es z. B. als Luxus und großes Glück, wenn sie sich zeitliche Freiräume schaffen können. Dann entscheiden sie selbst, was sie mit ihrer Zeit anfangen möchten und sind nicht fremdbestimmt. Viele zieht es hinaus in die Natur, wo sie sich eine Auszeit von der Hektik des Alltags nehmen können. *Glück: Zeit für sich haben*

Viele Menschen empfinden insbesondere auch eine intakte Familie, die ihnen Geborgenheit und Sicherheit gibt, als großes Glück. Sie sehen die Familie als einen Schutzraum, in dem jeder so sein kann, wie er ist, ohne sich verstellen zu müssen. Man wird geliebt und akzeptiert, ohne dass man dafür eine bestimmte Leistung erbringen muss. *Bezug zu Text C: Glück innerhalb der Familie*

Auch die eigene Gesundheit bzw. das Wohlergehen derjenigen, die einem besonders am Herzen liegen, werden immer wieder genannt, wenn man Menschen fragt, was sie sich wünschen, um glücklich zu sein. *Gesundheit*

Am glücklichsten sind wohl die Menschen, die herausgefunden haben, was sie im Leben wirklich wollen. Menschen, die ihre Stärken und ihre Schwächen kennen und sich nicht mehr an der Meinung anderer orientieren, wenn sie Entscheidungen treffen. Diese Menschen haben ihren eigenen Weg gefunden. Sie nehmen Schwierigkeiten als Herausforderungen wahr und sehen sie als Möglichkeit zu wachsen. Sie sind mit sich im Reinen und deshalb auch zufrieden. *Bezug zu Text D: Glück: den eigenen Weg zu gehen*

Abschließend lässt sich sagen, dass sicherlich jeder Mensch ein bestimmtes Auskommen haben muss, um ohne größere Sorgen leben und sich die nötigen Dinge des Lebens leisten zu können. Geld allein macht jedoch meist nicht glücklich. Zufriedenheit ziehen viele Menschen aus ganz anderen Dingen und diese können individuell sehr unterschiedlich ausfallen. Familie und Freunde sowie „den eigenen Weg" gefunden zu haben, spielen hier die wichtigste Rolle. **Schlussgedanke** *Fazit*

b) **Hinweis:** *Versetze dich zehn Jahre in die Zukunft und beschreibe genau, wie du dir ein **erfülltes Leben** vorstellst. Wie muss dein Leben aussehen, damit du sagen kannst: „Ich bin glücklich und zufrieden!"? Am besten schließt du für einige Minuten die Augen und stellst dir vor, du seist schon fünfundzwanzig. Wo wirst du sein? Wer wird bei dir sein? Was machst du? Wie wird es dir gehen? Beziehe möglichst alle **wichtigen Lebensbereiche** in deine Darstellung mit ein: Familie, Freunde, Beruf, Gesundheit, gesellschaftlicher Status, finanzielle Absicherung usw. Es geht hier um deine ganz **persönliche Vorstellung** von Glück. Diese Frage wird also jeder individuell beantworten.*

*Da es sich hier um Vorstellungen und Wünsche für die Zukunft handelt, die (bislang) nicht real sind, sondern nur in deiner Fantasie existieren, könntest du im Futur schreiben oder auch das Präsens im Konjunktiv II (Wunschform) verwenden. Besser ist es aber, wenn du hier auf das **Präsens** und den **Indikativ** (Wirklichkeitsform) ausweichst. Du tust so, als sei deine Vision bereits realisiert. Das hat den Vorteil, dass du deinen Text viel leichter verfassen und der Leser ihn viel flüssiger lesen kann. Schreibe also z. B.: „Meine Vision von der Zukunft sieht folgendermaßen aus: Ich habe einen Beruf, der mir richtig viel Spaß macht, Tischler vielleicht, denn ich arbeite gerne mit Holz ..." **Gliedere** deinen Text in **Einleitung**, **Hauptteil** und **Schluss**. Denke auch daran, eine passende **Überschrift** zu finden.*

Blick in (m)eine glückliche Zukunft

	treffende Überschrift
In zehn Jahren bin ich 25 Jahre alt. Damit ich dann von mir sagen kann: „Ich bin glücklich und zufrieden", müsste mein Leben folgendermaßen aussehen:	**Einleitung** kurze Hinführung
Ich arbeite bei einem Kinderarzt. Als Arzthelferin habe ich viel mit Menschen zu tun, was mir großen Spaß macht. Gerade der Umgang mit den kleinen Patienten macht mir viel Freude, vor allem dann, wenn ich sehe, dass es ihnen wieder besser geht. Ich fühle mich in dieser Arztpraxis aber auch deshalb so wohl, weil wir ein gutes Team sind und der Umgang unter den Kolleginnen herzlich und fair ist. Mein Chef schätzt meine Arbeit und meine offene Art im Umgang mit den Patienten sehr. Dankbar bin ich ihm dafür, dass er mir dies auch immer wieder persönlich sagt. Ich weiß, dass das nicht selbstverständlich ist, umso mehr freut es mich, wenn mein Chef mich lobt.	**Hauptteil** gute Arbeitsstelle
Finanziell bin ich abgesichert. Ich verdiene genügend Geld, um mir eine eigene kleine Wohnung und ein Auto zu leisten. Ich habe mich für ein gebrauchtes Auto entschieden, weil ich kein Autonarr bin. Mir ist wichtig, dass ich über einen fahrbaren Untersatz verfüge, der zuverlässig und in der Anschaffung und im Erhalt nicht zu teuer ist. Mittlerweile kann ich mir ein Leben ohne Auto gar nicht mehr vorstellen, weil es ein großes Stück Freiheit bringt.	materielle Werte: – geregelter Lohn – Wohnung – Auto
Richtig gut geht es mir aber auch deshalb, weil ich sehr gute Freunde habe, auf die ich mich hundertprozentig verlassen kann. Wir unternehmen viel zusammen, haben Spaß und lachen oft miteinander. Meine Freunde stehen mir aber auch dann zur Seite, wenn es mir einmal nicht	ideelle Werte: – Freunde

so gut geht. Es gab in den letzten Jahren Momente, in denen ich richtige Freunde brauchte und ich war froh zu sehen, dass sie auch in diesen schweren Zeiten voll für mich da waren.

Ich lebe in einer festen Beziehung und habe mit Tom jemanden gefunden, der gut zu mir passt und mit dem ich alles, was mich bewegt, besprechen kann. Wir verbringen sehr viel Zeit miteinander und trotzdem gibt es Dinge, die wir nicht gemeinsam machen. Mir ist es nämlich wichtig, meine Freunde nicht zu vernachlässigen. Die Beziehung mit Tom ist deshalb so wertvoll, weil ich bei ihm so sein kann, wie ich wirklich bin und mich nicht verstellen muss. Wenn ich etwas auf dem Herzen habe, sprechen wir darüber und meistens fühle ich mich danach wesentlich leichter. Eine gemeinsame Zukunft mit Tom kann ich mir sehr gut vorstellen. Wir spielen mit dem Gedanken zusammenzuziehen und überlegen, uns eine gemeinsame Wohnung zu suchen. Wenn das mit uns beiden gut klappt, könnte ich mir sogar vorstellen, mit ihm eine eigene Familie zu gründen. — Beziehung

Ein fester Bestandteil meines Lebens sind natürlich meine Eltern und Geschwister. Ich halte weiterhin engen Kontakt, da meine Familie für mich wie ein sicherer Hafen ist. Wir telefonieren regelmäßig und treffen uns auch häufig – nicht nur zu Familienfesten! Ich weiß, dass ich immer nach Hause kommen kann, auch und gerade dann, wenn ich Probleme habe. Ich bin nicht allein, egal was passiert. Dieses Wissen gibt mir Sicherheit. — Familie

Sieht mein Leben in zehn Jahren wirklich so aus, dann bin ich glücklich und stolz auf das, was ich geleistet habe. **Schlusssatz**

Abschlussprüfung der 10. Klasse an Werkrealschulen in Baden-Württemberg
Deutsch 2015

Freundschaft

Die folgenden Texte befassen sich mit dem Themenbereich „Freundschaft".

Lesen Sie die Texte genau durch und bearbeiten Sie dann die Aufgaben.

Die Bearbeitung der Aufgaben in der vorgegebenen Reihenfolge ist hilfreich.

Sie können ein Rechtschreibwörterbuch verwenden. Arbeitszeit: 240 Minuten

Text A: „Wir hinterfragen uns" (Interview Juli 2013)

Flo, Rüde, Peter von der deutschen Rockgruppe „Sportfreunde Stiller" geben ein Interview über Freundschaften

1 **REPORTER:** *Flo, Peter und Rüde, bezeichnet ihr euch gegenseitig als Freunde, wenn ihr übereinander sprecht?*
FLO: Ja, klar. Wir haben ein inniges, tolles Verhältnis. Seit siebzehn Jahren! Daran hat sich auch durch die Pause nichts verändert, die wir als Band eingelegt haben. Wobei wir uns währenddessen als Band und als Freunde schon auch hinterfragt haben.
5 **REPORTER:** *Habt ihr Freunde, die komplett anders sind als ihr?*
RÜDE: Ich habe einen Kumpel, der gern zum Golfen geht und mich auch immer wieder zu so Golfclub-Aktivitäten mitschleppen will. Ich kann damit nichts anfangen, deshalb sitzen wir, wenn wir uns treffen, lieber einfach nur zusammen und quatschen.
10 **PETER:** Ich habe einige Themenfreunde. Das sind bunt gemischte Leute mit unterschiedlichen Berufen und Leben, wir treffen uns, um eine bestimmte Sache zu tun.
FLO: Meinst du deine siebzig Jahre alten Gassigehfreunde?
PETER: Nein. Die gibt es zwar auch, aber ich denke eher an meine Eishockeymannschaft. Der Sport verbindet uns, auch wenn wir jenseits davon bisher nicht viel teilen.
15 **REPORTER:** *Sind das dann noch Freunde?*
PETER: Für mich schon. Natürlich gibt es Menschen, mit denen ich einen intensiveren Austausch habe. Ich würde so eine Art der Freundschaft aber trotzdem nie schmälern. Themenfreunde geben einem ja trotzdem neue Aspekte im Leben.
REPORTER: *Schließt ihr heute anders Freundschaft als früher?*
20 **RÜDE:** Ich hatte mit fünfzehn noch Freunde, die mich von A bis Z inspiriert haben. Heute sprechen die Menschen um mich herum nur bestimmte Facetten an. Vielleicht habe ich noch einen Freund, mit dem ich wirklich alles teile.
PETER: Es hängt ganz stark von einem selbst ab, wie intensiv man neue Menschen kennenlernt. Als wir etwas bekannter wurden, wurde ich vorsichtig. Ich wollte unbekannte Menschen nicht
25 zu nah an mich heranlassen, weil ich nicht wusste, ob sie an mir oder der Rolle interessiert sind, die ich in der Öffentlichkeit spiele.
REPORTER: *Ihr seid mit eurem neuen Album „New York, Rio, Rosenheim" wieder viel unterwegs. Wie erhaltet ihr Freundschaften, wenn man sich lange nicht sehen kann?*

PETER: Das ist manchmal schwer. Ich habe neulich von einem guten alten Freund eine ordentliche „Watschn gekriegt". Er hat mir gesagt, dass es so nicht läuft, dass ich immer nur Zeit für ihn habe, wenn ich gerade mal mit der Band vorbeifliege. Ich war total dankbar dafür, weil andere Freundschaften von mir aus genau diesem Grund einfach ausgelaufen sind. Bei ihm weiß ich jetzt, dass ich mich mehr um unsere Beziehung kümmern muss.

Nach: Das Wichtigste: Freunde. In: Neon Magazin, 07/2013, Stern Medien GmbH.

Text B: Der kleine Prinz und der Fuchs (Antoine de Saint-Exupery 1900–1944)

„Guten Tag", sagte der Fuchs.
„Guten Tag", antwortete höflich der kleine Prinz, der sich umdrehte, aber nichts sah.
„Ich bin da", sagte die Stimme, „unter dem Apfelbaum …"
„Wer bist du?", sagte der kleine Prinz. „Du bist sehr hübsch …"
„Ich bin ein Fuchs", sagte der Fuchs.
„Komm und spiel mit mir", schlug ihm der kleine Prinz vor. „Ich bin so traurig …"
„Ich kann nicht mit dir spielen", sagte der Fuchs. „Ich bin noch nicht gezähmt!"
„Ah, Verzeihung!", sagte der kleine Prinz.
Aber nach einiger Überlegung fügte er hinzu:
„Was bedeutet das: ‚zähmen'?" […]
Das ist eine in Vergessenheit geratene Sache", sagte der Fuchs. „Es bedeutet: sich ‚vertraut machen'."
„Vertraut machen?"
„Gewiss", sagte der Fuchs. „Du bist für mich noch nichts als ein kleiner Knabe, der hunderttausend kleinen Knaben völlig gleicht. Ich brauche dich nicht, und du brauchst mich ebenso wenig. Ich bin für dich nur ein Fuchs, der hunderttausend Füchsen gleicht. Aber wenn du mich zähmst, werden wir einander brauchen. Du wirst für mich einzig sein in der Welt. Ich werde für dich einzig sein in der Welt … […] wenn du mich zähmst, wird mein Leben wie durchsonnt sein. Ich werde den Klang deines Schrittes kennen, der sich von allen andern unterscheidet. Die anderen Schritte jagen mich unter die Erde. Der deine wird mich wie Musik aus dem Bau locken. Und dann schau! Du siehst da drüben die Weizenfelder? Ich esse kein Brot. Für mich ist der Weizen zwecklos. Die Weizenfelder erinnern mich an nichts. Und das ist traurig. Aber du hast weizenblondes Haar. Oh, es wird wunderbar sein, wenn du mich einmal gezähmt hast! Das Gold der Weizenfelder wird mich an dich erinnern. Und ich werde das Rauschen des Windes im Getreide lieb gewinnen."
Der Fuchs verstummte und schaute den kleinen Prinzen lange an:
„Bitte … zähme mich!", sagte er.
„Ich möchte wohl", antwortete der kleine Prinz, „aber ich habe nicht viel Zeit. Ich muss Freunde finden und viele Dinge kennenlernen."
„Man kennt nur die Dinge, die man zähmt", sagte der Fuchs. „Die Menschen haben keine Zeit mehr, irgendetwas kennenzulernen. Sie kaufen sich alles fertig in den Geschäften. Aber da es keine Kaufläden für Freunde gibt, haben die Leute keine Freunde mehr. Wenn du einen Freund willst, so zähme mich!"
„Was muss ich da tun?", sagte der kleine Prinz.
„Du musst sehr geduldig sein", antwortete der Fuchs. „Du setzt dich zuerst ein wenig abseits von mir ins Gras. Ich werde dich so verstohlen, so aus dem Augenwinkel anschauen, und du wirst

nichts sagen. Die Sprache ist die Quelle der Missverständnisse. Aber jeden Tag wirst du dich ein bisschen näher setzen können …" […]

So machte denn der kleine Prinz den Fuchs mit sich vertraut. Und als die Stunde des Abschieds nahe war:

„Ach!", sagte der Fuchs, „Ich werde weinen."

„Das ist deine Schuld", sagte der kleine Prinz, „ich wünschte dir nichts Übles, aber du hast gewollt, dass ich dich zähme …"

„Gewiss", sagte der Fuchs.

„Aber nun wirst du weinen!", sagte der kleine Prinz.

„Bestimmt", sagte der Fuchs.

„So hast du also nichts gewonnen!"

„Ich habe", sagte der Fuchs, „die Farbe des Weizens gewonnen." […]

„Adieu", sagte er … [der kleine Prinz].

„Adieu", sagte der Fuchs. „Hier mein Geheimnis. Es ist ganz einfach: Man sieht nur mit dem Herzen gut. Das Wesentliche ist für die Augen unsichtbar."

„Das Wesentliche ist für die Augen unsichtbar", wiederholte der kleine Prinz, um es sich zu merken.

Saint-Exupéry, Antoine de: Der kleine Prinz. Karl Rauch Verlag, Düsseldorf 2004, übersetzt von: Grete und Josef Leitgeb; aus didaktischen Gründen an den gekennzeichneten Stellen gekürzt.

Text C: Zwei Männer (Günther Weisenborn 1902–1969)

Nach einem extremen Wolkenbruch trat der größte Fluss Argentiniens Parana über die Ufer und überflutete viel Land. Auch die Teeplantage des reichen Farmers wurde überflutet. Nur er und sein Knecht, der Peon[1], überlebten. Sie retteten sich ins Haus.

Als es dunkel wurde, standen der Farmer und sein Peon bereits bis zum Bauch im Wasser. Sie kletterten auf das Schilfdach. Als das Wasser das Dach erreicht hatte, stieß es die Hausmauern um. Das Dach stürzte von den gebrochenen Pfosten, schaukelte und krachte, dann drehte es sich um sich selbst und trieb in die rauschende Finsternis hinaus.

Gegen Morgen richtete sich der Farmer auf und befahl seinem Peon, nicht einzuschlafen.

Der Indio verwunderte sich über die harte Stimme seines Herrn. Er wäre bedenkenlos dem Farmer um die Erde gefolgt. Er war Indio und wusste, was ein Mann ist. Aber er wusste auch, dass ein Mann ein schweres Gewicht hat. Wenn nur ein Mann auf dem Dach sitzt, so hält es natürlich länger, nicht wahr, als wenn es unter dem schweren Gewicht zweier Männer auseinanderbricht und versinkt. Und dann gute Nacht … Er glaubte nicht, dass der Farmer gutwillig das Dach verlassen würde, aber man konnte ihn hinunterkippen, denn es ging hier um Leben und Tod. Das dachte der Indio und rückte näher. Sein Gesicht war steinern, es troff von Regen. Das Dach würde auf keinen Fall mehr bis zum Morgen schwimmen.

Da folgte der Farmer dem Brauch aller Männer, zog seine letzte Zigarette, brach sie in zwei Teile und bot dem Indio einen an. Sie rissen das Papier ab und kauten den Tabak, da sie kein Feuer hatten. Er ist ein guter Kamerad, dachte der Peon. Es hat keinen Zweck. Es soll alles seinen Weg gehen. Als er den würzigen Geschmack des Tabaks fühlte, wurde aus der Feindschaft langsam ein Gefühl der Treue. Was willst du? Der Peon hatte seine Frau verloren und sein Kind. Er hatte nichts mehr, was ihn zu leben verlockte. Das Schilfdach sank immer tiefer. Wenn er

20 selbst ins Wasser sprang, hielt das Dach vielleicht noch und trug seinen Herrn bis zum Morgen. Der Dienst ist aus, adios Senor! Der Peon kletterte über den Giebel bis an den Rand des Daches, als er plötzlich im dunklen Wasser Kaimane[2] rauschen sah, die ihn aufmerksam anstarrten. Zum ersten Mal verzog der Indio sein Gesicht, dann hielt er den Atem an und sprang. Aber er wurde im selben Augenblick von seinem Herrn gehalten, der ihn wieder aus dem Wasser zog und sei-
25 nen Peon zornglühend anschrie. Kreideweiß, mit rot geränderten Augen und triefenden Haaren, beugte sich der Farmer über ihn, nannte ihn den Vater allen Unsinns und rüttelte ihn.
Dann befahl er ihm, seinen Platz einzunehmen und den Mut nicht zu verlieren, verdammt noch mal …!
Gegen Morgen trieben sie an Land, sprangen über Baumäste und wateten stundenlang, bis sie ins
30 Trockene kamen. Sie klopften den Boden mit Stöcken nach Schlangen ab, und ehe sie sich zum Schlafen in das Maisfeld legten, sagte der Farmer:
„Morgen gehen wir zurück und fangen wieder an." „Bueno", sagte der Indio. Der Regen hörte auf.

Nach: Weisenborn, Günther: Zwei Männer. In: Weyrauch, W.: Tausend Gramm, Sammlung neuer deutscher Geschichten. Verlag Rowohlt, Hamburg u.a. 1949.

Anmerkungen:
1 Peon: Tagelöhner in Südamerika
2 Kaiman: Krokodilart

Text D: Vertrag (Rose Ausländer 1901–1988)

1 Einen Vertrag machen
Zusammenhalten

Bis ins Wurzelwerk
Bis zu den strengsten Sternen
5 Im letzten Himmel

Du und du und du

Ausländer, Rose: Vertrag. In: Gesammelte Werke in sieben Bänden, hrsg. von Helmut von Braun. S. Fischer Verlag, Frankfurt 1984.

Text E: Ein Blick in die Geschichte (Elke Reichart, zeitgenössische Autorin)

1 Es ist gar nicht so neu, dass wir uns über die Fragen, was Freundschaft bedeutet und wer ein Freund ist und wer keiner sein kann, Gedanken machen. Das haben auch schon zahlreiche Philosophen und Literaten im Laufe der Jahrhunderte getan.
Aristoteles unterschied zwischen drei Arten von Freundschaft. Nutzfreundschaft nannte er Bezie-
5 hungen, die aufgrund eines gemeinsamen Zieles oder Zweckes eingegangen werden. Fällt dieser Zweck weg, weil das Ziel erreicht wurde, ist das Fortbestehen der Freundschaft unsicher. Ähnliches gelte für die Lustfreundschaft, auch hier wird nicht die Persönlichkeit des Freundes geliebt, sondern das Vergnügen, das er einem bereitet (z. B. weil er ein sehr witziger Zeitgenosse ist und es nie langweilig in seiner Gesellschaft wird). Doch auch der witzigste Mensch kann
10 kaum auf Dauer lustig sein, und wenn der Lustgewinn nachlässt, ist auch diese Freundschaft nicht von Dauer.

Als die stabilste und wertvollste Freundschaft beschreibt Aristoteles die Tugend- oder Charakterfreundschaft. Hier wird der Freund nicht aufgrund seiner nützlichen oder lustbringenden Aspekte geschätzt, sondern wegen seiner persönlichen Eigenschaften, seines Charakters. Allerdings kann
15 diese Freundschaft durchaus auch Nutzen und Lustgewinn beinhalten, sie lässt sich nur nicht darauf reduzieren. Im Unterschied zu den ersten beiden Formen der Freundschaft lässt die dritte auch Veränderungen und Entwicklungen der Freunde zu, sie braucht sogar einige Zeit, um sich zu entfalten. „Denn nur der Entschluss zur Freundschaft, nicht die Freundschaft, kommt schnell zustande." (Aristoteles)
20 Der römische Philosoph Cicero prägte Sätze wie „Ein wahrer Freund ist wie ein zweites Ich" und „Einen sicheren Freund erkennt man in unsicherer Lage". Cicero verwies damit auf eine Ähnlichkeit zwischen sich und dem Freund sowie auf die unbedingte Verlässlichkeit.

Nach: Reichart, Elke: Gute Freunde böse Freunde. Leben im Web. Verlag dtv, München 2011.

Aufgaben Punkte

Die Bearbeitung der Aufgaben in der vorgegebenen Reihenfolge ist hilfreich.

1. a) Im Interview (Text A) werden unterschiedliche Formen von Freundschaften genannt. Nennen Sie vier davon. — 2

   b) „Freundschaften zu haben, ist für diese populäre Rockgruppe nicht einfach."
   Begründen Sie diese Aussage in Anlehnung an Text A. — 2

2. a) Der Begriff „zähmen" wird mehrfach in Text B erklärt.
   Schreiben Sie Stichwörter heraus, an denen die Bedeutung dieses Begriffs deutlich wird. — 3

   b) Bei der Begegnung zwischen dem kleinen Prinz und dem Fuchs entsteht Freundschaft. Dabei wird deutlich, welche Bedeutung diese Freundschaft für den Fuchs und den kleinen Prinz hat.
   Stellen Sie diese Bedeutung unter Berücksichtigung der folgenden Aussage dar: „Man sieht nur mit dem Herzen gut. Das Wesentliche ist für die Augen unsichtbar." (Z. 50/51) — 2

3. a) In dem vorliegenden Handlungsstrahl sind einzelne Handlungsschritte aus Text C genannt.
   Übertragen und ergänzen Sie den vorliegenden Handlungsstrahl mit weiteren wichtigen Handlungsschritten. — 3

Wolkenbruch, Überflutung	Flucht ins Haus		Peon will der Überlebende sein		Dach versinkt weiter					Stundenlange Wanderung	Planen des Neuanfangs
1	2	3	4	5	6	7	8	9	10	11	12

b) Die Beziehung zwischen dem Peon und seinem Herrn verändert sich in Text C (Zeile 14 bis 23). Erklären Sie in eigenen Worten. 1

c) Beim Text C handelt es sich um eine Kurzgeschichte. Nennen Sie vier Merkmale einer Kurzgeschichte und belegen Sie diese am Text. 2

4. Das vorliegende Gedicht Text D behandelt Aspekte des Themas Freundschaft.
Die Überschrift „Vertrag" ist ungewöhnlich für dieses Thema. Ein Vertrag ist eine Übereinkunft bezüglich Leistung und Gegenleistung.
Hinterfragen Sie die Verbindung zwischen Freundschaft und Vertrag auf der Grundlage des Gedichtes (Text D). 2

5. In Text E werden Nutzfreundschaft, Lustfreundschaft, Tugend- oder Charakterfreundschaft als verschiedene Arten von Freundschaft genannt. Einzelne Arten von Freundschaft finden sich auch in den Texten A bis D.
Wählen Sie zwei aus. Ordnen Sie diesen je ein Beispiel aus zwei verschiedenen Texten zu.
Begründen Sie Ihre Zuordnung. 4

Ausgewählte Art von Freundschaft	**Ausgewählter Text**	**Begründung**
1.		
2.		

6. Im Ethik- und Religionsunterricht wird das Thema Freundschaft behandelt.
Für Ihre Klassenkameraden sollen Sie einen Informationstext schreiben. In diesem sollen Sie die in den Texten A bis E enthaltenen Aspekte des Themas Freundschaft aufgreifen und zusammenfassend darstellen.
Bringen Sie darüber hinaus Ihre eigene Sichtweise zum Thema Freundschaft zum Ausdruck. 19

Inhalt 9
Sprache / Ausdruck 10

Lösungen: Deutsch – Abschlussprüfung 2015

Lösungen

1. a) **Hinweis:** *In Text A werden ganz **unterschiedliche Freundschaften** beschrieben. Nenne **vier Formen**, die im Interview mit den „Sportfreunden Stiller" genannt werden. Du kannst die im Interview gefallenen Begriffe **zitieren**. Dann musst du sie in Anführungszeichen setzen und mit Zeilenangaben versehen. Es werden aber auch Formen von Freundschaft angesprochen, die nicht mit einem Begriff genannt sind, sondern die du stichpunktartig **mit eigenen Worten** formulieren musst.*

– „Kumpel" (Z. 7)
– „Themenfreunde" (Z. 10) oder:
  Freunde, mit denen man sich über ganz spezielle Bereiche austauscht
– „Gassigehfreunde" (Z. 12)
– Sportfreunde
– Freunde, die einen sehr gut kennen und mit denen man über alles reden kann

b) **Hinweis:** *„Freundschaften zu haben, ist für diese populäre Rockgruppe nicht einfach." Du sollst diese Aussage **am Text begründen**. Suche also Textstellen, an denen etwas über Freundschaft im Zusammenhang mit Popularität („berühmt sein") steht. Welche Gründe werden aufgeführt, die es den „Sportfreunden" schwer machen, als bekannte Persönlichkeiten Freundschaften zu pflegen.*

Bekannte Persönlichkeiten haben es sicherlich schwerer, „richtige" Freunde zu finden. Sie können sich nie wirklich sicher sein, ob es diesen neuen Bekannten nur um den Ruhm und mögliche Vorteile geht, oder ob sie an ihnen als Person interessiert sind. Die Frage, ob es das Gegenüber ehrlich mit einem meint, steht immer im Raum. Diese Erfahrung gehört sicherlich zu den Schattenseiten des Berühmtseins.

Zugleich ist es aber auch nicht einfach, alte Freundschaften zu pflegen: Ist man als Band ständig unterwegs, so sieht man sich kaum und der persönliche Austausch wird erschwert. Man kann sich nicht einfach mal schnell auf einen Kaffee um die Ecke treffen, weil einem etwas auf dem Herzen liegt. Und da die Band über längere Phasen auch auf Tournee ist, bekommt man viele schöne Momente im Leben des Freundes nicht hautnah mit. Der extreme Zeitmangel führt auch dazu, dass man als Freund, der nicht Teil der Band ist, auf Abruf steht. Man richtet sich nach dem Terminplan seines Freundes, möglicherweise kommen so eigene Wünsche und Bedürfnisse zu kurz. Nicht allen genügt diese Form der Freundschaft.

2. a) **Hinweis:** *In Text B spielt der Begriff „zähmen" eine große Rolle. Was verbirgt sich hinter diesem Wort? Auch hier musst du beim Herausschreiben der Stichwörter die **allgemeinen Zitierregeln** beachten: Schreibe die Textstelle wortwörtlich heraus, setze das Zitat in **Anführungszeichen** und notiere die **Zeilenangabe**. Achte darauf, die **Auslassungen** zu **kennzeichnen**, da in dieser Aufgabe **Stichwörter** von dir verlangt werden.*

– „[…] sich ‚vertraut machen'." (Z. 11/12)
– „[…] werden wir einander brauchen." (Z. 17)
– „[…] für mich einzig sein […]." (Z. 17)

- „Ich werde für dich einzig sein in der Welt […]." (Z. 17/18)
- „[…] wird mein Leben wie durchsonnt sein." (Z. 18)
- „[…] den Klang deines Schrittes kennen […]" (Z. 19)
- „Man kennt nur die Dinge, die man zähmt" (Z. 30)
- „Wenn du einen Freund willst, so zähme mich!" (Z. 32/33)
- „[…] sehr geduldig sein […]" (Z. 35)

b) **Hinweis:** *Zwischen dem kleinen Prinzen und dem Fuchs entwickelt sich eine **Freundschaft**. Arbeite die **Bedeutung** dieser Freundschaft heraus, indem du die in der Aufgabenstellung zitierte Aussage mit einbeziehst. Erkläre, was der Autor mit diesem Zitat ausdrücken möchte.*

Die Freundschaft zwischen dem kleinen Prinzen und dem Fuchs ist eine ganz besondere: Das an sich wilde und somit auch menschenscheue Tier freundet sich mit einem Menschen an. Langsam nähern sich die beiden an, es herrscht gegenseitiges Vertrauen und mit der Zeit auch eine gewisse Zuneigung. Beide genießen das Zusammensein und erfreuen sich daran. Schließlich aber erfolgt die Trennung, da der kleine Prinz weiterreist. Eine Trennung, die schmerzt, da man sich gegenseitig liebgewonnen hat. Der Autor zeigt in dieser Szene, dass Freundschaften immer dann geschlossen werden, wenn beide Partner sich aufeinander einlassen, ihr Herz und somit ihre Gefühle sprechen lassen. Dann nimmt man Seiten und Eigenschaften am anderen wahr, die man, wenn man nur auf das Äußere achtet, nicht erkennen kann. Dies führt dann möglicherweise dazu, dass man den anderen völlig falsch einschätzt. „Man sieht nur mit dem Herzen gut." (Z. 50/51) Freundschaft überwindet dann auch Unterschiede und lässt scheinbar Unmögliches möglich werden, da man sich nicht an Äußerlichkeiten orientiert. Wer sein Herz sprechen lässt und nicht alles nur mit dem Kopf analysiert, der wird wertvolle, manchmal vielleicht auch überraschende Begegnungen haben, die ihn tief berühren.

3. a) **Hinweis:** *Erzählungen beschreiben Ereignisse, die in einer festgelegten Abfolge stattfinden. Nach und nach baut sich so eine Handlung auf, die sich in unterschiedliche Abschnitte unterteilen lässt. Für Text C wurde ein sogenannter **Handlungsstrahl** angelegt, in dem bereits einige Zwischenschritte benannt wurden. Übertrage diesen Strahl aufs Papier und **vervollständige** die noch leeren Felder. Beachte dabei den zeitlichen Hergang und die bereits vorgegebenen Begriffe, damit es zu keinen Überschneidungen kommt.*

Wolkenbruch, Überflutung	Flucht ins Haus	Rettung suchen auf dem treibenden Schilfdach	Peon will der Überlebende sein	Teilen der letzten Zigarette	Dach versinkt weiter	Peon ändert seine Einstellung – bereit sich ins Wasser zu stürzen	Kaimane im Wasser sichtbar	Peon springt in den Fluss	Herr hält Peon zurück	Stundenlange Wanderung	Planen des Neuanfangs
1	2	3	4	5	6	7	8	9	10	11	12

b) **Hinweis:** *Lies dir die Zeilen 14–23 in Text C noch einmal genau durch und beschreibe in eigenen Worten, inwiefern sich die Beziehung zwischen dem Peon und seinem Herrn verändert. Wie verhält sich der Peon zunächst, wie ändert sich sein Verhalten? Dieselben Fragen stellst du dir über den Herrn des Peon.*

Zunächst denkt der Peon nur an sich selbst: Er möchte um jeden Preis überleben und ist in der Folge auch bereit, seinen Herrn vom Dach zu stoßen. Als dieser jedoch die Ausweglosigkeit der Situation erkennt, teilt er mit dem Knecht seine letzte Zigarette. Dies bringt beim Peon den gedanklichen Wandel, er ändert seine Meinung über seinen Herrn. Plötzlich bemerkt er dessen gute Seiten. Er überlegt auch, dass er selbst eigentlich keinen Grund zum Weiterleben hat, da er seine Familie in der Flut verloren hat. Als ihm dies bewusst wird, sieht er für sich keinen Sinn mehr im Leben und ist bereit, sich zu opfern, damit sein Herr weiterleben kann. Obwohl der Knecht im Wasser plötzlich Krokodile sieht, möchte er seinem Herrn diesen letzten Dienst erweisen und springt ins Wasser. Sein Herr hält ihn jedoch und zieht ihn wieder aus dem Wasser heraus. Damit rettet er ihm das Leben.

c) **Hinweis:** *Nenne **vier Kennzeichen**, die zeigen, dass es sich bei Text C um eine Kurzgeschichte handelt. Jedes Merkmal musst du anhand des vorliegenden Textes **belegen**. Im Lösungsvorschlag sind mehr typische Merkmale aufgeführt als gefordert.*

- **Offener Anfang** – Der Leser taucht mitten in die Erzählung ein. Er kennt weder die Vorgeschichte noch den genauen Ort, an dem die Handlung stattfindet. Er wird ab der ersten Zeile mit dem Hochwasser und den daraus resultierenden Problemen konfrontiert.
- **Kurze Zeitspanne** – Der Zeitraum, in dem die beschriebene Handlung spielt, umfasst einen Tag: Die Erzählung beginnt damit, dass es langsam dunkel wird, und endet damit, dass sich die beiden Hauptfiguren nach einem langen Marsch zum Schlafen legen.
- **Kleiner Personenkreis** – In dieser Erzählungen gibt es nur zwei Personen, die handeln: der Peon und sein Herr.
- **Alltägliche Charaktere** – In Kurzgeschichten wird das Leben der „einfachen" Leute beschrieben, es werden also keine Helden gezeigt, die außerordentliche Fähigkeiten besitzen. In dieser Erzählung tauchen zwei Menschen auf, wie sie in Südamerika in den 50er-Jahren des letzten Jahrhunderts üblicherweise anzutreffen sind – ein Herr mit seinem Knecht.
- **Wendepunkt** – Jede Kurzgeschichte hat einen Wendepunkt, der dazu führt, dass die Geschichte eine andere Entwicklung nimmt als vorher vermutet. In diesem Text verändert sich die Einstellung des Knechts seinem Herrn gegenüber. Diese Veränderung hat zur Folge, dass sich der Knecht besinnt und deshalb nicht mehr bereit ist, seinen Herrn zu ermorden. Stattdessen möchte er nun vielmehr sein eigenes Leben opfern, damit der andere überleben kann.
- **Offenes Ende** – So plötzlich wie der Leser in die Geschichte eingetaucht ist, so verlässt er sie auch wieder. Er weiß nicht, wie sich das Leben des Peon und seines Herrn weiterentwickeln wird. Es ist zu dem Zeitpunkt auch nicht klar, ob sie mit ihrem Vorhaben, alles wieder aufzubauen und von Neuem zu beginnen, Erfolg haben werden.

4. **Hinweis:** *Das Gedicht von Rose Ausländer behandelt das Thema Freundschaft. Der von ihr gewählte Titel ist jedoch überraschend, da man einen Vertrag zunächst nicht mit Freundschaft in Verbindung bringt. Verträge regeln im Leben vielmehr, welche Leistungen die jeweiligen Partner erbringen müssen. Werden diese nicht zur vollsten Zufriedenheit erbracht, sind sie vor Gericht einklagbar. Lies dir das Gedicht genau durch und prüfe, ob der **Titel** möglicherweise doch einen **Bezug zum Thema Freundschaft** hat.*

Gut funktionierende Freundschaften sind das Ergebnis harter Arbeit: Freundschaftliche Beziehungen müssen gepflegt werden und bedürfen eines zeitlichen und emotionalen Engagements auf beiden Seiten.

Damit eine Freundschaft gut funktioniert, gilt es, bestimmte Regeln zu beachten. So basiert eine Freundschaft auf gegenseitigem Vertrauen und Respekt. Kein Partner darf sich dem anderen überlegen fühlen und dadurch den anderen herabsetzen. Freunde teilen sowohl Freud als auch Leid miteinander und machen dadurch Erfahrungen, die sie zusammenschweißen. Freunde gehen miteinander durch dick und dünn, stehen sich helfend zur Seite und sind immer für den anderen da. Man kann sich auf den anderen voll und ganz verlassen, weil eine tiefe Verbindung besteht „Zusammenhalten / Bis ins Wurzelwerk" (V. 2/3). Freundschaften beweisen ihre Stabilität und ihre Zuverlässigkeit immer dann, wenn schwierige, zum Teil belastende Situationen auftreten, die die einzelnen Personen an Grenzen des Ertragbaren bringen: „Im letzten Himmel" (V. 5). Dann wird wirklich sichtbar, welchen Wert eine Freundschaft hat.

In einer Freundschaft gelten ungeschriebene Gesetze, man kann also im übertragenen Sinne von einem Vertrag sprechen, den beide Personen miteinander eingehen. Nur wird im Bereich der Freundschaft kein Dokument unterschrieben, wie es bei „normalen" Verträgen der Fall ist. Menschen schließen miteinander Verträge, damit sie sicher sein können, dass sie nicht hintergangen werden. In einer Freundschaft gibt es jedoch keine Garantie, absolutes Vertrauen bildet das Fundament der Beziehung. Verstößt einer der beiden Partner gegen diese ungeschriebenen Regeln, kann das eine Freundschaft schwer belasten. Der Einzelne ist vielleicht nicht mehr bereit, alles zu geben und sich voll für den anderen einzusetzen. Vom Willen und dem persönlichen Einsatz der Beteiligten hängt es dann ab, ob sich ihre Freundschaft retten lässt oder ob sie zerbricht und somit der „Vertrag" gelöst und jeder seiner Wege gehen wird.

5. **Hinweis:** *In Text E werden, basierend auf der Unterscheidung des griechischen Philosophen Aristoteles, **drei Arten von Freundschaften** angesprochen: die Nutzfreundschaft, die Lustfreundschaft und die Tugend- oder Charakterfreundschaft. Diese Formen der Freundschaft finden sich zum Teil auch in den Texten A bis D wieder. **Entscheide** dich für **zwei** der oben genannten **Freundschaftsformen** und lies dann die Texte A bis D nochmals gut durch. **Ordne** jeder von dir gewählten **Art der Freundschaft zwei Beispieltexte** zu. Begründe anschließend die Wahl deiner Texte. Im Lösungsvorschlag sind für jede Freundschaftsart zwei Beispieltexte angegeben und mit der jeweiligen **Begründung** versehen worden. Der von dir gewählte Text weist möglicherweise **mehrere Arten von Freundschaft** auf und kann deshalb – je nach Perspektive oder Schwerpunktsetzung – **mehrfach** als Beweis herangezogen werden.*

Ausgewählte Art von Freundschaft	Ausgewählter Text	Begründung
1. Nutzfreundschaft	Text C	In der Kurzgeschichte von Günther Weisenborn werden zwei Männer beschrieben, die sich in einer Notsituation befinden und deren Beziehung sich dadurch ändert. Im Augenblick der größten Not überwinden beide das Herr-Knecht-Verhältnis, halten zusammen und begegnen sich dadurch als gleichberechtigte Menschen. Nur so schaffen sie es, mit dem Leben davonzukommen. Es bleibt jedoch zu vermuten, dass beide Personen in ihre ursprünglichen Rollen schlüpfen werden, sobald ihr Leben wieder in geregelten Bahnen verläuft. Diese Freundschaft wird möglicherweise nicht weiterbestehen, da es sich dabei um eine Zweckgemeinschaft handelt. Wird das gemeinsame Ziel erreicht – im Falle dieser Geschichte das gemeinsame Überleben – so löst sich, laut Aristoteles, diese Verbindung wieder.
	Text A	In Text A wird das Phänomen angesprochen, dass sich bekannte Persönlichkeiten nie wirklich sicher sein können, warum eine Person Kontakt mit ihnen sucht. Bei Freundschaften, die bereits seit Längerem bestehen, können sie davon ausgehen, dass diese Menschen an ihnen persönlich interessiert sind. Aber mit der Bekanntheit steigt auch die Zahl der sogenannten Freunde. Diese Personen suchen möglicherweise die Nähe zu Berühmtheiten, da sie sich davon Vorteile erhoffen und einen Nutzen aus dieser Verbindung ziehen möchten. Sei es nun, dass sie ebenfalls im Rampenlicht stehen oder in den Genuss von Vergnügungen kommen wollen, die sie sich selbst nie leisten könnten. Mit dieser Art der Freundschaft wird also, wie es in Text E beschrieben wird, ein konkreter Zweck verfolgt.

2. Lustfreundschaft	**Text A**	Peter, eines der Bandmitglieder von „Sportfreunde Stiller", spricht in dem vorliegenden Interview von „Themenfreunden" (Z. 10) Mit diesen Menschen verbindet ihn der Spaß am Sport, gemeinsam beschäftigen sie sich mit Eishockey. Aber darüber hinaus haben sie kaum Gemeinsamkeiten und deshalb auch so gut wie keine Berührungspunkte. Es handelt sich dabei also um eine Freundschaft, die allein auf gemeinsamem Spaß und der Freude am Sport basiert. Wie in Text E beschrieben, steht hier das Vergnügen im Vordergrund.
	Text B	Als der kleine Prinz und der Fuchs zu Beginn der Geschichte aufeinandertreffen, möchte der kleine Prinz mit dem Fuchs spielen, da er traurig ist. Er erhofft sich also Ablenkung und Aufheiterung. Da ihm der Fuchs signalisiert, dass dies nicht so einfach möglich sei, beginnt der Prinz, sich auf den Fuchs einzulassen. Sie verbringen viel Zeit miteinander. Die Begegnung mit dem Fuchs scheint dem kleinen Prinzen folglich vor allem Vergnügen und Freude bereitet zu haben, da er sonst nicht so lange bei ihm geblieben wäre.
3. Tugend- oder Charakterfreundschaft	**Text B**	In Text B wird die langsame Annäherung zwischen dem kleinen Prinzen und dem Fuchs beschrieben. Gegenseitiges Vertrauen, Respekt und Geduld sind die Basis für diese Freundschaft. Als der Fuchs gezähmt werden möchte und somit sein Interesse an dem kleinen Prinzen zeigt, wird deutlich, dass er diesen mag. Er schätzt ihn als Person. Als der Abschied naht, ist der Fuchs traurig und man erkennt, dass der kleine Prinz ihm ans Herz gewachsen ist. Es ist eine Nähe entstanden, die langsam gewachsen ist. Die Freundschaft der beiden hat sich, basierend auf einer Lustfreundschaft, zu einer Tugend- oder Charakterfreundschaft weiterentwickelt.
	Text D	Text D beschreibt eine Person, die bereit ist, sich voll und ganz auf ihr Gegenüber einzulassen. Sie schätzt den Freund so sehr, dass sie ihm überall hin nachfolgen würde, ihn begleiten möchte – egal was kommen mag „Zusammenhalten / […] / Bis zu den strengsten Sternen" (V. 2/4). Dieses Verhalten setzt jedoch absolutes Vertrauen und eine hohe Wertschätzung der betreffenden Person voraus. Nur einem Menschen, dessen Charakter und Eigenschaften man sehr achtet, bietet man eine Freundschaft an, die so weit reicht. Es bedarf jedoch Jahre, damit sie sich in diesem Ausmaß entwickeln und festigen kann. Bei dieser Form der Freundschaft stehen weder Nutzen noch Lust, also Spaß und Vergnügen, im Vordergrund.

6. **Hinweis:** *Ein **informativer Text** dient dazu, dem Leser über ein **Thema** – in diesem Fall die Freundschaft – wichtige **Kenntnisse** zu vermitteln. Deine Aufgabe ist es, einen solchen Text zu formulieren, wobei es sich bei den **Adressaten** um deine Mitschüler handelt. Versuche zunächst, die **unterschiedlichen Aspekte** von Freundschaft näher zu beleuchten, indem du Informationen aus den Texten A bis E sammelst. Lies dir die einzelnen Texte noch einmal gründlich durch und überlege dabei, welche Faktoren jeweils im Vordergrund stehen; notiere dir dazu **Stichworte**. Ordne anschließend deine Notizen und erstelle eine **Gliederung** deines Textes. In der **Einleitung** stellst du das Thema kurz vor. Im **Hauptteil** informierst du ausführlich über die unterschiedlichen Formen von Freundschaft. Kennzeichne die einzelnen Bereiche durch Absätze. Achte darauf, in einem **neutralen Stil** zu schreiben, ohne Wertungen einfließen zu lassen. Du bist darüber hinaus dazu aufgefordert, deine **persönliche Auffassung** von Freundschaft darzulegen. Hier dürfen eigene Erfahrungen einfließen, weil es um die individuelle Auseinandersetzung mit dem Thema geht. Runde deinen Text mit einem **Schlusssatz** ab. Denke auch daran, eine aussagekräftige **Überschrift** zu finden.*

Freundschaft – was man damit verbindet und was sie ausmacht   *treffende Überschrift*

Menschen auf der ganzen Welt pflegen Freundschaften. Betrachtet man diese jedoch genauer, so fällt auf, dass sie sehr unterschiedliche Ausprägungen haben können. Im Folgenden wollen wir einen Blick auf die verschiedenen Arten von Freundschaften werfen und genauer beleuchten, was diese ausmacht.   *Einleitung / Hinführung zum Thema*

Die ersten Freundschaften schließen Menschen bereits in jungen Jahren, jeder weiß von Kindergarten- oder Schulfreundschaften zu berichten. Die Personen, mit denen man sich gut versteht und die man deshalb besonders mag, werden zu Freunden, mit denen man gerne Zeit verbringt.   *Hauptteil*

Auch später knüpft man engere Bande mit Menschen, zu denen man sich hingezogen fühlt, die die gleichen Interessen haben und mit denen man Spaß haben kann. Der griechische Philosoph Aristoteles spricht in diesem Zusammenhang von „Lustfreundschaft" (Text E, Z. 7). Die gemeinsame Freude und das Vergnügen stehen dabei im Vordergrund. Viele Menschen pflegen deshalb Freundschaften mit Personen, die sie über ihre Freizeitaktivitäten kennenlernen, es ist dann von den Sportfreunden oder den Musikfreunden die Rede. Mit diesen Menschen verbindet einen das gemeinsame Interesse an einer Sache. Man hat einen lockeren Umgang miteinander und es herrscht eine entspannte und gelöste Stimmung, wenn man sich trifft. Häufig teilen solche Freunde jedoch nichts weiter als diesen einen Interessenbereich. Weitere Gemeinsamkeiten oder Berührungspunkte und somit ein engerer Austausch untereinander sind gar nicht vorgesehen oder unbedingt erwünscht. Lässt der gemeinsame Spaß irgendwann nach, weil man weniger Zeit in sein Hobby investiert oder andere Schwerpunkte setzt, dann ist diese Art der Freundschaft meist nicht von Dauer, weil sie nur auf einen relativ kleinen Aspekt des täglichen Lebens beschränkt ist.   *Lustfreundschaft / Bezug zu Text E* · *Bezug zu Text A*

Es gibt aber auch Beziehungen, bei denen der gemeinsame Spaß keine Rolle spielt. Manche Menschen suchen sich Gleichgesinnte, um mit ihnen   *Nutzfreundschaft / Bezug zu Text E*

D 2015-13

gemeinsam ein bestimmtes Ziel erreichen zu können. Sie erhoffen sich durch dieses Bündnis mehr Durchsetzungskraft und Erfolg. Während der Dauer der Vereinbarung herrscht Einigkeit: Man zieht am gleichen Strang, ist bereit, sich zeitlich einzubringen und für eine gemeinsame Sache zu kämpfen. Bei dieser Form von Freundschaft handelt es sich allerdings eher um Zweckgemeinschaften, die meist zeitlich begrenzt sind. Sobald das gemeinsame Ziel erreicht ist, gibt es keinen Grund mehr für das Fortbestehen dieser Verbindung. Für Aristoteles handelt es sich dabei um typische „Nutzfreundschaft[en]" (Text E, Z. 4)

Manchmal ergeben sich solche Freundschaften auch aus einer Notsituation heraus. Menschen befinden sich in einer ausweglosen Lage und kommen dadurch zu dem Schluss, dass sie diese Situation nur dann überstehen können, wenn sie sich gegenseitig helfen. So ergibt sich eine Verbindung, in der beide Seiten sich aufeinander verlassen (müssen). Es ist der besonderen Situation geschuldet, dass sich so auch Menschen miteinander verbünden, die vielleicht sonst keine Berührungspunkte oder gleichen Interessen haben. Die gemeinsame Erfahrung schafft zwangsläufig eine Nähe und schweißt zusammen. Kehren beide Partner in ihr „altes" Leben zurück und lassen sich von ihren Erfahrungen nicht tiefergehend beeinflussen, so wird es diese Freundschaft schwer haben, da die alten Rollen wieder zum Tragen kommen. *(Bezug zu Text C)*

Und dann gibt es Freundschaften, die laut Aristoteles eine ganz besondere Qualität und damit eine herausragende Bedeutung haben. Diese „Tugend- oder Charakterfreundschaft[en]" (Text E, Z. 12/13) definieren sich durch das Interesse an der Person selbst. Der Mensch mit seinen Eigenschaften und seiner Art zu sein steht im Mittelpunkt dieser Beziehung. Es ist die Art und Weise, wie er sich gibt und sich äußert, die ihn ausmacht. Man geht diese Verbindungen ganz bewusst, frei von Wertungen und ohne Hintergedanken ein, weil man Freude am Austausch mit dem Gegenüber hat. Teilweise wird man im anderen auch Aspekte von sich selbst entdecken können: Dinge, bei denen man gleich denkt und fühlt. Diese Form von Freundschaft benötigt jedoch Zeit, um zu wachsen und sich zu entfalten. Denn erst mit der Zeit lernt man sich richtig kennen, mit allen Stärken und Schwächen. Es ist ein gelebtes Miteinander: Veränderungen werden gemeinsam durchlaufen, Neues entdeckt und miteinander geteilt. Im Laufe der Zeit erhält diese Art von Freundschaft eine gewisse Reife und somit auch Tiefe. Diese bildet die nötige Grundlage für eine tragfähige Beziehung, in der man nicht nur die schönen und lustigen Seiten im Leben zusammen genießt, sondern auch in schwierigeren Situationen einander beisteht. *(Tugend- bzw. Charakterfreundschaft / Bezug zu Text E / Bezug zu Text B / Bezug zu Text D)*

Diese Charakterfreundschaften sind jedoch auch geprägt von der Freude und den vielen schönen Erlebnissen, die man teilt. Es kann bei dieser Art von Verbindung auch Überschneidungen mit der Lust- und/oder Nutzfreundschaft geben. Aber das Interesse gilt immer dem Menschen und *(Bezug zu Text E)* nicht ausschließlich dem Vergnügen oder dem Nutzen, den man aus der Verbindung zieht.

Wenn ich einen Blick auf meine Freunde werfe, so fällt auf, dass ich viele Kumpels habe, mit denen mich ein gemeinsames Interesse verbindet. Wir verbringen gerne Zeit miteinander und haben das gleiche Hobby. Das sind vor allem Personen, mit denen ich viel Spaß haben und mit denen ich ausgelassen herumalbern und lachen kann, „Gutwetterfreunde". Probleme wälzen wir aber so gut wie nie. Echte Freunde, auf die ich mich voll und ganz verlasse und denen ich deshalb auch Dinge anvertraue, die mir wichtig sind, habe ich bedeutend weniger. Diese Freundschaften bestehen schon länger und wir kennen uns dadurch relativ gut. Auch mit diesen Menschen habe ich viel Spaß und wir unternehmen Dinge, die uns Freude bereiten. Wir freuen uns, wenn es dem anderen gut geht und er glücklich ist. Aber diese Beziehungen bleiben nicht oberflächlich, weil wir auch ernstere Themen ansprechen. Ich bin bei der Wahl meiner „wahren" Freunde sehr vorsichtig, weil sie Seiten von mir sehen und kennen, die ich nicht allen Menschen zeigen möchte. Wir respektieren uns gegenseitig, und jeder von uns kann sich so geben, wie er ist, ohne sich verstellen zu müssen. *(persönliche Sichtweise)*

Mir ist in einer Freundschaft auch sehr wichtig, dass man sich gegenseitig die Wahrheit sagen kann, auch wenn sie einem nicht immer gefällt. Freunde, denen ich absolut vertraue, können mir auch unangenehme Wahrheiten sagen, da ich sie als Person schätze. Ich weiß, dass sie es gut mit mir meinen und ich ihnen als Person am Herzen liege. Auf meine Freunde ist absoluter Verlass, wir helfen uns gegenseitig und unterstützen uns, wo wir nur können. Wie in jeder anderen Beziehung kann es auch in einer Freundschaft mal zu Unstimmigkeiten kommen, aber wenn einem die Freundschaft wichtig ist, muss man sich dafür einsetzen und immer wieder aufeinander zugehen.

Richtig gute Freunde sind etwas sehr Wertvolles und deshalb ist es schön, wenn man solche Menschen findet.

Schluss – abrundender Schlusssatz

Abschlussprüfung der 10. Klasse an Werkrealschulen in Baden-Württemberg
Deutsch 2016

Begegnungen

Die folgenden Texte befassen sich mit dem Themenbereich „Begegnungen".

Lesen Sie die Texte genau durch und bearbeiten Sie dann die Aufgaben.

Die Bearbeitung der Aufgaben in der vorgegebenen Reihenfolge ist hilfreich.

Sie können ein Rechtschreibwörterbuch verwenden. Arbeitszeit: 240 Minuten

Text A: Der alte Mann und der Fernseher (Roswitha Vetter, zeitgenössische Autorin)

1 Die Entscheidung war gefallen. Über einen Monat hatte der alte Mann überlegt, abgewogen und gerechnet, alleine in seiner winzigen Wohnung im Siedlungsviertel. Heute nun war er auf die Bank gegangen, mit zittrigen Knien und doch irgendwie angenehm beschwingt. Sein Herz hatte heftig geklopft, als er die tausend Euro von seinem Konto abhob. Eigentlich konnte es sich der
5 alte Mann gar nicht leisten. Mit einem zufriedenen Lächeln auf den schmalen Lippen humpelte er aus dem Bankgebäude. Es war nicht weit zum Fernsehgeschäft, den Weg kannte er inzwischen genau. Fast täglich war er ihn in den letzten Wochen gegangen, hatte sich den Farbfernseher mit Fernbedienung angeschaut und immer wieder erklären lassen. Und heute würde er ihn holen gehen.

10 Nur noch eine Straße war zu überqueren. Aber eine äußerst unangenehme Straße. Die Rotphase war oft zu kurz für ihn. Ungeduldig wartete er am Straßenrand, ein beträchtliches Stück von der heimtückischen Ampel entfernt. Fest hielt er seinen Stock umklammert. Da, eine Lücke in der Autoschlange. Entschlossen machte er einen Schritt nach vorn. Ohrenbetäubendes Hupen: ein Bus. Viel zu schnell kam er daher. Rasch brachte sich der alte Mann in Sicherheit. Er stolperte,
15 sein Stock fiel zu Boden, die einzige Stütze, ohne die er sich unsicher und verloren fühlte. Er wusste, wenn er sich nach ihm bückte, würde ihm schwindelig. Und das so nah am Straßenrand! Hilfesuchend drehte er den Kopf, doch die Leute hasteten vorüber, ohne ihn zu beachten. Also ließ er sich vorsichtig auf den Boden nieder. Was blieb ihm anderes übrig! Er taumelte, schwarze Ringe tanzten vor seinen Augen. Hart kniete er auf dem Pflaster, die Hände abgestützt.

20 Plötzlich hörte er ein Knattern in unmittelbarer Nähe. Er schrak zusammen. Es war ein Motorrad. Genau vor ihm hielt es. Eine Gestalt sprang herunter und kam auf ihn zu; behutsam richtete sie ihn auf und drückte ihm den Stock in die Hand. Der alte Mann sah sich erstaunt nach dem Befreier aus seiner misslichen Lage um. Und da brach in dem greisen Gesicht das Staunen aus. Der, den er da vor sich hatte, war ein junger Mann auf schlaksigen Beinen, die in engen Jeans steck-
25 ten. Eine glänzende Lederjacke fehlte nicht. Der alte Mann misstraute seinen müden Augen, zog umständlich eine Brille aus der Innentasche und setzte sie auf die Nase. Tatsächlich! Das war ein Halbstarker, ein Rocker oder wie die heißen. Das sollten doch so Burschen sein, die keinen Respekt vor anderen Leuten haben, die sich nur schlecht benehmen. Die ganz einfach ständig aus der Rolle fallen. Der Rocker brachte ihn über die Straße.

30 Nachdenklich humpelte der alte Mann weiter, und schon war er tatsächlich an dem Fernsehgeschäft vorbeigegangen. Dabei griff er in seine Tasche! Ihm stockte der Atem. Hastig wühlte er

darin herum. Er untersuchte auch noch die zweite Jackentasche, doch beide waren leer. Das Geld war verschwunden. Der alte Mann umklammerte seinen Stock, die andere Hand suchte an einer Hauswand Halt. Aus der Traum vom Farbfernseher und auch kein Geld mehr!

35 Motorradknattern schreckte ihn abermals auf. „Da sind Sie ja." Es war der Rocker. Er zog etwas aus seiner Lederjacke. „Sie haben das vorhin verloren." Das Geld! Der alte Mann seufzte. Ein Lächeln huschte über sein Gesicht, mit zitternden Händen nahm er das Geld entgegen. Er holte fünfzig Euro heraus und reichte diese dem Rocker. „Lassen Sie nur", sagte dieser und brauste davon. Lange sah ihm der alte Mann nach.

40 Und er war ganz sicher, dass er das mit den Rockern irgendwie durcheinandergebracht hatte.

Nach: Vetter, Roswitha: Der alte Mann und der Fernseher. In: Treffpunkte 10, Lesebuch für das 10. Schuljahr, Schroedel Verlag, Hannover 1994.

Text B: Die traurigen Geranien (Wolfgang Borchert, 1921–1947)

1 Als sie sich kennenlernten, war es dunkel gewesen. Dann hatte sie ihn eingeladen und nun war er da. Sie hatte ihm ihre Wohnung gezeigt und die Tischtücher und die Bettbezüge und auch die Teller und Gabeln, die sie hatte. Aber als sie sich dann zum ersten Mal bei hellem Tageslicht gegenüber saßen, da sah er ihre Nase. Die Nase sieht aus, als ob sie angenäht ist, dachte er. Und
5 sie sieht überhaupt nicht wie andere Nasen aus. Mehr wie eine Gartenfrucht. Um Himmels willen! dachte er, und diese Nasenlöcher! Die sind ja vollkommen unsymmetrisch angeordnet. Die sind ja ohne jede Harmonie zueinander. Das eine ist eng und oval. Aber das andere gähnt geradezu wie ein Abgrund. Dunkel und rund und unergründlich. Er griff nach seinem Taschentuch und tupfte sich die Stirn.

10 Es ist so warm, nicht wahr? begann sie.
O ja, sagte er und sah auf ihre Nase. Sie muss angenäht sein, dachte er wieder. Sie kommt sich so fremd vor im Gesicht. Und sie hat eine ganz andere Tönung als die übrige Haut. Viel intensiver. Und die Nasenlöcher sind wirklich ohne Harmonie.
Oder von einer ganz neuartigen Harmonie, fiel ihm ein, wie bei Picasso.
15 Ja, fing er wieder an, meinen Sie nicht auch, dass Picasso auf dem richtigen Weg ist?
Wer denn? fragte sie, Pi – ca – ?
Na, denn nicht, seufzte er und sagte dann plötzlich ohne Übergang:
Sie haben wohl einen Unfall gehabt?
Wieso? fragte sie.
20 Na ja, meinte er hilflos.
Ach, wegen der Nase?
Ja, wegen ihr.
Nein, sie war gleich so. Sie sagte das ganz geduldig:
Sie war gleich so.
25 Donnerwetter! hätte er da fast gesagt. Aber er sagte nur:
Ach, wirklich?
Und dabei bin ich ein ausgesprochen harmonischer Mensch, flüsterte sie. Und wie ich gerade die Symmetrie liebe! Sehen Sie nur meine beiden Geranien am Fenster. Links steht eine und rechts steht eine. Ganz symmetrisch. Nein, glauben Sie mir, innerlich bin ich ganz anders. Ganz anders.
30 Hierbei legte sie ihm die Hand auf das Knie und er fühlte ihre entsetzlich innigen Augen bis an den Hinterkopf glühen.

Ich bin doch auch durchaus für die Ehe, für das Zusammenleben, meinte sie leise und etwas verschämt.

Wegen der Symmetrie, entfuhr es ihm.

35 Harmonie, verbesserte sie ihn gütig, wegen der Harmonie.

Natürlich, sagte er, wegen der Harmonie.

Er stand auf.

Oh, Sie gehen?

Ja, ich – ja.

40 Sie brachte ihn zur Tür.

Innerlich bin ich eben doch sehr viel anders, fing sie nochmal wieder an.

Ach was, dachte er, deine Nase ist eine Zumutung. Eine angenähte Zumutung. Und er sagte laut: Innerlich sind Sie wie die Geranien, wollen Sie sagen. Ganz symmetrisch, nicht wahr?

Dann ging er die Treppe hinunter, ohne sich umzusehen.

45 Sie stand am Fenster und sah ihm nach.

Da sah sie, wie er unten stehen blieb und sich mit dem Taschentuch die Stirn abtupfte. Einmal, zweimal. Und dann noch einmal. Aber sie sah nicht, dass er dabei erleichtert grinste. Das sah sie nicht, weil ihre Augen unter Wasser standen. Und die Geranien, die waren genau so traurig. Jedenfalls rochen sie so.

Borchert, Wolfgang: Die traurigen Geranien und andere Geschichten aus dem Nachlaß. Hrsg. von Peter Rühmkorf, Verlag Rowohlt, Reinbek 1967.

Abbildung 1

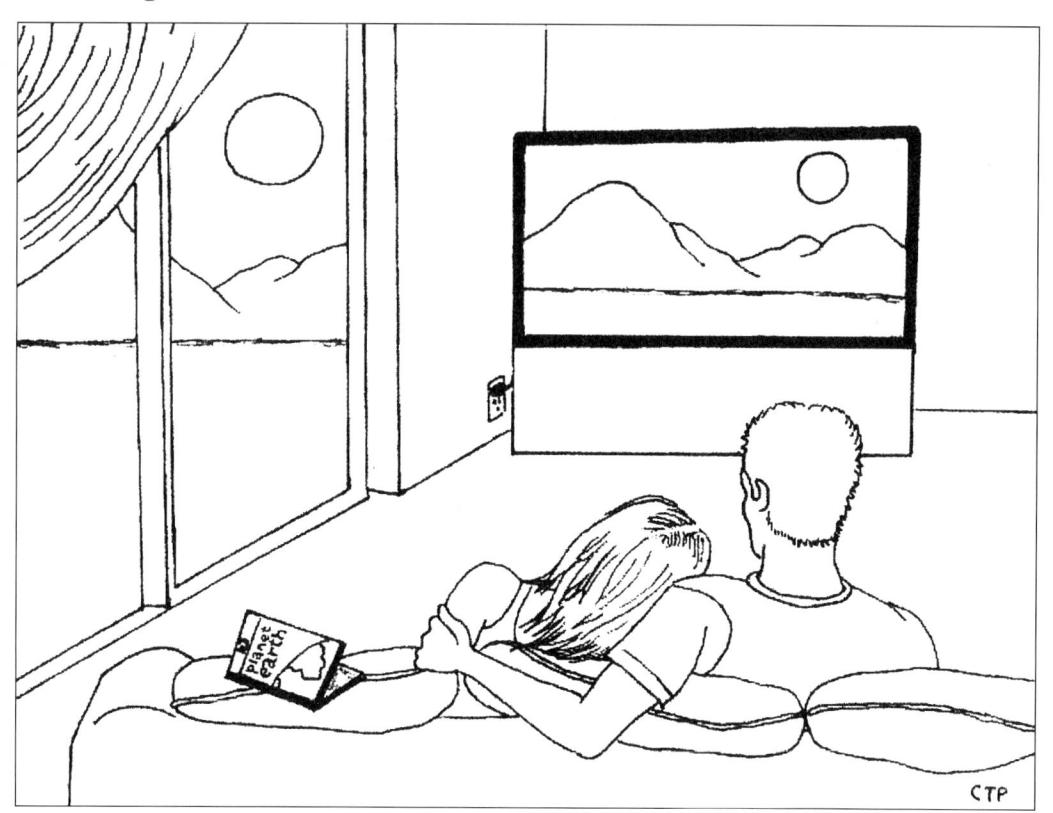

Text C: Du und ich (Karlhans Frank, 1937–2007)

1 Du bist anders als ich
    ich bin anders als du,
gehen wir aufeinander zu,
schauen uns an,
5   erzählen uns dann,
was du gut kannst,
    was ich nicht kann,
was ich so treibe,
    was du so machst,
10 worüber du weinst,
    worüber du lachst,
ob du Angst verspürst bei Nacht,
    welche Sorgen ich trag,
welche Wünsche du hast,
15   welche Farben ich mag,
was mich traurig stimmt,
    was Freude mir bringt,
wie wer was bei euch kocht,
    wer was singt …
20 und plötzlich erkennen wir
    – waren wir blind? –
dass wir innen uns
    äußerst ähnlich sind.

Frank, Karlhans: Du und ich. In: Bartholl, Silvia (Hrsg.): Texte dagegen, Beltz Verlag, Weinheim, Basel 1993, S. 174.

Aufgaben   Punkte

Die Bearbeitung der Aufgaben in der vorgegebenen Reihenfolge ist hilfreich.

1. a) Der alte Mann hat Vorurteile gegenüber Rockern. Finden Sie drei Vorurteile in Text A und notieren Sie diese stichwortartig.   1,5

    b) Nennen Sie zwei Textstellen, die darauf hinweisen, dass die Vorurteile des alten Mannes ins Wanken geraten sind. Zitieren Sie diese Stellen korrekt.   2

    c) Erklären Sie den letzten Satz des Textes mit eigenen Worten.   1,5

2. a) In Text B von Wolfgang Borchert geht es um die Begegnung zweier Menschen. Beschreiben Sie mit mindestens vier passenden Adjektiven die Charaktereigenschaften des Mannes.   2

    b) Nachdem der Mann gegangen ist, schreibt die Frau abends einen Brief an ihre beste Freundin. Sie schildert ihren Zustand nach dieser Begegnung (Umfang etwa eine halbe Seite).   3

    Inhalt 2,5
    Form 0,5

3. a) In Abbildung 1 wird eine besondere Begegnung mit der Natur dargestellt. Beschreiben Sie kurz diese Situation. 2

b) Finden Sie einen passenden Titel für die Abbildung und erläutern Sie Ihre Wahl. 3

4. a) In dem Gedicht „Du und ich" (Text C) verwendet der Autor verschiedene sprachliche Gestaltungsmittel. Wählen Sie drei aus und belegen Sie diese am Text. 1,5

b) Das Gedicht „Du und ich" und der Themenbereich „Begegnungen" stehen in Bezug zueinander. Erläutern Sie. 3,5

5. „Alles wirkliche Leben ist Begegnung" (Martin Buber)
Nehmen Sie Stellung zu diesem Zitat. Berücksichtigen Sie bei Ihren Ausführungen alle Texte und die Abbildung. Ergänzen Sie Ihre Darstellung mit Beispielen aus dem eigenen Leben. 20

Inhalt 10
Sprache/Ausdruck 10

Lösungen

1. a) **Hinweis:** *Der alte Mann hat Vorurteile gegenüber „Rockern". Finde Textstellen, die zeigen, welche (ab)wertende Meinung er von jungen Männern in Motorradkluft hat. Notiere drei Vorurteile stichwortartig. Du kannst einzelne Wörter, aber auch kurze Sätze schreiben.*

   Mögliche Lösungen:
   Rocker ...
   - sind Halbstarke. (vgl. Z. 26/27)
   - haben keinen Respekt vor anderen Leuten. (vgl. Z. 27/28)
   - benehmen sich schlecht. (vgl. Z. 28)
   - fallen ständig aus der Rolle. (vgl. Z. 28/29)

   b) **Hinweis:** *Die Meinung des alten Mannes in Bezug auf sogenannte Rocker verändert sich. Er ist nicht mehr ganz so sicher, ob seine Vorstellungen mit der Wirklichkeit übereinstimmen. Schreibe **zwei Textstellen** heraus, die seinen Meinungswandel erkennen lassen. Du sollst die Textstellen **zitieren**; d. h., dass du hier die allgemeinen **Zitierregeln** beachten musst: Schreibe die Textstellen **wortwörtlich** heraus, setze das Zitat in **Anführungszeichen** und notiere die **Zeilenangabe**. Der Vollständigkeit halber werden hier alle infrage kommenden Textstellen aufgeführt. Zur Erreichung der vollen Punktzahl genügt es, wenn du zwei davon herausschreibst.*

   Mögliche Lösungen:
   - „Der alte Mann sah sich erstaunt nach dem Befreier aus seiner misslichen Lage um." (Z. 22/23)
   - „Und da brach in dem greisen Gesicht das Staunen aus." (Z. 23)
   - „Der alte Mann misstraute seinen müden Augen ..." (Z. 25)
   - „Das sollten doch so Burschen sein, die keinen Respekt vor anderen Leuten haben, die sich nur schlecht benehmen." (Z. 27/28)
   - „Nachdenklich humpelte der alte Mann weiter ..." (Z. 30)
   - „Und er war ganz sicher, dass er das mit den Rockern irgendwie durcheinandergebracht hatte." (Z. 40)

   c) **Hinweis:** *Erkläre in **eigenen Worten**, was der letzte Satz des Textes deiner Meinung nach aussagen soll. Denke daran, deine Meinung auch zu **begründen**.*

   Der alte Mann in dieser Geschichte hat ein ganz bestimmtes Bild vor Augen, wenn er an „Rocker" denkt. Er hält sie für „Halbstarke", also Jugendliche, die oft laut und manchmal auch aggressiv auftreten; die sich anderen gegenüber respektlos verhalten und allgemein schlechtes Benehmen an den Tag legen. Deshalb ist er auch erstaunt, als ihm der junge Motorradfahrer zu Hilfe kommt. Als der alte Mann kurze Zeit später vor dem Fernsehgeschäft den Verlust seines Geldes bemerkt, ist er verzweifelt. Doch gleich darauf erweist sich der junge „Rocker" ein zweites Mal als Retter in der Not: Er bringt dem alten Mann das Geld, das ihm offenbar beim Hinfallen aus der Tasche gefallen war, zurück. Dies hat zur Folge, dass der alte Mann seine Meinung vollständig ändert: Er ist nun überzeugt, dass das, was man über Rocker sagt, falsch ist, da es mit seinen Erfahrungen nicht übereinstimmt. Er hat sich nun eine eigene, positive Meinung über „Rocker" gebildet.

2. a) **Hinweis:** *Gehe den Text Absatz für Absatz durch und markiere Textstellen, die die **Charaktereigenschaften** des Mannes deutlich werden lassen. Was sagt er zu der Frau? Wie sagt er es? Wie genau verhält er sich? Überlege dann, welche Adjektive das Verhalten des Mannes **treffend** beschreiben. Notiere **mindestens vier Adjektive**.*

Mögliche Adjektive:
verletzend, herabsetzend, überheblich, arrogant, unsensibel, respektlos, niederträchtig, gemein, unehrlich, oberflächlich

b) **Hinweis:** *Hier sollst du dich in die Frau **hineinversetzen** und beschreiben, wie sie sich nach dem Besuch des Mannes wohl fühlt. Als Darstellungsform wird ein **Brief** von dir erwartet; d. h., dass du folgende **formale Kriterien** beachten musst: **Datum, Ort** (kann, muss aber nicht aufgeführt werden) und **Anrede** am Anfang sowie **Grußformel** und **Unterschrift** am Ende des Briefs. Gliedere deinen Brieftext folgendermaßen: In der **Einleitung** führst du kurz zum Thema hin. Im **Hauptteil** beschreibst du ausführlich die Gedanken und Gefühle der Frau. Mit einem kurzen **Schluss** rundest du deinen Brief ab. Da in der Kurzgeschichte keine Namen genannt werden, darfst du selbst welche erfinden. Eine weitere wichtige Vorgabe ist, dass dein Brief eine **halbe Seite** umfassen muss.*

19. April 2016

Liebe Klara,

ich muss dir einfach schreiben, was mir heute passiert ist, weil ich mich richtig schrecklich fühle.

Ich habe vor Kurzem einen Mann kennengelernt und hatte das Gefühl, dass wir uns richtig gut verstehen, deshalb habe ich ihn zu mir eingeladen. Heute kam er nun zu Besuch und es herrschte von Anfang an eine angespannte Stimmung. Immer wieder stierte er auf meine Nase und es kam irgendwie gar kein richtiges Gespräch auf. Und dann sprach er mich auch direkt auf meine Nase an. Es war so unglaublich beschämend und verletzend. Ich hatte das Gefühl, dass er mich auf meine Nase reduziert und all meine anderen Qualitäten gar nicht wahrnahm. Immer kleiner und hässlicher fühlte ich mich und so wurde ich immer unsicherer. Mühsam versuchte ich das Gespräch in Gang zu halten, um von meiner auffälligen Nase abzulenken. Plötzlich stand er dann einfach auf, verabschiedete sich und ging, ohne sich umzudrehen. Noch immer bin ich völlig aufgewühlt und in Tränen aufgelöst, weil ich mich total herabgesetzt und minderwertig fühle. Als wäre ich eine Ausgestoßene, für die man sich schämen muss. Sind denn Menschen, die nicht perfekt aussehen, weniger wert als andere?

Du fehlst mir schrecklich. Wenn du nur da wärst, um mich in den Arm zu nehmen, das bräuchte ich jetzt so dringend!

Liebe Grüße
Deine Martha

Lösungen: Deutsch – Abschlussprüfung 2016

3. a) Hinweis: *Bei der Abbildung handelt es sich um eine **Karikatur**. Der Zeichner möchte damit auf humorvolle, übertriebene Art und Weise politische oder gesellschaftliche **Zustände kritisieren** und so auf Missstände aufmerksam machen. Berücksichtige dies bei deinen Ausführungen. Betrachte das Bild genau und beschreibe, welche „besondere Art" der Naturbegegnung hier dargestellt wird.*

Die Karikatur zeigt ein junges Paar, das im Wohnzimmer gemütlich aneinandergekuschelt auf dem Sofa sitzt und im Fernsehen ein schönes Naturpanorama mit Bergen und Sonne betrachtet. Ein Buch mit dem Titel „Planet Erde" liegt auf der Sofalehne hinter ihnen. Es scheint also so, als sei das Paar an der Natur sehr interessiert. Allerdings schenken beide Personen der echten Natur, die sich direkt vor ihrer Fenstertür befindet, keinerlei Beachtung. Das gipfelt darin, dass sie nicht einmal wahrnehmen, dass sie ganz genau das Naturpanorama, das sie auf dem Bildschirm sehen, direkt vor der eigenen Tür erleben könnten. Stattdessen erfahren sie Natur lieber indirekt über Medien wie das Fernsehen oder Bücher.

b) Hinweis: *Überlege dir eine **Überschrift**, die inhaltlich alle Aspekte dieser „besonderen Begegnung mit der Natur" erfasst. Zusätzlich ist eine **Begründung** des von dir gewählten Titels gefordert. So soll dem Leser ein besseres Verständnis deiner Gedankengänge ermöglicht werden.*

Mögliche Lösungen:

„Natur aus zweiter Hand"
Begründung: Dieser Titel bietet sich an, da die beiden Personen in der Abbildung sich nicht draußen in der freien Natur bewegen. Sie befinden sich vielmehr in einem Zimmer und beschäftigen sich dort – rein theoretisch – mit der Natur. Sie erfahren also nur die Dinge, die andere für sie gefilmt oder aufgeschrieben haben. Es ist folglich eine Erfahrung aus „zweiter Hand".

„Das etwas andere Naturerlebnis"
Begründung: Meiner Meinung nach wäre dies ein treffender Titel für diese Abbildung. Das Paar in dem Bild „erlebt" die Natur, indem es sich ganz bequem auf dem Sofa eine Naturdarstellung ansieht. Dies ist eine ungewöhnliche Form des Erlebens, da es die beiden verpassen, sich in der realen Natur zu bewegen und diese mit allen Sinnen selbst wahrzunehmen.

„Natur erleben – vom sicheren Wohnzimmer aus"
Begründung: Ich finde diese Überschrift zutreffend, da sich beide Personen mit der Natur beschäftigen. Sie sehen sich Filme an und holen sich Informationen aus Büchern. Man könnte also schon sagen, dass sie die Natur „erleben", weil sie sich damit auseinandersetzen und ihr Interesse zeigen. Dies alles geschieht jedoch nicht in der realen Begegnung mit der Natur, sondern vom warmen und geschützten Wohnzimmer aus. Diese Art der Begegnung ist indirekt und weicht von dem eigentlichen Naturerlebnis ab.

4. a) **Hinweis:** *Jeder Autor hat einen ganz **persönlichen Schreibstil**. Dies ist die Art und Weise, wie er seine Texte verfasst. Er benutzt dazu **sprachliche Stilmittel** wie z. B. Reime, Wortwiederholungen, sprachliche Bilder. Überlege nun, welche sprachlichen Auffälligkeiten das Gedicht von Karlhans Frank aufweist. Zur Erreichung der vollen Punktzahl musst du **drei sprachliche Gestaltungsmittel** nennen und diese jeweils mit einem **Zitat** belegen. Sollte dein Zitat über mehrere Verszeilen gehen, kennzeichnest du das Ende eines Verses mit einem Schrägstrich /.*

In den Lösungsvorschlägen sind bei einigen Stilfiguren die ausschlaggebenden Stellen zur Verdeutlichung durch Unterstreichungen hervorgehoben. Du musst in deiner Lösung nichts unterstreichen.

Mögliche Lösungen:

– **Reime**
„ich bin anders als du, / gehen wir aufeinander zu," (V. 2/3)
„erzählen uns dann, / ... / was ich nicht kann," (V. 5/7)

– **Wiederholungen**
„worüber du weinst, / worüber du lachst," (V. 10/11)
„wie wer was bei euch kocht, / wer was singt ..." (V. 18/19)
„welche Sorgen ich trag, / welche Wünsche du hast, / welche Farben ich mag," (V. 13–15)

– **Beschreibung von Gegensätzen**
„Du bist anders als ich / ich bin anders als du," (V. 1/2)
„was du gut kannst, / was ich nicht kann," (V. 6/7)

– **indirekte Fragen**
„worüber du weinst," (V. 10)
„ob du Angst verspürst bei Nacht,"(V. 12)
„welche Wünsche du hast," (V. 14)

– **gleiche Anordnung der Satzglieder im Satzaufbau (Parallelismus):** Der Parallelismus ist das auffälligste sprachliche Mittel in diesem Gedicht.
„Du bist anders als ich / ich bin anders als du," (V. 1/2)
„was du gut kannst, / was ich nicht kann, / was ich so treibe, / was du so machst, / worüber du weinst, / worüber du lachst," (V. 6–11)
„welche Sorgen ich trag, / welche Wünsche du hast, / welche Farben ich mag," (V. 13–15)

– **Einschub (Parenthese)**
„und plötzlich erkennen wir / – waren wir blind? – / dass wir innen uns" (V. 20–22)

– **lyrisches Ich**
„Du bist anders als ich / ich bin anders als du," (V. 1/2)
„was mich traurig stimmt, / was Freude mir bringt," (V. 16/17)

b) **Hinweis:** *Die diesjährige Prüfung beschäftigt sich mit dem Thema „**Begegnungen**". Bei dieser Teilaufgabe geht es darum, dass du schlüssig darstellst, inwiefern das **Gedicht** „Du und ich" inhaltlich gut zu diesem Thema **passt**. Überlege, womit sich das Gedicht inhaltlich auseinandersetzt.*

Das Gedicht „Du und ich" von Karlhans Frank beschreibt, wie sich zwei scheinbar ganz unterschiedliche und fremde Personen besser kennenlernen. Sie erzählen sich Alltägliches aus ihrem Leben, tauschen sich über ihre Fähigkeiten, ihre Wünsche, aber auch ihre Ängste aus. Zum Ende des Gedichtes wird ihnen bewusst, dass sie sich doch nicht so sehr voneinander unterscheiden, wie sie es zunächst vermutet hatten. Sie sind vielmehr überrascht, dass sie die Ähnlichkeiten nicht gleich von Anfang an gesehen haben: „waren wir blind?" (V. 21). Die Begegnung und das gemeinsame Gespräch haben sie einander nähergebracht. Äußerliche Unterschiede spielen in ihrer Beziehung keine Rolle mehr, weil sie zum Wesentlichen vorgedrungen sind: ihre Gedanken und Wünsche, ihr Blick auf das Leben, ihre Grundeinstellungen und ihre jeweiligen Charakterzüge. Sie haben bemerkt, dass sie sich „innen" (V. 22) doch „äußerst ähnlich sind" (V. 23). Insofern stellt dieses Gedicht einen weiteren Aspekt von „Begegnung" dar.

5. **Hinweis:** *Martin Buber, von dem das Zitat stammt, war jüdischer Religionsphilosoph. Er musste vor den Nationalsozialisten aus Deutschland flüchten und lebte bis an sein Lebensende in Jerusalem. Trotz seiner traumatischen Erfahrungen besuchte er später Europa und nahm in Frankfurt den Friedenspreis des Deutschen Buchhandels entgegen.*
*In der abschließenden Schreibaufgabe sollst du zu einer **Äußerung** von Martin Buber **Stellung nehmen**. Welchen **Standpunkt** vertrittst du im Hinblick auf dieses Zitat? Du sollst klar Position beziehen und deine Meinung darlegen. Wichtig dabei ist, dass du deine Meinung nicht einfach sagst, sondern mithilfe von **Argumenten**, d. h. ausführlichen Begründungen, und Beispielen untermauerst.*
*Gliedere deinen Aufsatz sinnvoll: Wähle eine passende **Überschrift**. Führe in einer kurzen **Einleitung** zum Thema hin. Im **Hauptteil** legst du deine **Meinung ausführlich** und begründet dar – berücksichtige **alle Texte und die Abbildung**. Darüber hinaus sollst du auch **eigene Erfahrungen** in deine Stellungnahme einfließen lassen. Mit einem **Schlussgedanken** rundest du deinen Text ab. Achte darauf, dass du im **Präsens** schreibst.*

Begegnungen, sie gestalten das Leben bunt und lebendig	Überschrift
„Alles wirkliche Leben ist Begegnung", sagte Martin Buber und meinte damit, dass Begegnungen, also das Zusammentreffen von Menschen, das Leben ausmachen. Ich denke auch, dass es die Begegnungen sind, die man im Laufe seines Lebens macht, die das Leben erst richtig lebenswert und lebendig machen. Dies möchte ich im Folgenden genauer darlegen.	Einleitung Hinführung zum Thema
Jeden Tag aufs Neue treten wir mit ganz unterschiedlichen Menschen in Kontakt. Ein Stück weit prägen sie uns – manche mehr und andere weniger, je nachdem, wie intensiv die Begegnung ist. Aufgrund der Erfahrungen, die wir im Zusammensein mit anderen machen, reflektieren wir unser Verhalten, kommen möglicherweise zu neuen Einsichten und ändern Din-	Hauptteil

ge in unserem Leben. So ergeht es auch dem alten Mann in Text A. Er hat ein ganz bestimmtes, eher negativ geprägtes Bild vor Augen, wenn er an sogenannte Rocker denkt. Und erst die reale Begegnung mit einem solchen bringt ihn zum Nachdenken und seine Vorurteile ins Wanken. Eine neue Sichtweise, also eine Veränderung seiner Gedanken, die sicher auch Auswirkungen auf seine künftigen Handlungen haben wird, ist die Folge der Begegnung zwischen diesen beiden Personen. *[Aspekt 1: Vorurteile / Bezug zu Text A]*

Auch ich kenne solche Situationen, in denen ich Vorurteile habe und mich dann eines Besseren belehren lassen muss. Es gibt in meiner Parallelklasse zum Beispiel eine Schülerin, die ich bisher immer als sehr überheblich und arrogant empfunden habe. Und da mein erster Eindruck eher negativ war, habe ich auch bewusst keinen Kontakt zu ihr gesucht. Nun hatten wir aber eine jahrgangsgemischte Projektwoche, in der wir in bunt zusammengewürfelten Gruppen gearbeitet haben. So kam der Kontakt mit dieser Schülerin zwangsläufig zustande, da wir uns in den Kleingruppen nicht aus dem Weg gehen konnten. Und im Laufe der Woche habe ich bemerkt, dass die Vorstellungen, die ich mir gemacht hatte, nicht wirklich zutrafen. Es ist nicht so, dass wir nun beste Freundinnen wären. Aber wir kommen ganz gut miteinander aus, da ich bemerkt habe, dass ich vorschnell geurteilt und der Person dadurch Unrecht getan habe. Ich habe sie schlichtweg falsch eingeschätzt. Deshalb bin ich froh, dass wir zu dieser Begegnung „gezwungen" wurden; denn von mir aus hätte ich sicherlich keinen Kontakt gesucht. *[persönliche Erfahrung]*

Eine ganz andere Form der Begegnung wird in Text C skizziert. Der Leser wird in dem Gedicht auf eine Entdeckungsreise mitgenommen, bei der sich zwei Menschen näher kennenlernen. Zu Beginn scheint es noch so, als ob es große Unterschiede zwischen den beiden gäbe. Mit der Zeit und einem gegenseitigen Interesse erfahren sie jedoch immer mehr über sich und stellen fest, dass sie sich zwar äußerlich unterscheiden, sich aber, was ihre Gefühle und Gedanken betrifft, doch sehr ähnlich sind. Für mich zeigt dieses Gedicht, wie sich nach und nach eine Freundschaft entwickelt. *[Aspekt 2: Freundschaft / Bezug zu Text C]*

Meiner Meinung nach sind dies die wichtigsten Begegnungen im Leben. Wenn man auf Menschen trifft, denen man voll und ganz vertrauen kann und die man immer an seiner Seite weiß. Ich denke, es braucht viel (gemeinsame) Zeit und Engagement, bis sich eine tiefe Freundschaft entwickeln kann. Echte Freunde sind Menschen, mit denen ich viele Gemeinsamkeiten habe und die mich besonders prägen. Wir haben viel Spaß miteinander, aber es sind auch diese Personen, die mir sagen, wenn ich Fehler mache oder vielleicht falsch reagiere. Ich empfinde das nicht als verletzend, weil ich großes Vertrauen zu ihnen habe und weiß, dass sie mir helfen und nicht schaden wollen. Sie vermitteln mir Sicherheit und Mut, auch wenn wir nicht immer einer Meinung sind. *[persönliche Erfahrung]*

Das Zusammentreffen von Personen verläuft aber nicht immer so positiv. Wenn Menschen miteinander zu tun haben, dann können auch Verletzun- *[Aspekt 3: negative Erfahrungen]*

gen geschehen. So ergeht es der Frau in der Kurzgeschichte von Wolfgang Borchert. Sie macht sich Hoffnungen auf eine Freundschaft oder vielleicht auch Beziehung mit einem Mann und wird bitter enttäuscht. Er ist nur auf ihr Äußeres fixiert und macht sich über ihre Nase lustig. Im Endeffekt beschäftigt er sich mit nichts anderem. Sein Verhalten ist mehr als verletzend, zumal er die Frau schließlich einfach sitzen lässt und ihr das Gefühl gibt, wertlos zu sein. *[Bezug zu Text B]*

Dieser Mann erscheint mir extrem oberflächlich. Schlimm finde ich, dass er Menschen verletzt und an seinem Verhalten nichts Anstößiges findet. Ich denke, dass solche Negativerlebnisse in unserem Leben nicht ausbleiben, und jeder von uns kennt Situationen, in denen er von jemandem schlecht und unfair behandelt wurde. Auch diese Begegnungen sind meiner Einschätzung nach wertvoll, weil man auch aus unschönen Erfahrungen lernen kann. Wichtig ist aber, dass man gute Freunde an seiner Seite hat, die einen stützen. Ich glaube, dass man mit der Zeit vielleicht Strategien entwickelt, die helfen, mit Problemen oder Verletzungen umzugehen. Wenn man gestärkt aus solchen negativen Situationen herauskommt, bedeutet dies sicherlich eine persönliche Entwicklung, auch wenn sie schmerzhaft war. *[persönliche Meinung]*

Eine ganz andere Form der Begegnung wird in Abbildung 1 thematisiert. Hier geht es um Naturerlebnisse, die aber gar nicht real stattfinden, sondern über Medien ermöglicht werden. Ich stehe dieser Art der „Begegnung" eher kritisch gegenüber, weil mir die tatsächliche, echte Auseinandersetzung fehlt. Ich kann nicht verstehen, warum manche Menschen sich lieber mit Büchern oder Naturfilmen beschäftigen, als selbst raus in die Natur zu gehen und diese authentisch wahrzunehmen, indem sie die Gerüche und Geräusche konkret erleben. Ich kann wesentlich eher nachvollziehen, dass für viele Menschen die Natur eine besondere Bedeutung hat. Sie fühlen sich dort wohl, tanken Energie und regenerieren sich. Manche berichten von intensiven Momenten, die sie in der Natur erlebt haben. *[Aspekt 4: Naturerlebnis / Erlebnis aus zweiter Hand; Bezug zur Abbildung]*

Für mich ist der Kontakt zu den Menschen das Wichtigste, das, was man gemeinsam erleben kann. In dieser Hinsicht bin ich aber auch dankbar für die heutigen Medien. Das Internet und die Chatforen vereinfachen den Kontakt zu Menschen auf der ganzen Welt. Schnell und unkompliziert tritt man miteinander in Kontakt und dank der sozialen Netzwerke ist man auch immer über alles informiert. *[persönliche Erfahrung]*

Begegnungen mit anderen Menschen – und da sind natürlich in erster Linie die echten Begegnungen gemeint, aber durchaus auch virtuelle Kontakte – empfinde ich als wichtig und wertvoll. Auch wenn es manchmal so ist, dass ich erst einige Zeit später bemerke, warum das Zusammentreffen oder diese Situation für mich wichtig war. Es sind gerade der Austausch und die Interaktion mit den Mitmenschen, die das Leben so abwechslungsreich und bunt machen – auch wenn dies manchmal ganz schön anstrengend und emotional belastend ist. Aber das ist das Leben! *[**Schluss** zusammenfassende Schlussbemerkung]*

Abschlussprüfung der 10. Klasse an Werkrealschulen in Baden-Württemberg
Deutsch 2017

Lebensräume und Wohnorte

Die folgenden Texte befassen sich mit dem Themenbereich „Lebensräume und Wohnorte".

Lesen Sie die Texte genau durch und bearbeiten Sie dann die Aufgaben.

Die Bearbeitung der Aufgaben in der vorgegebenen Reihenfolge ist hilfreich.

Sie können ein Rechtschreibwörterbuch verwenden. Arbeitszeit: 240 Minuten

Text A: Das Blütenstaubzimmer (Zoë Jenny, geboren 1974)

1 Als meine Mutter ein paar Straßen weiter in eine andere Wohnung zog, blieb ich bei Vater. Das Haus, in dem wir wohnten, roch nach feuchtem Stein. In der Waschküche stand eine Druckmaschine, auf der mein Vater tagsüber Bücher druckte. Immer, wenn ich vom Kindergarten nach Hause kam, ging ich zu ihm in die Waschküche, und wir stiegen gemeinsam in die Wohnung
5 hinauf, wo wir unser Mittagessen kochten. Abends vor dem Einschlafen stand er neben meinem Bett und zeichnete mit einer Zigarette Figuren ins Dunkel. Nachdem er mir heiße Milch mit Honig gebracht hatte, setzte er sich an den Tisch und begann zu schreiben. Im rhythmischen Gemurmel der Schreibmaschine schlief ich ein, und wenn ich aufwachte, konnte ich durch die geöffnete Tür seinen Hinterkopf sehen, ein heller Kranz von Haaren im Licht der Tischlampe, und die unzähligen
10 Zigarettenstummel, die, einer neben dem anderen, wie kleine Soldaten den Tischrand säumten.
Da die Bücher, die mein Vater verlegte, nicht gekauft wurden, nahm er eine Stelle als Nachtfahrer an, damit er tagsüber weiterhin die Bücher drucken konnte, die sich erst im Keller und auf dem Dachboden und später überall in der Wohnung stapelten.
Nachts fiel ich in einen unruhigen Schlaf, in dem die Träume zerstückelt an mir vorbeischwammen
15 wie Papierschnipsel in einem reißenden Fluss. Dann das klirrende Geräusch, und ich war hellwach. Ich blickte an die Decke zu den Spinnweben empor und wusste, dass mein Vater jetzt in der Küche stand und den Wasserkessel auf den Herd gesetzt hatte. Sobald das Wasser kochte, ertönte ein kurzes Pfeifen aus der Küche, und ich hörte, wie Vater den Kessel hastig vom Herd nahm. Noch während das Wasser tropfenweise durch den Filter in die Thermoskanne sickerte, zog der Geruch
20 von Kaffee durch die Zimmer. Darauf folgten rasch gedämpfte Geräusche, ein kurzer Moment der Stille; mein Atem begann schneller zu werden, und ein Kloß formte sich in meinem Hals, der seine volle Größe erreicht hatte, wenn ich vom Bett aus sah, wie Vater, in seine Lederjacke gehüllt, leise die Wohnungstür hinter sich zuzog. Ein kaum hörbares Klack, ich wühlte mich aus der Bettdecke und stürzte ans Fenster. Langsam zählte ich eins, zwei, drei; bei sieben sah ich, wie er mit schnellen
25 Schritten die Straße entlangging, eingetaucht in das dumpfe Gelb der Straßenlaterne; bei zehn war er stets beim Restaurant an der Ecke angelangt, wo er abbog. Nach weiteren Sekunden, in denen ich den Atem anhielt, hörte ich, wie der Motor des Lieferwagens, der laut ansprang, sich entfernend immer leiser wurde und schließlich ganz verstummte. Dann lauschte ich in die Dunkelheit, die langsam, wie ein ausgehungertes Tier, aus allen Ecken kroch. In der Küche knipste ich das Licht
30 an, setzte mich an den Tisch und umklammerte die noch warme Kaffeetasse.

Jenny, Zoë: Das Blütenstaubzimmer. © Frankfurter Verlagsanstalt GmbH, Frankfurt am Main 1997.

Text B: Stadt – Land – Leben

1 Je leerer das Land wird, desto mehr wächst die Sehnsucht nach ihm. Dabei sind Stadt und Land längst keine Gegensätze mehr. Auf dem Dorf zu leben verlangt aber einen Rest an Romantik. Das Bewusstsein bestimmt das Sein.

Anders lässt es sich nicht erklären, dass alle Leute immer noch am Gegensatz zwischen Stadt und
5 Land, Metropole und Dorf festhalten.

„Ich bin kein Landei[1], ich bin geboren für die Stadt", singt die Popgruppe Anajo.

Das hindert Hunderttausende ähnlich gesinnter „Stadtpflanzen" nicht daran, Wochenende für Wochenende über Land zu fahren. Dort werden dann Wander-, Rad- und Waldwege übervölkert und die Tiere im Wald aufgeschreckt. Außer Dauerregen oder Winterwetter hindert sie auch nichts
10 daran, mit ihren Motorrädern im ländlichen Raum jene Lärmhölle noch unerträglicher zu machen, als sie es zumindest an jedem Samstag durch die Kettensägen, Rasenmäher, Betonmischer und das übrige Baugerät der dort einheimischen oder angesiedelten Bewohner eh schon ist.

Umgekehrt fluten die Pendlermassen in die Stadt, verstopfen dabei morgens wie abends Autobahnen, Landstraßen, Nah- und Fernzüge, S-Bahn, U-Bahn und Bus.

15 Stadt und Land brauchen sich aber auch gegenseitig. Die Stadt benötigt Energie, das Land liefert sie zunehmend, z. B. durch Windkraft und Stromtrassen. Die Verschandelung der Landschaft, die vielerorts zu Konflikten führt, steht der Jobmaschine Stadt gegenüber, die den ländlichen Arbeitsmarkt entlasten soll.

Das Land bietet preiswerteres Wohnen und auch deshalb eine größere Zufriedenheit seiner Be-
20 wohner. Es gibt dort jetzt die freiwillige Gemeinschaftlichkeit, die „Anpack-Kultur" und die wechselseitige Hilfe auf der Basis einstiger Naturalwirtschaft, also „mit Gütern und Dienstleistungen".

Die Stadt sichert kürzere Wege, niedrige Mobilitätskosten und ein umfassenderes soziales wie kulturelles Angebot.

25 Der Breisgauer Philosoph Urs Sommer formuliert: „Die Stadt ist eine Lebensform für Unentschlossene. Sie bietet Tausende von Möglichkeiten. Man kann sich treiben lassen. Auf dem Dorf muss man sich festlegen. Das Netz der möglichen Beziehungen ist beschränkt – und der Zwang, sich zu entscheiden, hat etwas sehr Positives."

Nach: Hieber, Jochen: Landleben: Komm! ins Offene, Freund! Frankfurter Allgemeine Zeitung am 24. 11. 2014;
http://www.faz.net/aktuell/feuilleton/debatten/landleben-komm-ins-offene-freund-13282330.html

Anmerkungen
1 „Landei" ist ein umgangssprachlicher Begriff für eine Person, die auf dem Land lebt.

Text C: Die Stadt lebt (Gerrit Engelke, 1890–1918)

1 Um die Großstadt sinkt die Welt in Schlaf.
  Felder gilben, Wälder ächzen überall.
  Wie Blätter fallen draußen alle Tage,
  Vom Zeitwind weggeweht.
5 Die Stadt weiß nichts vom bunten Aufschrei der Natur,
  Vom letzten aufgepeitschten Blätterwirbel,
  Die Stadt hört nicht von Berg und Stoppelflur
  Den trauergroßen, herben Schlafgesang.
  Ob Ebene und Wald in welkes Sterben fallen,
10 Ob draußen tost Vergänglichkeit,
  Im Stadtberg brüllen Straßen, Hämmer hallen:
  Die Lärmstadt dampft in Unrast ohne Zeit.

Engelke, Gerrit: Die Stadt lebt. In: Rhythmus des neuen Europa – Gedichte, hrsg. von Hermann Biome, Reprint, Hannover 1979.

Abbildung 1

© danielo. Shutterstock

Text D: Die Ernte – 1941 (Susan Abulhawa, geboren 1970)

In einer fernen Zeit, ehe die Geschichte über die Hügel gefegt kam und Gegenwart und Zukunft auslöschte, ehe Amal geboren wurde, gab es östlich von Haifa ein kleines, friedliches von der Sonne verwöhntes Dorf mit offenen Grenzen, das von Feigen- und Olivenanbau lebte.

Es war dunkel, als die Dorfbewohner von Ein Hod[1] sich auf das erste der fünf Gebete vorbereiteten. Nur die Babys schliefen. Der Mond stand tief, sah aus wie eine Schnalle, die Erde und Himmel zusammenhielt – die Andeutung eines zaghaften Versprechens. Glieder reckten und streckten sich, Wasser sprengte Schlaf weg, hoffnungsvolle Augen weiteten sich. An diesem Tag beteten die Menschen draußen und mit besonderer Ehrfurcht, denn die Olivenernte stand vor der Tür. Bei so einem wichtigen Anlass erklomm man die felsigen Hügel am besten mit reinem Gewissen.

Vor dem ersten Morgenlicht erwachte ein Orchester aus Kleingetier, Grillen, Vögel und bald darauf Hähne – stimmten ihr Lied an.

Anschließend machten sich die Bewohner in Richtung Westen zu den Olivenhainen auf. Sie staksten, um die Berührung mit Kakteenstacheln zu vermeiden.

In der Erntewoche vibrierte Ein Hod jeden November aufs Neue vor Energie, und Yahya Abu Hasan spürte es bis in die Knochen. In der Hoffnung, den Nachbarn zuvorzukommen, überredete er seine Söhne dazu, frühmorgens mit ihm das Haus zu verlassen. Doch die Nachbarn hegten die gleichen Gedanken, und die Ernte begann stets gegen fünf Uhr morgens.

Verlegen wandte sich Yahya zu seiner Frau Basima um, die einen Korb mit Planen und Decken auf dem Kopf trug, und flüsterte: „Nächstes Jahr stehen wir vor ihnen auf. Ich hätte gerne eine Stunde Vorsprung vor Salim, dem zahnlosen, alten Mistkerl."

Basima verdrehte die Augen. Ihr Mann grub diese brillante Idee jedes Jahr wieder aus.

Als die Dunkelheit dem Licht wich, stiegen die Geräusche, die die Ernte dieser edlen Frucht stets begleiteten, von den sonnengebleichten Hügeln empor.

Das Klopfen von Stöcken, die gegen Äste schlugen, das Rascheln von Blättern, das Herabplumpsen von Früchten, die auf alten, unter den Bäumen ausgebreiteten Planen und Decken landeten. Während sie sich abrackerten, sangen die Frauen Volksweisen vergangener Jahrhunderte; spielende Kinder wurden von ihren Müttern getadelt, wenn sie ihnen in die Quere kamen. Die Söhne bearbeiteten die Bäume von zwei Seiten, während ihre Mutter Decken voll frischer Oliven wegzog, die später am Tag gepresst werden sollten. Zufrieden mit dem morgendlichen Arbeitstempo setzte sich Yahya auf die Decke, auf der Basima Linsen, Makluba[2] mit Lamm und Joghurtsauce angerichtet hatte. Ein wenig entfernt stellte sie eine Mahlzeit für die Wanderarbeiter hin, die das Angebot dankbar annahmen.

„Mittagessen!", rief sie Hasan und Derwish zu, und die Familie wartete darauf, dass sich alle um das dampfende Tablett mit Reis und kleineren Tellern mit Sauce und eingelegtem Gemüse versammelten.

Es gab noch eine Menge Arbeit und so war die Mahlzeit nach dem Kaffee schnell vorbei. Basima hatte ihre großen Körbe gefüllt, damit die Helfer sie zur Olivenpresse tragen konnten. Beide Söhne mussten ihren Teil der Oliven noch am Tag der Ernte pressen, damit das Öl keinen ranzigen Geschmack annahm.

Basima wuchtete einen Korb mit Oliven auf den Kopf, nahm rechts und links eine Webtasche voller Speisen und übriggebliebenen Nahrungsmitteln in die Hand und schritt mit anderen Frauen den Hügel herab.

Als Yahya allein war, spielte er auf der Nai, einer Flöte, und ihre Melodien gaben ihm ein Gefühl
von Verbundenheit mit seinem Großvater, den zahllosen Ernten, dem Land, der Sonne, der Zeit,
der Liebe und allem, was gut war.

Nach: Abulhawa, Susan: Während die Welt schlief. Aus dem Amerikanischen von Stefanie Fahrner. © 2011 Diana Verlag München in der Verlagsgruppe Random House GmbH. Aus didaktischen Gründen gekürzt und geändert.

Anmerkungen
1 Ortschaft
2 orientalisches Reisgericht

Aufgaben   Punkte

Die Bearbeitung der Aufgaben in der vorgegebenen Reihenfolge ist hilfreich.

1. a) Zitieren Sie drei passende Textstellen aus Text A, die unterschiedliche sinnliche Wahrnehmungen (Hören, Riechen, Sehen, …) des Kindes beschreiben.   1,5

   b) Benennen Sie den Wendepunkt im Handlungsablauf der Erzählung, ab dem sich die Stimmungslage verändert. Begründen Sie kurz Ihre Auswahl.   1,5

   c) Wo macht die Autorin deutlich, dass sich das Kind unwohl fühlt? Nennen Sie drei passende Textstellen.   3

2. a) Vorteile gibt es sowohl für das Leben auf dem Land als auch für das Leben in der Stadt.
   Zählen Sie anhand des vorliegenden Textes B „Stadt – Land – Leben" je zwei Beispiele auf.   2

   b) Für alle Bewohner (Stadt und Land) gibt es auch Nachteile. Nennen Sie vier Begriffe aus dem Text, die diese Nachteile beschreiben.   2

3. a) Ordnen Sie den folgenden Textstellen aus Text C die passenden Stilmittel zu und tragen Sie diese in die Tabelle ein.   1,5

Textstellen	Stilmittel
sinkt die Welt in Schlaf	
im Stadtberg brüllen Straßen	
Hämmer hallen	

   b) Welche Auswirkungen hat der Zustand dieser Stadt auf ihre Bewohner? Nennen Sie vier Beispiele und beziehen Sie sich auf Text C.   2

4. Im Rahmen eines Auslandsaufenthaltes ist Ihr neues Zuhause eine Wohnung in einer Hochhaus-Siedlung wie in Abb. 1 abgebildet. Nach vier Wochen schreiben Sie die wichtigsten Eindrücke Ihrer Wohnsituation in einer E-Mail an Ihren besten Freund/Ihre beste Freundin.   2,5
   Inhalt 2
   Form 0,5

5. Text D beschreibt einen typischen Tagesablauf während der Ernte auf dem Land. Erklären Sie an mindestens vier Beispielen, warum der Ablauf dieser Olivenernte so gut gelingt. 4

6. „Ich bin kein Landei, ich bin geboren für die Stadt." (Liedzeile von Anajo aus Text B)
Erörtern Sie diese Aussage.
Stellen Sie Ihre eigene Position anhand von Beispielen dar und begründen Sie diese.
Berücksichtigen Sie dabei alle Texte A bis D und die Abbildung 1. 20

Inhalt 10
Sprache / Ausdruck 10

Lösungen

1. a) Hinweis: *Die Person in Text A beschreibt ihre Kindheitserinnerungen recht anschaulich. Das liegt unter anderem daran, dass sie **Sinneswahrnehmungen** wie das Hören, Riechen, Sehen und Fühlen wiedergibt. Schreibe **drei Textstellen** heraus, in denen diese Wahrnehmungen deutlich werden. Du sollst die Textstellen **zitieren**; das bedeutet, dass du die Zitierregeln beachten musst. Schreibe die Textstellen **wortwörtlich** heraus. Setze das Zitat in **Anführungszeichen** und notiere die **Zeilenangabe** dahinter. Achte auch darauf, dass du nur die Teile des Satzes zitierst, die sich auf die Wahrnehmungen beziehen. Unnötige Informationen innerhalb des von dir zitierten Satzes lässt du weg. Denke daran, dass du die **Auslassungen kennzeichnen** musst!*

In dem Text von Zoë Jenny werden mehr als drei Wahrnehmungen beschrieben. Hier sind der Vollständigkeit halber alle passenden Textstellen aufgeführt.

Riechen
- „Das Haus [...] roch nach feuchtem Stein." (Z. 1/2)
- „[...] zog der Geruch von Kaffee durch die Zimmer." (Z. 19/20)

Hören
- „Im rhythmischen Gemurmel der Schreibmaschine schlief ich ein [...]" (Z. 7/8)
- „Dann das klirrende Geräusch [...]" (Z. 15)
- „Sobald das Wasser kochte, ertönte ein kurzes Pfeifen aus der Küche, und ich hörte, wie Vater den Kessel hastig vom Herd nahm." (Z. 17/18)
- „Darauf folgten rasch gedämpfte Geräusche, ein kurzer Moment der Stille [...]" (Z. 20/21)
- „Ein kaum hörbares Klack [...]" (Z. 23)
- „[...] hörte ich, wie der Motor des Lieferwagens, der laut ansprang, sich entfernend immer leiser wurde und schließlich ganz verstummte." (Z. 27/28)
- „Dann lauschte ich in die Dunkelheit [...]" (Z. 28)

Sehen
- „[...] zeichnete mit einer Zigarette Figuren ins Dunkel." (Z. 6)
- „[...] konnte ich durch die geöffnete Tür seinen Hinterkopf sehen [...]" (Z. 8/9)
- „Ich blickte an die Decke zu den Spinnweben empor [...]" (Z. 16)
- „[...] wenn ich vom Bett aus sah, wie Vater, in seine Lederjacke gehüllt [...]" (Z. 22)
- „[...] bei sieben sah ich, wie er mit schnellen Schritten die Straße entlangging, eingetaucht in das dumpfe Gelb der Straßenlaterne [...]" (Z. 24/25)

Fühlen
- „[...] mein Atem begann schneller zu werden, und ein Kloß formte sich in meinem Hals [...]" (Z. 21)
- „[...] in denen ich den Atem anhielt [...]" (Z. 26/27)
- „[...] umklammerte die noch warme Kaffeetasse." (Z. 30)

b) **Hinweis:** *Jede Geschichte folgt einer bestimmten Struktur. Ein wichtiges Element dabei ist der sogenannte **Wendepunkt**. Das ist der Punkt, an dem die Geschichte einen anderen Verlauf nimmt als zunächst erwartet. Dabei kann etwas für den Leser Unvorhersehbares geschehen, es kann sich aber auch – wie in dieser Geschichte – die Stimmung grundlegend verändern. Achte genau auf die **Wortwahl** der Autorin: Verwendet sie Adjektive oder auch sprachliche Bilder, die auf einen Stimmungswechsel hindeuten? Überlege, an **welcher Stelle** die Stimmung im Text umschlägt. **Begründe** deine Auswahl in einigen Sätzen.*

Zu Beginn der Geschichte spricht der Ich-Erzähler – als Leser weiß man nicht, ob es sich dabei um ein Mädchen oder einen Jungen handelt – recht nüchtern und emotionslos zum Leser, fast als wäre er gar nicht betroffen und würde von außen auf das Geschehen blicken. Dies ändert sich schlagartig ab Zeile 14. Hier liegt der Wendepunkt im Handlungsablauf: Plötzlich spürt man das Leid und die Ängste des Ich-Erzählers. Dies liegt vor allem an der sprachlichen Darstellung der Situation. Durch die Verwendung sehr prägnanter Adjektive und Verben, die eine unterschwellige Gewalt und Aggressivität beschreiben, lässt die Autorin diese Gefühle der inneren Not fast bildlich hervortreten. So ist in Zeile 14/15 zum Beispiel von zerstückelten Träumen, einem reißenden Fluss und klirrenden Geräuschen die Rede sowie am Ende des Textes von der Dunkelheit, die „wie ein ausgehungertes Tier" (Z. 29) aus allen Ecken kriecht.

c) **Hinweis:** *Woran lässt sich beobachten, dass es dem Kind in der Geschichte gefühlsmäßig nicht gut geht? Nenne **drei Textstellen**, an denen man das **Unwohlsein** des Kindes erkennen kann. Achte auf Wörter, die deutlich machen, dass sich das Kind nicht wohl fühlt. Denke an die **Zitierregeln**, wenn du die Textstellen wortwörtlich übernimmst.*

Mögliche Textstellen:
– „Nachts fiel ich in einen unruhigen Schlaf […]" (Z. 14)
– „[…] mein Atem begann schneller zu werden, und ein Kloß formte sich in meinem Hals […]" (Z. 21)
– „[…] ich wühlte mich aus der Bettdecke und stürzte ans Fenster." (Z. 23/24)
– „Nach weiteren Sekunden, in denen ich den Atem anhielt […]" (Z. 26/27)
– „Dann lauschte ich in die Dunkelheit, die langsam, wie ein ausgehungertes Tier, aus allen Ecken kroch." (Z. 28/29)
– „[…] umklammerte die noch warme Kaffeetasse." (Z. 30)

2. a) **Hinweis:** *Sowohl das Stadt- als auch das Landleben bietet Vorteile. Zähle jeweils **zwei Beispiele** auf; d. h., schreibe je **zwei im Text genannte positive Aspekte** dieser Lebensräume heraus. Der Vollständigkeit halber sind hier alle Vorteile aufgelistet. Zur Erreichung der vollen Punktzahl genügt es, wenn du je zwei Vorteile herausschreibst.*

Vorteile des Landlebens
– Erholungsgebiete (viele Wander-, Rad- und Waldwege)
– preiswerteres Wohnen
– freiwillige Gemeinschaftlichkeit
– „Anpack-Kultur"
– gegenseitige Hilfe in Form von Tauschhandel (Waren und Dienstleistungen)

Vorteile des Stadtlebens
- breiteres Jobangebot
- kurze Wege, da alle wichtigen Geschäfte und Behörden vor Ort sind
- niedrige Mobilitätskosten
- umfangreicheres soziales und kulturelles Angebot (z. B. Kino, Theater, Museen)

b) **Hinweis:** *Ob Stadt- oder Landleben, beide Lebensräume haben auch **Nachteile** für ihre Bewohner. Schreibe insgesamt **vier Begriffe aus dem Text** heraus, die die Nachteile von Stadt- und Landleben deutlich machen. Du kannst die Begriffe ungeordnet aufschreiben, d. h., du musst die Nachteile nicht dem Stadt- oder Landleben zuordnen.*

Mögliche Lösungen:
- übervölkerte Wander-, Rad- und Waldwege
- aufgeschreckte Tiere
- unerträgliche Lärmhölle
- Pendlermassen
- verstopfte Autobahnen, Landstraßen, Nah- und Fernzüge
- Verschandelung der Landschaft
- sich festlegen müssen
- beschränktes Netz an Beziehungen

3. a) **Hinweis:** *Sieh dir die Textstellen an und überlege, welches **Stilmittel** jeweils vorliegt. Zu den wichtigsten Stilmitteln zählen die **Personifikation** (Gegenstände oder abstrakte Begriffe werden vermenschlicht), die **Metapher** (ein bildhafter Ausdruck mit übertragener Bedeutung, die Metapher ist nicht wortwörtlich zu verstehen) oder auch die **Alliteration** (gleicher Anlaut aufeinanderfolgender Begriffe).*

Textstellen	Stilmittel
sinkt die Welt in Schlaf	Personifikation
im Stadtberg brüllen Straßen	Metapher/Personifikation
Hämmer hallen	Alliteration

b) **Hinweis:** *Der Autor ruft in seinem Gedicht eine dunkle, eher beängstigende Stimmung hervor. Versuche, dich in einen Bewohner der dort beschriebenen Stadt **hineinzuversetzen** und überlege dir, wie er sich darin wohl fühlen mag und wie ihn diese prägt. Die möglichen Auswirkungen dieser Stadt auf die Menschen findest du **nicht im Text** beschrieben. Beachte bei deinen Vermutungen deshalb die düstere, eher negative Stimmung, die vor allem in den letzten beiden Versen des Gedichts zum Ausdruck kommt. Notiere **vier Beispiele**; **Stichworte** genügen.*

Mögliche Lösungen:
- Bewohner von der Natur abgeschnitten
- keine Rückzugsmöglichkeiten
- Ruhelosigkeit

- Schlaflosigkeit
- Gereiztheit
- Stress
- Hektik
- Reizüberflutung
- Gefühl von Bedrängnis und Enge

4. **Hinweis:** *Sieh dir **Abbildung 1** an. Überlege, wie du dich fühlen würdest, wenn du seit einem Monat in einem solchen Hochhaus-Dschungel leben würdest. Du sollst deine wichtigsten **Empfindungen** und **Eindrücke** in einer E-Mail an deinen **besten Freund**/deine **beste Freundin** schildern. Diese Eindrücke können positiv oder negativ sein – möglicherweise auch beides. Achte auf die **formalen Kriterien** einer E-Mail: **Betreffzeile**, persönliche **Anrede** zu Beginn der Mail und abschließend eine informelle Form der Verabschiedung, die aus einer **Grußformel** und deinem **Namen** besteht.*

Betreff: Grüße aus einer anderen Welt

Lieber Max,

das kannst du dir gar nicht vorstellen, auch wenn du meine Fotos gesehen hast: diese Wolkenkratzer würden dich umhauen! Ich lebe nun schon einige Wochen hier und kann es selbst kaum glauben … Wie ich dir gleich bei meiner Ankunft geschrieben habe, war ich zunächst einmal vor allem beeindruckt von diesen Hochhausburgen – Türme, wohin man auch blickt.
Mittlerweile fühle ich mich jedoch fast erschlagen von diesen unglaublich hohen Gebäuden, die keinen Blick auf den Himmel ermöglichen. Diese Häuserschluchten rufen fast ein Gefühl der Enge hervor, weil jede freie Fläche verbaut ist und man außer Glas und Beton eigentlich nichts anderes mehr sieht. Und laut ist es hier! Das liegt vor allem an den Abertausenden von Autos, die auf den Straßen unterwegs sind. Ständig wird gehupt, laut geschrien und wild gestikuliert. Die Menschen, denen man auf den Straßen begegnet, scheinen ständig irgendwohin zu eilen und auf dem Sprung zu sein. Ich hatte ja gehofft, dass ich – neben meiner Austauschfamilie – schnell neue Kontakte knüpfen könnte. Doch das hat bisher leider noch nicht so gut geklappt. Es war ein Trugschluss, anzunehmen, dass sich bei so vielen Menschen automatisch neue Bekanntschaften ergeben würden. Mein Gastbruder sagt, dass er noch nicht einmal alle Bewohner seiner Wohneinheit kennt; kannst du dir das vorstellen? Mir scheint, dass viele hier einfach nichts und niemanden um sich herum wahrnehmen. Eigentlich ganz schön traurig.
Und trotzdem genieße ich die Zeit im Hochhausdschungel! Wann kann man schon mal solche Erfahrungen machen? Ich freue mich aber auch auf zu Hause und darauf, dich bald wiederzusehen.

Liebe Grüße aus der turbulenten Großstadt

Tim

5. **Hinweis:** *Text D entführt den Leser in eine andere Zeit und eine andere Region der Welt. Susan Abulhawa beschreibt in dem vorliegenden Textauszug einen Tag im Leben einiger Dorfbewohner, die sich mitten in der Olivenernte befinden. Woran liegt es, dass dieser **Erntevorgang** so gut **gelingt**? **Erkläre** an **mindestens vier Beispielen**, warum der Ablauf der Olivenernte so gut funktioniert. Wenn die Ausführung einer Arbeit gut gelingt, liegt das meist daran, dass Menschen darin eine gewisse **Routine** entwickelt haben, das heißt, dass viele Abläufe bereits häufig auf die gleiche Weise durchgeführt wurden. Hinzu kommt, dass die Menschen gut **aufeinander eingespielt** sind und in einem Team eine gute, **vertrauensvolle Atmosphäre** herrscht. Lies den Text nochmals durch und suche darin nach Hinweisen auf eine erfolgreiche Zusammenarbeit bzw. auf routinierte Handlungen der Dorfbewohner. Nenne mindestens vier Beispiele und führe diese in wenigen Sätzen aus.*

1. Die Bewohner machen sich bereits in aller Frühe auf zu den Olivenbäumen. Jeder Bewohner möchte vor seinen Nachbarn da sein, sodass sich das gesamte Dorf seit den frühen Morgenstunden der Ernte widmet.

2. Die Arbeitsabläufe sind seit Jahren die gleichen und deshalb bereits automatisiert, was eine reibungslose Ernte ermöglicht. Bevor die Oliven von den Bäumen geklopft werden, legen die Dorfbewohner Planen und Decken aus, um die herabfallenden Oliven aufzufangen und dann leichter einsammeln zu können.

3. Die gesamte Familie hilft bei der Ernte mit. Jedes Familienmitglied hat seine festen Aufgabenbereiche, für die es sich verantwortlich fühlt. So bearbeiten die jungen Männer die Olivenbäume, während die Frauen die frischen Oliven in die Körbe füllen, damit sie zum Pressen gebracht werden können.

4. Darüber hinaus werden die Dorfbewohner während der Olivenernte tatkräftig von Wanderarbeitern unterstützt. Diese erhalten zum Dank dafür eine Mittagsmahlzeit. Möglicherweise erhalten sie darüber hinaus noch eine Übernachtungsmöglichkeit und eine geringfügige Bezahlung. Die Einheimischen sind also bei der Arbeit nicht auf sich allein gestellt.

5. Während der Ernte herrscht trotz der harten Arbeit eine gelöste und fröhliche Stimmung. Es scheint sowohl ein guter Zusammenhalt zwischen den Dorfbewohnern als auch innerhalb der beschriebenen Familie zu bestehen. So hat man fast den Eindruck, Zeuge eines großen Familienausflugs zu sein. Die Frauen singen während der Arbeit und die Kinder, die noch zu jung sind, um mitzuhelfen, spielen auf den Feldern.

6. Trotz der vielen Arbeit nimmt sich die Familie die Zeit, gemeinsam zu essen. Sie verbringt die wohlverdiente Pause zusammen und geht dann sowohl körperlich als auch seelisch gestärkt wieder an die Arbeit.

7. Yahya, den wir im Laufe des vorliegenden Textes etwas näher kennenlernen, scheint in sich zu ruhen. Er ist mit sich, seiner Tätigkeit und seinem Leben zufrieden. Er führt durch seine Arbeit eine lange Tradition fort und fühlt sich dadurch mit seinen Urahnen und dem Land, auf dem er lebt, eng verbunden. Möglicherweise ist dies der eigentliche Grund dafür, dass die Ernte so reibungslos gelingt.

6. **Hinweis:** *Die deutsche Pop-Gruppe Anajo hat in einem ihrer Lieder die folgende Textzeile gesungen: „Ich bin kein Landei, ich bin geboren für die Stadt". In der abschließenden Schreibaufgabe sollst du dich mit dieser **Aussage auseinandersetzen**. Als Erstes erläuterst du die Aussage, d. h., du sagst mit eigenen Worten, was damit gemeint ist. Anschließend sollst du **Stellung** zu der Aussage **nehmen**. Welches ist deine ganz **persönliche Meinung** in Bezug auf den Wohnort? Wichtig ist, dass du deine Position **nennst**, sie dann ausführlich **begründest** und mit **Beispielen untermauerst**.*

    *Gliedere deinen Text sinnvoll: Wähle eine passende **Überschrift** und formuliere eine kurze **Einleitung**, die den Leser an das Thema heranführt. Im **Hauptteil** kannst du so vorgehen: Du erläuterst zunächst die Liedzeile; dann beleuchtest du jeweils **Argumente**, die **für** die beiden Lebensräume – Stadt bzw. Land – sprechen (also Pro-Argumente). Im Anschluss daran stellst du deine **eigene Meinung** dar.*

    *Es gibt verschiedene Möglichkeiten, sich mit dem Thema auseinanderzusetzen. Du könntest dich z. B. auch an der Liedzeile orientieren und zunächst die negativen Aspekte des Landlebens aufführen und anschließend auf die positiven Aspekte des Stadtlebens eingehen. Berücksichtige Informationen und Aspekte aus **allen Texten** und der **Abbildung**. Mit einem **abschließenden Gedanken** rundest du deinen Aufsatz ab.*

Stadt oder Land – wo wollen wir leben?   Überschrift

Viele Menschen stellen sich heutzutage die Frage, wo sie sich niederlassen sollen. Sowohl das Leben auf dem Land als auch das Leben in der Stadt bietet Vorteile. Und deshalb gehen bei diesem Sachverhalt die Meinungen häufig auseinander. Bei der Popgruppe Anajo ist die Entscheidung gefallen: Sie hat sich klar positioniert und sich für ein Leben in der Stadt entschieden. Eine Wahl, die aber nicht unbedingt für alle Menschen nachvollziehbar ist.   **Einleitung** Hinführung zum Thema

Die Bandmitglieder von Anajo machen mit ihrer Liedzeile „Ich bin kein Landei, ich bin geboren für die Stadt" unmissverständlich klar, dass sie es sich nicht vorstellen können, auf dem Land zu leben. Sie heben hervor, dass sie für die Stadt geboren sind, ein Leben anderswo für sie also gar nicht infrage käme. Der umgangssprachliche Begriff „Landei", der durchaus abwertend verstanden werden kann, bekräftigt ihre Botschaft.   **Hauptteil** Erläuterung der Liedzeile

Es gibt viele Gründe, die für ein Leben in der Stadt sprechen. Zunächst einmal ist es in der Stadt leichter, Arbeit zu finden. Viele Firmen, Betriebe und Behörden siedeln sich dort an, sodass zahlreiche Arbeitsplätze entstehen bzw. bereits vorhanden sind. Positiv ist auch, dass dadurch ganz unterschiedliche Arbeitsfelder zur Auswahl stehen und verschiedene Arbeitszeitmodelle möglich sind. In dem Text „Das Blütenstaubzimmer" z. B. arbeitet der Vater des Ich-Erzählers tagsüber an seinen Büchern und ist nachts als Fahrer unterwegs.   Argumente für ein Leben in der Stadt

    Bezug zu Text A

Ein weiterer positiver Aspekt ist das öffentliche Verkehrsnetz, das in den Städten meist gut ausgebaut und recht preiswert ist, da viele Menschen darauf angewiesen sind. Darüber hinaus sichert ein breites Netz sozialer und gesundheitlicher Einrichtungen das Leben in der Stadt ab. Das bedeutet, dass ausreichend Ärzte vorhanden sind und es genügend Betreuungsmöglichkei-   Bezug zu Text B ten für alte und kranke Menschen gibt. Auch Kindertagesstätten sowie unterschiedliche Schularten prägen das Stadtbild. Viele Menschen schätzen zudem das vielfältige kulturelle Angebot, das eine Stadt bietet: Kinos, Theater, Museen und Bibliotheken stehen zur Verfügung. Cafés, Restaurants und Bars ermöglichen es, soziale Kontakte zu knüpfen. Sportanlagen, Parks und Schwimmbäder sorgen für eine abwechslungsreiche Freizeitgestaltung.

Blickt man allerdings auf eine Metropole, wie sie in Abbildung 1 dargestellt ist, so sucht man ausgedehnte Grünflächen vergeblich. Und manch einen wird die Aussicht, in einer solchen Großstadt zu leben, völlig anonym in einem Labyrinth von unzähligen Wolkenkratzern, eher abschrecken. Ein Leben in der Großstadt-Hektik ist nicht jedermanns Sache. *(Überleitung zu Landleben / Bezug zu Abbildung 1 und Text C)*

Es gibt deshalb auch zahlreiche Gründe, warum sich Menschen für ein Leben auf dem Land entscheiden. *(Argumente für ein Leben auf dem Land)*

Menschen, die auf dem Land leben, schwärmen häufig vom Zusammenhalt, der dort herrscht: Jeder kennt jeden, man trifft sich auf unterschiedlichen Veranstaltungen, feiert gemeinsam und unterstützt sich gegenseitig. Von Anonymität kann keine Rede sein. Genau diese Gemeinschaft beschreibt Susan Abulhawa im Textauszug „Die Ernte" aus ihrem Buch „Während die Welt schlief", in dem sie einen typischen Tag bei der Olivenernte in einem orientalischen Land schildert. Es scheint eine Idylle aus längst vergangener Zeit zu sein: Gemeinsam werden die anfallenden Aufgaben bewältigt, man steht zusammen und tritt füreinander ein. *(Bezug zu Text D)*

Auch Jochen Hieber weist in seinem Artikel „Stadt – Land – Leben" auf diese „freiwillige Gemeinschaftlichkeit" (Z. 20) und die „Anpack-Kultur" (Z. 20) hin, die heute immer noch typische Phänomene des Landlebens zu sein scheinen. Dorfbewohner helfen sich gegenseitig aus: Sei es, indem sie ihre Dienste anbieten oder auch Erzeugnisse und Waren tauschen. *(Bezug zu Text B)*

Genannt sind in dem Artikel auch Wander-, Rad- und Waldwege, die der Landbevölkerung zu Erholungszwecken zahlreich zur Verfügung stehen, sowie die niedrigeren Miet- bzw. Wohnkosten. Auch dies sind wichtige Argumente, wenn es darum geht, eine mögliche Entscheidung für das Landleben zu treffen.

Ich persönlich würde mich für ein Leben in der Stadt entscheiden, da mich die vielen Möglichkeiten, die eine Stadt bietet, sehr reizen. Bei der großen Auswahl an Geschäften und Freizeitangeboten kommt keine Langeweile auf. Bekanntschaften sind schnell geschlossen, da viele junge Menschen in meinem Alter das Leben in der Stadt vorziehen. *(persönliche Meinung)*

Und trotzdem habe ich die Wahl: Wenn ich mich zurückziehen will, dann ist das in einer Stadt sogar eher möglich als auf dem Land. Die viel gelobte Gemeinschaft, die das Leben auf dem Land mit sich bringt, kann nämlich auch ganz schön lästig sein. Man steht schnell unter Beobachtung und jeder im Ort weiß über alles Bescheid. Bei den Erwachsenen mag das vielleicht gern gesehen sein, den Jugendlichen gefällt das weniger. In dieser Hinsicht bietet das Stadtleben doch wesentlich mehr Freiheit!

Außerdem erhoffe ich mir in der Stadt bessere Chancen auf einen guten Ausbildungsplatz, weil das Angebot dort wesentlich größer ist als in meiner Heimatgemeinde. Ich wäre auch endlich mobiler durch das besser ausgebaute öffentliche Verkehrsnetz. Ohne Führerschein bin ich auf Bus und Bahn angewiesen, die im Umland nicht häufig genug fahren.

Vielleicht muss man sich aber gar nicht endgültig entscheiden, ob man ein „Landei" oder eine „Stadtpflanze" ist. Man sollte vielmehr schauen, was zur eigenen Lebenssituation passt, und flexibel bleiben.

Schluss
abrundender Schlussgedanke

Abschlussprüfung der 10. Klasse an Werkrealschulen in Baden-Württemberg
Deutsch 2018

Reisen – Unterwegs sein

> Die folgenden Texte befassen sich mit dem Themenbereich „Reisen – Unterwegs sein". Lesen Sie die Texte genau durch und bearbeiten Sie dann die Aufgaben. Die Bearbeitung der Aufgaben in der vorgegebenen Reihenfolge ist hilfreich.
>
> Sie können ein Rechtschreibwörterbuch verwenden. Arbeitszeit: 240 Minuten

Text A: Der große Trip (Cheryl Strayed, *1968)

Cheryl Strayed erlebte viele persönliche Schicksalsschläge und Misserfolge. Danach ging nichts mehr in ihrem Leben. 1995 trifft Cheryl Strayed die wagemutige Entscheidung, sich auf den äußerst anspruchsvollen Wanderweg „Pacific Crest Trail" (PCT) zu begeben. Ohne jegliche Wandererfahrung kämpft sie sich drei Monate lang fast 2 000 Kilometer über die Höhenzüge des PCT an der US-Westküste von Südkalifornien bis in den Norden Oregons.

Auf einem Weg zu wandern, den ich mir selbst bahnte – und von dem ich hoffte, dass es der PCT war, brachte mich mehr zur Besinnung als alles andere zuvor. Trotz aller Unsicherheit marschierte ich weiter, und ich hatte dabei ein gutes Gefühl, als hätte allein schon die Tatsache, dass ich es tat, etwas zu bedeuten. Dass ich hier mitten durch die unberührte Wildnis wanderte, bedeutete viel-
5 leicht, dass ich meine Unabhängigkeit erlangen konnte. Und doch: Trotz aller Zweifel, die ich hatte – an einem zweifelte ich nicht: Die Wildnis hatte eine Klarheit, die auch mich einschloss. Traurig und dennoch beschwingt wanderte ich durch die kühle Luft. Der Schnee glitzerte im Sonnenlicht, das durch die Bäume drang, und blendete mich, obwohl ich meine Sonnenbrille aufhatte. So allgegenwärtig der Schnee auch war, ich spürte, dass er schwand, dass er mit jeder Minute
10 weiter schmolz. Manchmal vernahm ich ein Gluckern, als fließe unter dem Schnee ein Bach, den ich nicht sehen konnte. Bei anderen Gelegenheiten fiel der große Schnee in großen nassen Haufen aus den Bäumen.
Am dritten Tag, nachdem ich in Sierra City losmarschiert war, hockte ich am offenen Eingang meines Zeltes und verarztete die Blasen an meinen Füßen, als mir plötzlich einfiel, dass tags zuvor
15 der vierte Juli gewesen war. Ich konnte mir lebhaft vorstellen, was meine Freunde und viele andere Menschen in den Vereinigten Staaten getan hatten, und das entfernte mich von allem noch mehr. Sie hatten Partys gefeiert und an Festparaden teilgenommen, hatten sich Sonnenbrände geholt und Feuerwerkskörper abgebrannt, während ich hier war, allein in der Kälte. Plötzlich konnte ich mich von weit oben sehen, ein Fleck in einer grünen und weißen Masse, nicht bedeutender oder unbe-
20 deutender als einer der namenlosen Vögel in den Bäumen. Hier konnte der vierte Juli oder der zehnte Dezember sein. Diese Berge zählten die Tage nicht.
Am nächsten Morgen stapfte ich stundenlang durch den Schnee, bis ich auf eine Lichtung kam, auf der ein großer umgestürzter Baum lag. Ich nahm den Rucksack ab und kletterte auf den Stamm. Ich zog ein paar Streifen Trockenfleisch heraus, setzte mich, aß und trank dazu Wasser. Nach einer
25 Weile sah ich zu meiner Rechten etwas Rotes auftauchen. Geräuschlos trat ein Fuchs auf die Lichtung, er blickte geradeaus, ohne mich anzusehen. Als er vielleicht noch drei oder vier Meter von

mir entfernt war, blieb er stehen, drehte den Kopf, blickte gelassen in meine Richtung und schnupperte.

Mein Herz raste, ich wusste nicht, was der Fuchs als Nächstes tun würde. Ich glaubte nicht, dass
30 er mich angreifen wollte, und dennoch hatte ich Angst. Er reichte mir kaum bis zu den Knien, aber er war zweifellos stark und mir offenkundig überlegen. Er konnte jeden Moment über mich herfallen. Dies war seine Welt. Er war sich seiner so sicher wie der Himmel.

„Fuchs", flüsterte ich so sanft wie möglich, als könnte ich mich dadurch, dass ich ihm einen Namen gab, vor ihm schützen und ihn gleichzeitig näher locken. Er hob den zierlichen roten Kopf, rührte
35 sich aber nicht von der Stelle und musterte mich ein paar Sekunden lang, dann drehte er sich seelenruhig um und verschwand unter den Bäumen.

„Komm zurück", rief ich leichtfertig und dann, ebenso plötzlich, verstummte ich wieder, erschöpft.

Am nächsten Morgen stieß ich auf eine Straße, keine war so breit und so eindeutig eine Straße
40 gewesen. Bei dem Anblick fiel ich fast auf die Knie. Die Schönheit der verschneiten Berge war unbestreitbar, aber die Straße, das war meine Welt. Wenn es die war, die ich vermutete, dann war die bloße Tatsache, dass ich sie erreicht hatte, ein Sieg.

Strayed, Cheryl: Der große Trip. 1 000 Meilen durch die Wildnis zu mir selbst. Wilhelm Goldmann Verlag, in der Verlagsgruppe Random House GmbH, München, 5. Auflage Mai 2014.

Text B: Die Moselreise (Hanns-Josef Ortheil, *1951)

1 Als kleines Kind hatte ich mich viele Jahre tagsüber mit der Mutter in einem nur sehr begrenzten Terrain im Norden Kölns aufgehalten. An den Vormittagen waren wir spazieren gegangen oder hatten kleinere Einkäufe gemacht, die übrige Zeit aber waren wir meist in der Wohnung geblieben. Meine Mutter hatte sehr viel gelesen, von Beruf war sie Bibliothekarin, und ich hatte in den vielen
5 Bilderbüchern und all den Kinderzeitschriften und Zeitungen geblättert, die der Vater an den Abenden oft mit nach Hause brachte.

Seit dem vierten Lebensjahr hatte ich darüber hinaus Klavier gespielt und viele Stunden des Tages mit Klavierüben verbracht. Diese Tätigkeit hatte mich noch enger an die Wohnung und an das vertraute Haus gebunden, so dass ich schon bei geringer Entfernung von diesem Zuhause oft un-
10 ruhig geworden war und zu fremdeln begonnen hatte. Immer wieder hatte ich mich in solchen Momenten nach zu Hause zurückgesehnt, so dass mein Widerwille, mich in fremdes Terrain zu bewegen, zu einer starken Belastung für die ganze Familie geworden war.

Mit dem Vater zu reisen und mit ihm zusammen die Fremde zu erleben – dieses Vorhaben entwickelte sich während der Moselreise dann aber zu einem überraschend geeigneten Mittel, um mir
15 das Unbehagen zu jeder Form von Fremde zu nehmen. Dazu gehörte zum einen ein nicht zu rasches Reisetempo, das eine genaue, geduldige und daher beruhigende Beobachtung der Umgebung ermöglichte, zum anderen aber das Schreiben und Notieren, das mir während eines Tages immer wieder erlaubte, mich in meine eigene Welt zurückzuziehen.

Ortheil, Hanns-Josef: Die Moselreise. Roman eines Kindes. Luchterhand Literaturverlag, in der Verlagsgruppe Random House GmbH, München 2010, S. 224.

Text C: Warum Reisen toll ist (Sebastian Canaves, zeitgenössischer Autor)

1 Mit 25 Jahren habe ich bereits 65 Länder besucht, also mehr als ein Drittel der Staaten auf der Erde. In acht Ländern habe ich bisher gelebt. Und es ist kein Ende abzusehen. Auf meinen Reisen rund um die Welt habe ich Erstaunliches gesehen, habe bemerkenswerte Menschen kennengelernt, das köstlichste Essen gegessen und mich mehr als einmal in die Natur, die Menschen und vieles
5 mehr verliebt.

Als ich ein Teenager war, war Reisen ein Hobby. Heute ist es ein wesentlicher Bestandteil meines Lebens. Als professioneller Reiseblogger toure ich um die Welt, die ich nun anders sehe als zuvor. Ich suche ständig nach neuen Geschichten und versuche, meinen Lesern die Welt mit meinem Blog näher zu bringen. Während der letzten Jahre bin ich zu der Überzeugung gelangt, dass das
10 Reisen die perfekte Medizin ist. Gegen ein gebrochenes Herz, gegen den Alltags-Stress, gegen Angst und vieles mehr! Du fragst dich immer noch, warum du reisen solltest?

Wenn du reist, dann bekommst du zwar kein offizielles Zeugnis – aber die Visastempel in deinem Pass sagen sicher genug über deine Erfahrungen und dein Weltwissen aus.

Canaves, Sebastian: Off the Path: Eine Reiseanleitung zum Glücklichsein. Ullstein Verlag, Berlin 2015.

Text D: Sehnsucht nach dem Anderswo (Mascha Kaléko, 1907–1975)

1 Drinnen duften die Äpfel im Spind,
Prasselt der Kessel im Feuer.
Doch draußen pfeift Vagabundenwind
Und singt das Abenteuer!

5 Der Sehnsucht nach dem Anderswo
Kannst du wohl nie entrinnen:
Nach drinnen, wenn du draußen bist,
Nach draußen, bist du drinnen.

Kaléko, Mascha: Sehnsucht nach dem Anderswo. In: Dies.: Alle Gedichte. dtv Verlag, München 2012.

Text E: Silvius (Francesca Melandri, *1967)

1 Silvius Magnago saß vornübergebeugt an seinem Schreibtisch und studierte die Zähnung einer Briefmarke.

Er war nie ein großer Reisender gewesen. Nach Wien war er häufig gereist, ebenso in verschiedene europäische Hauptstädte. Aber vor allem war er zwischen Bozen und Rom hin und her gependelt
5 und hatte auf diese Weise mehr Kilometer zurückgelegt als bei einer Weltumrundung. Doch zu reisen, um etwas von der Welt zu sehen, war nie seine Sache gewesen. Seine Art, die Welt zu erkunden, bestand darin, Briefmarken aus aller Herren Länder zu sammeln. Und er empfand es als Wohltat, nun nach so vielen Jahren endlich etwas Zeit dafür zu finden.

Melandri, Francesca: Eva schläft. Wilhelm Heyne Verlag, München 2012.

Aufgaben Punkte

Die Bearbeitung der Aufgaben in der vorgegebenen Reihenfolge ist hilfreich.

1. a) Erstellen Sie eine stichwortartige Gegenüberstellung von der Welt, aus der die Autorin kommt und derjenigen, in der sie sich momentan aufhält. Finden Sie eine geeignete Form der Darstellung. 2

   zzgl. Darstellung 0,5

   b) Was möchte die Autorin des Textes A durch ihren Entschluss, in der Wildnis zu wandern, erreichen? Finden Sie vier passende Begriffe, mit denen Sie den Entschluss belegen können. 2

   c) Beschreiben Sie mit eigenen Worten die Empfindungen der Autorin bei der Begegnung mit dem Fuchs. 1,5

2. a) Schildern Sie das Zusammenleben von Mutter und Kind in Text B aus Sicht des Kindes. Erläutern Sie, warum das Kind zunächst die gewohnte Umgebung nicht verlassen möchte. 2

   b) Wie erreicht der Vater mit dieser Moselreise bei seinem Sohn, dass er sein Unbehagen vor Fremdem abbauen kann? 2

3. a) Erstellen Sie ein Cluster zur Überschrift „Warum Reisen toll ist" (Text C). 2

   zzgl. Cluster 0,5

   b) Was hat sich heute an der Haltung von Sebastian Canaves als professionellem Reiseblogger verändert? 2

4. a) Welche Stilmittel können Sie in dem vorliegenden Gedicht (Text D) erkennen? Nennen Sie mindestens zwei und belegen Sie sie anhand des Textes. 2

   b) Beschreiben Sie den Konflikt, in dem sich die Autorin mit ihrer „Sehnsucht nach dem Anderswo" befindet. 1

5. a) Man kann im Leben viele Kilometer zurücklegen, ohne wirklich die Welt gesehen zu haben. Finden Sie ein Zitat in Text E, das diese Behauptung belegt. 1

   zzgl. Zitatzeichen 0,5

   b) Erklären Sie, auf welche Art und Weise Silvius die Welt bereist. 1

6. Auf der Jugendseite einer Tageszeitung erscheint eine Reihe zum Thema „Reisen – Unterwegs sein".

a) Schreiben Sie hierzu einen Beitrag, der im ersten Teil auf folgende Aspekte eingeht:
- Beweggründe für das „Reisen – Unterwegs sein"
- Persönliche Veränderung durch Reiseerfahrungen
- Reiseerlebnis Natur-Wahrnehmungen und Empfindungen
- Verschiedene Arten zu reisen

Berücksichtigen Sie dabei die Texte A bis E.

b) Max Frisch äußert sich zum Thema „Reisen – Unterwegs sein" mit folgendem Zitat:
„Warum wir reisen? Um zu erfahren, was möglich ist."
Stellen Sie im zweiten Teil Ihres Beitrags Ihren Standpunkt im Hinblick auf dieses Zitat dar. Begründen Sie Ihre Sichtweise.

Schreiben Sie ausführlich und grammatikalisch richtig. Satzbau, Ausdruck und Rechtschreibung werden bei der Punktevergabe berücksichtigt.   20

davon:
Inhalt 10
Sprache/Ausdruck 10

Lösungen

1. a) Hinweis: *Cheryl Strayed entscheidet sich nach mehreren Schicksalsschlägen, etwas völlig Neues in ihrem Leben zu wagen. Ihre Entscheidung, ganz auf sich allein gestellt 1 000 Meilen fernab aller Zivilisation zu wandern, führt dazu, dass sie auf eine bisher nicht gekannte Lebenswelt trifft.* **Vergleiche** *diese neue mit der bisherigen* **Welt der Autorin** *und benutze hierfür* **Stichworte.** *Denke daran, eine geeignete* **Darstellungsform** *zu wählen, es bietet sich die Tabellenform an.*

Gewohnte Lebenswelt der Autorin	**Lebenswelt, auf welche die Autorin während ihrer Wanderung trifft**
Pulsierende Städte	Unberührte Wildnis
Gemeinsam Partys feiern/Teilnahme an Festparaden	Alleinsein in der Kälte
Übernachten in geschlossenen Räumen	Übernachten im Zelt
Feuerwerk	Gluckern eines Baches/Lautloses Auftauchen des Fuchses
Vorhandene Straßen	Einen eigenen Weg bahnen

b) Hinweis: *Überlege, was die Autorin sich von ihrer Wanderung erhofft. Zur Erreichung der vollen Punktzahl genügt es, wenn du* **vier** *zutreffende Stichworte notierst.*

Mögliche Lösungen:
- Das bisherige Leben überdenken
- Abstand von den Problemen
- Zu sich selbst finden
- Ausbrechen aus alten Mustern
- Zur Ruhe kommen
- Sich etwas beweisen
- Unabhängigkeit
- Eigene Grenzen erfahren
- Eigene Grenzen erweitern
- Ängste bezwingen
- Naturerlebnisse

c) Hinweis: *Das Zusammentreffen mit dem Fuchs stellt für die Autorin eine Ausnahmesituation dar. Beschreibe mit* **deinen eigenen Worten,** *was sie in diesem besonderen Moment empfindet.*

Cheryl Strayed ist durch das unerwartete Auftauchen des Fuchses völlig überrascht und kann nicht einschätzen, wie die Begegnung sich entwickeln wird.
Zunächst einmal hat sie vor allem Angst vor dem Tier, da sie sich ungeschützt und ihm unterlegen fühlt. Sie erwähnt, dass sie Herzrasen bekommt, da der Fuchs für sie eine

Gefahr darstellt. Dann aber spricht sie diesen an und ist fast ein bisschen enttäuscht, als er wieder spurlos verschwindet. Die gesamte Situation ist sehr herausfordernd, hat sie an Grenzen gebracht und emotional ermüdet.

2. a) Hinweis: *Beschreibe, wie sich das Zusammenleben des Kindes mit seiner Mutter gestaltet. **Versetze dich** dann **in das Kind** hinein und beschreibe, warum es einen so großen Widerwillen beim Verlassen der gewohnten Umgebung verspürt.*

Das kleine Kind in Text B hat eine enge Beziehung zu seiner Mutter. Sie scheint seine vorrangige Bezugsperson zu sein, da der Vater immer erst abends in Erscheinung tritt. Mutter und Kind halten sich – auch wenn sie Einkäufe machen oder spazieren gehen – immer in der Nähe der Wohnung auf und bleiben in der gewohnten Umgebung. Die gemeinsamen Tage sind davon geprägt, dass beide die Wohnung kaum verlassen, da sie lesen oder der Ich-Erzähler sich im Klavierspiel übt. Das Leben des Kindes spielt sich auf begrenztem und eng gestecktem Raum ab.
Dies hat zur Folge, dass sich der Ich-Erzähler unwohl und unsicher fühlt, sobald er diesen gewohnten Rahmen verlässt. Das Kind hat dann Heimweh nach zu Hause und verspürt eine große Abneigung gegen alles Neue. Schon kleinere Ausflüge werden deshalb zur Belastung und stellen die Familie vor große Herausforderungen.

b) Hinweis: *Die gemeinsame Moselreise von Vater und Sohn führt zu einer **Veränderung**. **Erkläre**, wie es der Vater schafft, dass sich die Einstellung seines Sohnes in Bezug auf alles Fremde wandelt.*

Das Besondere an dieser Reise ist zum einen, dass Vater und Sohn allein unterwegs sind, die Mutter als übliche Bezugsperson überhaupt nicht in Erscheinung tritt. Beide haben also Raum für sich. Und zum anderen lässt sich der Vater auf die Problematik seines Kindes ein und geht auf dieser Fahrt ganz behutsam vor: Sie reisen in gemächlichem Tempo, sodass sich der Sohn dieser neuen Umgebung ganz vorsichtig annähern kann. Dieser bekommt die Zeit, die er braucht, um all das Neue und Unbekannte wahrzunehmen und ganz genau zu betrachten. Der Vater lässt ihm darüber hinaus den Freiraum, sich zurückzuziehen, um sich schriftlich mit dem Erlebten auseinanderzusetzen. Dies gibt dem Sohn die nötige Sicherheit und ermöglicht es ihm, sich auf das Fremde einzulassen.

3. a) Hinweis: *Ein **Cluster** ist eine Ideensammlung zu einem bestimmten Thema. Es dient dazu, Informationen aus dem Text oder eigene Gedanken diesen Inhalt betreffend zu visualisieren und grafisch darzustellen.*
*Bei dieser Aufgabe ist von dir gefordert, dass du Text C genau liest, dann das betreffende **Thema** „Warum Reisen toll ist" in die **Mitte deines Blattes** schreibst und einen **Kreis** darum ziehst. Anschließend ordnest du die betreffenden Textinformationen **ringförmig** dazu an. Denke daran, die einzelnen **Stichworte** ebenfalls einzukreisen und sie dann mit dem zentralen Begriff oder auch untereinander zu **verbinden**.*

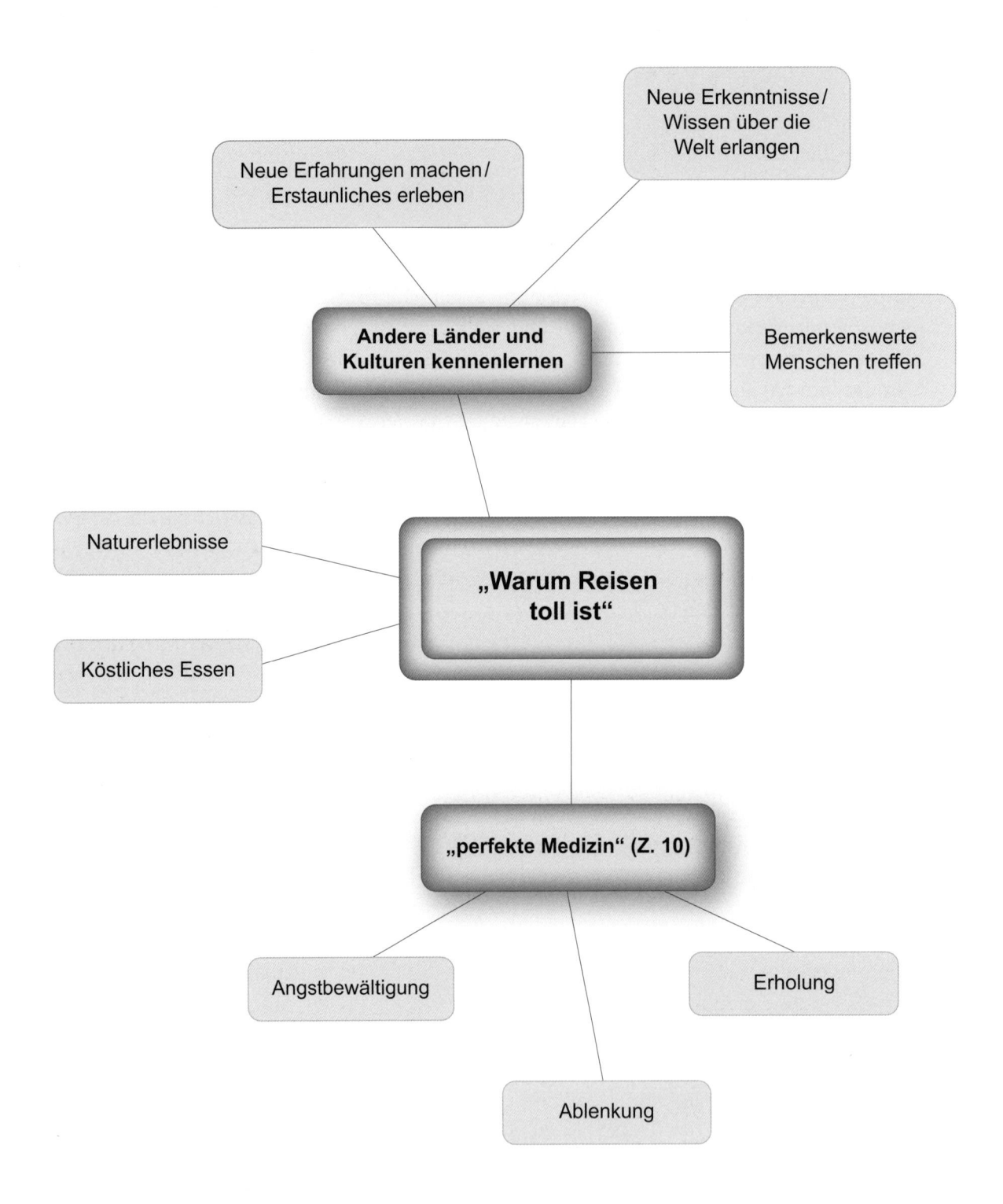

„Warum Reisen toll ist"

- Andere Länder und Kulturen kennenlernen
  - Neue Erfahrungen machen / Erstaunliches erleben
  - Neue Erkenntnisse / Wissen über die Welt erlangen
  - Bemerkenswerte Menschen treffen
- Naturerlebnisse
- Köstliches Essen
- „perfekte Medizin" (Z. 10)
  - Angstbewältigung
  - Ablenkung
  - Erholung

b) **Hinweis:** *Sebastian Canaves ist mittlerweile professioneller Reiseblogger und auf der ganzen Welt unterwegs. Er schreibt über seine Erfahrungen und gibt sein Wissen im Internet weiter. Seine **Einstellung** zum Reisen hat sich seitdem **gewandelt**. **Beschreibe**, was sich genau bei ihm verändert hat.*

Sebastian Canaves scheint seit frühester Jugend unterwegs gewesen zu sein, da er mit 25 Jahren bereits über 60 Länder besucht hat. Er sagt selbst, dass das Reisen für ihn früher so eine Art Hobby war. Mittlerweile nimmt es jedoch einen noch größeren Stellenwert in seinem Leben ein: Er hat das Reisen zu seinem Beruf gemacht. Er versucht seinen Lesern interessante Geschichten zu präsentieren, um ihnen die Welt, die er bereist, näherzubringen und sie an seinen Erfahrungen teilhaben zu lassen. Darüber hinaus hat das Reisen für ihn eine tiefere Bedeutung erhalten, er selbst spricht von der „perfekte[n] Medizin" (Z. 10). In Situationen, in denen es ihm nicht gut geht, da er zum Beispiel Stress oder Liebeskummer hat, hilft ihm das Reisen, diese Herausforderungen zu bewältigen. Darüber hinaus empfindet er die gemachten Erfahrungen als wichtige und bedeutsame Schritte für die eigene Entwicklung.

4. a) **Hinweis:** *Trotz ihres geringen Umfangs sind Gedichte sehr **inhaltsreich**. Diese inhaltliche Dichte erreicht die Autorin Mascha Kaléko durch die Verwendung verschiedener **sprachlicher Stilmittel**. Lies das Gedicht also noch einmal aufmerksam durch und achte darauf, ob z. B. sprachliche Bilder, Reime oder Auffälligkeiten bei der Wortwahl zu finden sind. Zur Erreichung der vollen Punktzahl musst du mindestens **zwei sprachliche Gestaltungsmittel** nennen und diese jeweils mit einem Zitat belegen. Beachte dabei die allgemeinen **Zitierregeln**: Schreibe die Textstelle wortwörtlich heraus, setze das Zitat in Anführungszeichen und notiere die Versangabe. Sollte dein Zitat über mehrere Verszeilen gehen, kennzeichnest du das Ende eines Verses mit einem Schrägstrich /.*
In den Lösungsvorschlägen sind die ausschlaggebenden Stellen zur Verdeutlichung durch Unterstreichungen teilweise hervorgehoben. Du musst in deiner Lösung nichts unterstreichen.

Kreuzreime
– „Drinnen duften die Äpfel im Spind, / … / Doch draußen pfeift Vagabundenwind" (V. 1/3)
– „Prasselt der Kessel im Feuer. / … / Und singt das Abenteuer!" (V. 2/4)
– „Kannst du wohl nie entrinnen: / … / Nach draußen, bist du drinnen." (V. 6/8)

Wiederholungen
– „Drinnen duften die Äpfel im Spind, / … / Nach drinnen, wenn du draußen bist, / Nach draußen, bist du drinnen." (V. 1/7/8)
– „Doch draußen pfeift Vagabundenwind / … / Nach drinnen, wenn du draußen bist, / Nach draußen, bist du drinnen." (V. 3/7/8)

Gegensätze
– „Nach drinnen, wenn du draußen bist," (V. 7)
– „Nach draußen, bist du drinnen." (V. 8)

Alliterationen
- „<u>D</u>rinnen <u>d</u>uften <u>d</u>ie Äpfel im Spind," (V. 1)
- „<u>D</u>och <u>d</u>raußen pfeift Vagabundenwind" (V. 3)
- „Nach <u>d</u>rinnen, wenn <u>d</u>u <u>d</u>raußen bist," (V. 7)
- „Nach <u>d</u>raußen, bist <u>d</u>u <u>d</u>rinnen." (V. 8)

Anapher
- „<u>Nach</u> drinnen, wenn du draußen bist, / <u>Nach</u> draußen, bist du drinnen." (V. 7/8)

Metapher
- „Doch draußen pfeift Vagabundenwind" (V. 3)

Personifikation
- „Und singt das Abenteuer!" (V. 4)

b) **Hinweis:** *In dem vorliegenden Gedicht wird ein Dilemma beschrieben. **Erläutere**, worin dieser **Konflikt** besteht.*

Die Autorin beschreibt das Gefühl, dass zwei Seelen in ihrer Brust schlagen. Zum einen fühlt sie sich in der gewohnten Umgebung zu Hause und verspürt dort Geborgenheit. In den eigenen vier Wänden herrscht eine angenehme Atmosphäre: „Drinnen duften die Äpfel im Spind, / Prasselt der Kessel im Feuer." (V. 1/2) Zum anderen zieht es sie aber auch in die Ferne, in der mögliche Abenteuer winken und Neues entdeckt werden will: „Doch draußen pfeift Vagabundenwind / Und singt das Abenteuer!" (V. 3/4)
Sie ist folglich hin- und hergerissen und sehnt sich, wann immer sie das eine auslebt, nach dem anderen: „Nach drinnen, wenn du draußen bist, / Nach draußen, bist du drinnen." (V. 7/8)

5. a) **Hinweis:** *Belege die Aussage „Man kann im Leben viele Kilometer zurücklegen, ohne wirklich die Welt gesehen zu haben" mit einer **passenden Textstelle** aus Text E. Beachte die **Zitierregeln**.*

„Aber vor allem war er zwischen Bozen und Rom hin und her gependelt und hatte auf diese Weise mehr Kilometer zurückgelegt als bei einer Weltumrundung." (Z. 4/5)

b) **Hinweis:** *Silvius Magnago „bereist" die Welt auf eine ganz eigene Art und Weise. **Beschreibe** diese in deinen **eigenen Worten**.*

Im eigentlichen Sinne des Wortes reist die Person in Text E nicht um die Welt. Silvius Magnago ist zwar, wahrscheinlich aus beruflichen Gründen, immer wieder in einigen Städten Europas gewesen, doch sein Interesse lag nie in der ganz konkreten Erkundung der Welt. Dies war ihm sogar eher lästig. Er ist Briefmarkensammler und erschließt sich die Welt vielmehr, indem er zu Hause am Schreibtisch die Briefmarken aus aller Herren Länder betrachtet und sich damit beschäftigt. Es handelt sich also bei ihm um ein indirektes Erleben und „Bereisen" der Welt, da er nur ganz selten wirklich direkt vor Ort war.

6. Hinweis: *Bei dieser abschließenden Aufgabe, die sich aus **zwei Teilen** zusammensetzt, musst du einen längeren Beitrag für die Jugendseite einer Tageszeitung verfassen. Es handelt sich dabei um einen **informativen Text**, der dazu dient, dem Leser – in diesem Falle Menschen in deinem Alter – Kenntnisse über ein bestimmtes Thema zu vermitteln. Als Grundlage hierfür dienen dir die **Texte A–E**.*
*Gliedere deinen Aufsatz sinnvoll: Wähle eine passende **Überschrift** und führe in einer kurzen **Einleitung** zum Thema „Reisen – Unterwegs sein" hin. Im **Hauptteil** informierst du **ausführlich** über alle in der Aufgabenstellung **geforderten Aspekte**: Beweggründe für das Reisen, persönliche Veränderung durch Reiseerfahrungen, Naturwahrnehmungen und die verschiedenen Formen des Reisens. Schreibe im **Präsens**.*
*Abschließend ist von dir gefordert, dass du dich mit einer **Äußerung** des Schriftstellers Max Frisch auseinandersetzt. Welche **Meinung** vertrittst du ganz persönlich im Hinblick auf dieses Zitat? Wichtig ist, dass du deinen Standpunkt mithilfe von **Argumenten**, d. h. ausführlichen Begründungen und Beispielen, untermauerst. Du kannst auch eigene Erfahrungen in deine Stellungnahme einfließen lassen. Runde deinen Text mit einem **Schlussgedanken** ab.*

Reisen – mehr als nur Urlaub!

„Unterwegs sein, auf Reisen gehen" – die meisten Menschen assoziieren damit sehr positive Erlebnisse und Begebenheiten. Welche Beweggründe es gibt, sich auf Reisen zu begeben, und welche Erfahrungen sich dabei möglicherweise machen lassen, soll im Folgenden näher beleuchtet werden.

Einleitung
Hinführung zum Thema

Es sind ganz unterschiedliche Gründe, die dazu führen können, dass Menschen sich entschließen, ihre gewohnte Umgebung zeitweise zu verlassen und zu verreisen. Zum einen gibt es natürlich Personen, die aus beruflichen Gründen unterwegs sind, da sie aufgrund der Globalisierung in unterschiedlichen Gebieten der Welt ihren Geschäften nachkommen müssen. Wieder andere nutzen ihre Ferien einfach dazu, in fremden Gefilden dem Alltagsstress zu entfliehen, auszuspannen und sich zu erholen. Der Spaß und die Freude am faulen Nichtstun stehen im Vordergrund.

Hauptteil
Aspekt „Beweggründe"

Sebastian Canaves, inzwischen professioneller Reiseblogger, spricht davon, dass er das Reisen als Jugendlicher vor allem als Hobby gesehen hat. Ihm ging es darum, andere Menschen und Kulturen kennenzulernen. Das Entdecken von Neuem und Erleben von Abenteuern stand damals für ihn eindeutig im Vordergrund. Nun, da er das Reisen zu seinem Beruf gemacht hat, entdeckt er darüber hinaus noch ganz andere Aspekte: Natürlich ist es ihm wichtig, die Leser an seinen Kenntnissen und Erfahrungen teilhaben zu lassen, schließlich verdient er damit sein Geld. Er spricht aber auch davon, dass das Reisen die „perfekte Medizin" für ihn ist. Wenn er unterwegs ist, dann kann er auf Abstand gehen zu seinen Problemen. Seien diese nun emotionaler oder auch anderer Art. Er bekommt den Kopf frei, kann loslassen und wieder auftanken. Das Reisen und die dabei gemachten Erfahrungen tragen seiner Meinung nach zur persönlichen Entwicklung eines jeden Menschen bei.

Bezug zu Text C

Aspekt „persönliche Veränderung"

Diese These lässt sich hervorragend am Beispiel des Jungen belegen, der sich mit seinem Vater auf eine Moselreise begibt. Die gemeinsame Reise ermöglicht es ihm, sich auf Neues einzulassen und die Angst vor der Fremde und unbekannten Herausforderungen zu überwinden. Er wächst über sich hinaus, durchläuft eine Veränderung und entwickelt sich weiter. *(Bezug zu Text B)*

Aber auch Cheryl Strayed untermauert die Aussage von Sebastian Canaves: Ihre Reise ermöglicht es ihr, zu sich selbst zu kommen. Nach einigen problematischen Erfahrungen in ihrem Leben fällt Cheryl Strayed den Entschluss, sich auf eine lange Wanderung zu begeben. Es ist ihr wichtig, sich eine Auszeit zu nehmen und aus dem gewohnten Alltagstrott auszusteigen. Der Marsch durch die Wildnis hilft ihr, sich mit ihrem bisherigen Leben auseinanderzusetzen, und trägt infolgedessen zu ihrer persönlichen Entfaltung und Reife bei. Auffällig ist bei ihr jedoch, dass sie sich ganz bewusst von ihrem bisherigen Umfeld abwendet und die Begegnung mit der Natur sucht. Sie ist in der Wildnis völlig auf sich allein gestellt und muss sich täglich aufs Neue beweisen. Dies bedeutet auch, dass sie völlig neue Situationen zu meistern hat, auf die sie nicht wirklich vorbereitet ist, wie man bei ihrer Begegnung mit dem Fuchs sieht. Das Zurückziehen in die Natur ermöglicht es ihr aber auch, zur Ruhe zu kommen und den Kopf frei zu bekommen. Die zum Teil extremen Erfahrungen, die sie bei ihrer Wanderung gemacht hat, lassen sie als Person verändert und gestärkt von ihrer Reise zurückkehren. Neben der persönlichen Entwicklung durchläuft sie also auch eine Art Selbstfindungsprozess. *(Bezug zu Text A; Aspekt „Beweggründe"; Aspekt „Naturwahrnehmung")*

Die oben genannten Personen haben neben einer persönlichen Entwicklung noch eine weitere Gemeinsamkeit: Alle drei haben sich ganz konkret und reell auf Reisen begeben. Es gibt jedoch auch Menschen, die keinerlei Interesse daran haben, sich aus ihrem gewohnten Umfeld fortzubewegen. So sitzen sie zum Beispiel vor dem Fernseher oder dem Computer und schauen sich lieber Reiseberichte an. Sie sind an anderen Kulturen interessiert und setzen sich damit auseinander, haben jedoch nicht das Verlangen nach einer direkten Begegnung, sondern bevorzugen eine indirekte Form des Erlebens. So ergeht es auch Silvius Magnago, den seine beruflichen Reisen eher ermüdet haben. Er lebt auf, als er endlich die Zeit findet, sich mit seinen Briefmarken zu beschäftigen, die ihm einen Blick auf fremde Länder ermöglichen. *(Aspekt „Formen des Reisens"; Bezug zu Text E)*

Wichtig ist an dieser Stelle auch zu erwähnen, dass es Menschen gibt, die, egal an welchem Ort sie sich gerade befinden, das Bedürfnis verspüren, lieber anderswo zu sein. Mascha Kaléko spricht dies in ihrem Gedicht an. Diese Menschen können nur schwer genießen, was sie gerade erleben, da dann sofort die Sehnsucht nach dem besteht, was sie stattdessen noch erleben könnten. Sind sie zu Hause, dann packt sie das Fernweh, und sind sie unterwegs, dann wünschen sie sich nichts sehnlicher, als wieder in ihrer gewohnten Umgebung zu sein. *(Bezug zu Text D)*

Aber ist es – trotz aller Unterschiede – nicht doch so, dass alle von einer gewissen Sehnsucht angetrieben sind? Nämlich dem Wunsch zu erfahren, was möglich ist, wenn wir auf Reisen gehen, wie es der Schriftsteller Max Frisch formuliert. Wenn ich die Schilderungen in den vorliegenden Texten näher betrachte und ich meine eigenen Erfahrungen mit einbeziehe, so kann ich das Zitat von Max Frisch im Großen und Ganzen bestätigen. Man begibt sich ja ein Stück weit auf Reisen, weil man zumindest für eine begrenzte Zeit andere Wege einschlagen möchte. *[persönliche Stellungnahme / Zustimmung zu Max Frischs Äußerung]*

Häufig erhält man neue Impulse und Anregungen, die das eigene Leben bereichern und vielleicht manchmal auch Veränderungen bei einer Person bewirken. Sei es, weil man in Kontakt mit fremden Menschen und anderen Kulturen kommt oder wie Cheryl Strayed neue Seiten an sich selbst entdeckt. Ich glaube jedoch, dass nicht sehr viele Menschen solche extremen Erfahrungen wie diese Wanderung durch die Wildnis durchleben. Das geschieht vielleicht wirklich nur, wenn man sich in einer Ausnahmesituation befindet und daraus entfliehen möchte. Oder aber auch, weil man auf der Suche nach einem besonderen Kick ist. Für mich persönlich wäre das eher nichts. Ich möchte gerne wissen, was auf mich zukommt, und will eigentlich auch nur schöne Dinge erleben, wenn ich unterwegs bin. *[neue Impulse und Anregungen durchs Reisen]*

Der Text von Francesca Melandri hat mir gezeigt, dass es eigentlich egal ist, ob man sich tatsächlich oder auch nur indirekt auf Reisen begibt. Beide Male eröffnen sich einem – wenn man die Bereitschaft dazu hat – neue Welten und der eigene Horizont erweitert sich. Auch Silvius hat auf seine Weise den Wunsch, Neues kennenzulernen, sonst würde er sich nicht so intensiv mit seinen Briefmarken beschäftigen. Er hat einen ganz eigenen Weg für sich gefunden – in der Sicherheit und Geborgenheit seines gewohnten Umfelds. *[Erweiterung des Horizonts durch tatsächliches und indirektes Reisen]*

Bei den Reisen mit meinen Eltern hat mir eigentlich immer gefallen, dass ich relativ schnell interessante Personen getroffen habe. Natürlich haben wir auch immer wieder neue Orte und manchmal auch andere Kulturen kennengelernt. Für mich waren aber vor allem die Kontakte mit anderen Menschen in meinem Alter wichtig. Meine Reiseerlebnisse haben mich als Person sicherlich bereichert, und vielleicht haben mich diese Begegnungen auch ein bisschen verändert. *[Kennenlernen interessanter Menschen]*

Und trotzdem bin ich der Meinung, dass es eben auch Menschen gibt, die verreisen, um einfach nur faul am Strand zu liegen oder an exotischen Orten Partys zu feiern. Und hier würde ich sagen, dass die Äußerung von Max Frisch nicht zutrifft. Ich glaube nicht, dass diese Form des Urlaubs einem höheren Zweck dient, aber das finde ich völlig in Ordnung. Das ist ja das Schöne am Verreisen. Jeder gestaltet sich diese Zeit so, dass sie ihm hoffentlich in guter Erinnerung bleibt. *[Schluss / abrundender Schlussgedanke]*